全国高等医药院校规划教材

护理伦理与法律法规

主　　审　王柳行　姜淑兰

主　　编　王明丽　傅伟韬

副 主 编　冯　巍　曹家月

编　　委　(以姓氏笔画为序)

王明丽(吉林医药学院)

王柳行(吉林医药学院)

冯　巍(吉林医药学院)

杨　娟(吉林医药学院)

姜淑兰(吉林医药学院)

曹家月(解放军第451医院)

傅伟韬(吉林医药学院)

科学出版社

北　京

内 容 简 介

本书讲述伦理学与护理伦理学的基本理论、历史发展、规范和基本范畴等基础知识，还包括临床护理伦理及当今医疗特殊领域的护理伦理规范。另外，还系统地介绍护理有关的法律、法规常识及护理实践中护士的法律责任。本书注重护理伦理与法律法规两者的有机结合，注重培养学生的道德品质，提升学生的责任感，也注重培养学生的法律法规意识，使其在工作中懂得维护自身和他人的合法权益。

本书结构严谨、内容新颖：①注重理论与现实的结合。②时代性与实践性的统一。③伦理与法律的统一。④针对性与实用性统一。以护士执业考试知识点为核心，增强教学内容的针对性、实用性。以护士执业考试知识点为核心，每章都增加了学习要点和小结，还根据护理执业考试的要求模拟设置同类类型题，利于学生自学和对知识、技能的考核。

本教材适用于护理专业、医学专业及医学相关专业的本科、专科学生使用。

图书在版编目(CIP)数据

护理伦理与法律法规 / 王明丽，傅伟韬主编 . —北京：科学出版社，2015. 6

全国高等医药院校规划教材

ISBN 978-7-03-045057-9

Ⅰ. ①护… Ⅱ. ①王… ②傅… Ⅲ. ①护理伦理学-医学院校-教材 ②卫生法-中国-医学院校-教材 Ⅳ. ①R47 ②D922. 16

中国版本图书馆 CIP 数据核字(2015)第 131504 号

责任编辑：朱 华 / 责任校对：李 影
责任印制：赵 博 / 封面设计：范璧合

科 学 出 版 社 出版
北京东黄城根北街 16 号
邮政编码：100717
http://www.sciencep.com
北京凌奇印刷有限责任公司印刷
科学出版社发行 各地新华书店经销
*
2015 年 6 月第 一 版 开本：787×1092 1/16
2024 年 10 月第二十七次印刷 印张：14 1/2
字数：342 000

定价：50.00 元

(如有印装质量问题，我社负责调换)

序

护理学是以自然科学和社会科学理论为基础,研究维护、促进和恢复人类健康的护理理论、技能及其发展规律的一门学科,它是自然科学与人文科学高度的融合。护理学所蕴含的人文精神和人文关爱不仅是护理学发展所必需的,也是人类文明进步的体现。随着社会经济的发展和医学模式的转变,护理模式也在悄然地发生着变化,人们对自己的健康有了前所未有的关注,同时,随着法治社会的建设,人们的权利意识、法律意识也开始苏醒。如何培养适应社会需要、人民满意的高素质、高水平护理人才是当前护理教育的首要任务。加强护生的人文教育,对于提高护生的综合素质具有极为重要的意义。因此,许多医学院校在护理专业的课程设置中着力提高护理人文课程的比重,加强护生的人文素质教育。为满足护理人文课程的教学需要,我们组织了具有医学、护理伦理学、法学和思想政治教育专业背景的骨干教师和学者编写了本部教材。

《护理伦理与法律法规》最大的亮点就是体系结构新颖,该教材不同于传统护理伦理学教材的编写体系,将护理伦理学与护理卫生法律法规有机地结合在一起。护理伦理规范与卫生法律法规虽然表面看是两个知识领域,但他们都是用来调解护理实践中的各种护理关系的行为准则,许多护理伦理规范需要法律法规的强制作用来保障和落实,而许多护理法律法规的规范是来源于护理伦理的相关理论。仅仅重视对护生的护理伦理素养的培养,虽然能使其具有高度的责任感,能有较强的伦理规范意识,能够面对护理实践中的伦理价值的选择,但在面临伦理选择两难境域时,却往往缺乏依法的理性行为,从而影响自身和他人合法权益的维护。同样,如仅仅对护生进行法律素质的培育,无疑将护理行为局限在了权利与义务的选择上,又缺少了伦理的温情,当面对法律、法规规范范围以外的护理关系时,影响医护人员作出符合医德良知的价值判断。正如黑格尔所说的,“道德是法律的补充,法律是道德的监护,没有法律支撑的道德是苍白无力的。”因此护理伦理与法律法规两者之间相辅相成,将他们有机地结合在一起,将会发挥出更大的教育功能。尤其在现今医患关系、护患关系较为紧张的现实背景下,对于护生进行伦理素质和法律素质的全面培育,是对医学人文素质教育实践的有益的探索和尝试,有利于提高护生未来就业的竞争力和适应力。

另外该教材从学习目标的设置、典型案例的分析到课后模拟护士执业考试的练习题的设计都别具匠心,大大增强了教材使用的可操作性和实用性。

我相信通过组织者、编写者和出版者的共同努力,该教材一定能够在护理教育中发挥积极的作用,为推动护理事业的健康发展,为促进和谐社会建设做出应有的贡献。

姜淑兰

2015年3月30日

序

前　言

随着医学模式和护理模式从以疾病为中心逐步向以人的身心健康为中心的转变，人们对健康和自身权益的需求日益增加，这些变化和需求对护理人才的综合素质提出了新的更高的要求。依据国家教育部和卫生计生委关于医学院校应把职业道德教育作为思想教育课的内容之一的精神，同时为适应现代护理对高级护理人才的需求，提高护士的道德素质和法律素质，我们在对近年来本专科护理专业相关的《护理伦理学》教材使用情况进行调查总结的基础上，重构护理伦理学教材，并增设了护理法律法规模块，编写中注重教材的针对性和实用性，以期提高教育教学效果，培养护理学生的创新思维，提高护理人才的综合素质，适应当代社会对护理人才的要求。

本教材精心编排，力求结构严谨、内容新颖，在编写内容和形式上努力突出以下特色：①注重理论与现实的结合。本教材力图使护理伦理和相关法律法规的理论知识更加明晰化、直观化，使理论更加生动，提高学生学习兴趣，将抽象高深的伦理思想、道德观念和相关法律法规与社会现实、护理实践紧密结合，围绕医学模式的转变和市场经济条件下凸显的护理伦理和涉法问题进行理论分析。②时代性与实践性的统一。将我国当前许多重大的医疗卫生改革的伦理问题与新的医学科研伦理问题纳入到本教材的相关章节，紧紧围绕培养目标和新世纪经济科技的发展，医学模式的转变和市场经济条件下出现的伦理、法律问题进行探讨分析。③伦理与法律的统一。注重伦理知识与法律知识结合，增加与护理伦理规范密切联系的法律法规的介绍和学习，培养护生的伦理素养和法律意识，适应法治社会发展的需要。④针对性与实用性统一。以护士执业考试知识点为核心，增强教学内容的针对性、实用性。在编写体例上尽量贴近学生，每章都增加了学习要点和小结，还根据护理执业考试的要求模拟设置同类类型题，利于学生自学和对知识、技能的考核。

本教材编写过程中，参考和借鉴了有关的著作和文献资料，在此，谨向相关的作者致以诚挚的谢意！更要感谢吉林医药学院人文社会科学学院院长姜淑兰教授为本书作序。由于编写人员的知识、理论水平有限，恐有疏漏与错误，恳请伦理学界和法学界的前辈、同行和广大学者提出宝贵意见，使本教材在教改实践中进一步修订和完善。

王明丽　傅伟韬

2015年3月28日

目　　录

第一章　绪　　论

学习目标

1. **掌握**　护理道德的含义和特点；护理伦理法律法规研究对象、内容；学习意义。
2. **熟悉**　护理伦理学的概念；卫生法律法规的概念；护理伦理与法律法规的学习方法。
3. **了解**　道德和职业道德的概念与特征；伦理学的概念和研究对象。

案例 1-1

一个白班护士的一天

5 月 12 日是国际护士节向白衣天使致敬！

我们走访了天津医大总医院、肿瘤医院和中国人民解放军第 254 医院的多位护士，他们中有从事护理工作 30 多年的老护士，也有才从学校毕业不久的小护士，从看到的和听到的我们感到做好护士不容易。

主人公：王悦从事护理工作 14 年，护师。

5 月 8 日早上 6:00，肿瘤医院特需病房的护士王悦就起床了，洗漱完毕，给 8 岁的儿子做好早餐，陪孩子吃饭。

公交车来了。还好，人少，找个舒服的座位坐下来。送儿子去学校，然后赶往医院上班。还是有点没睡醒。

到了单位，其他的姐妹也都到了，换好工作服，整理仪表，进入工作状态。

6:40 进病房。王悦所在的病区有 32 张床，今天有 6 位护士上班，两人一组，为病人做晨间护理。问候病人，了解他们的病情及饮食、休息的情况，整理床位，为卧床的病人更换干净的衣服、要是被子脏了也要更换，对于病情比较重的病人，要协助他们做肢体活动，观察皮肤情况。作为手术科室，几乎每天都有当天要手术的病人，需要特别关照一下，给予心理安慰和支持，协助做好术前准备。

7:20 晨间交班，这个交班是医生和护士一起参加的，夜班护士会向大家说明昨天夜里病人的情况，重点说明手术病人的病情变化和危重症病人病情波动情况以及药品、安全等工作。主任和护士长传达院里最近的工作安排，点评和指导当天的重点工作。由于长假刚结束，病人不多，所以今天的交班很快就结束了，30 分钟。王悦看看表说，今天够快的。

7:50 夜班与白班护士床旁交接，病房里需要特别关照的病人，从皮肤到用药情况、再到翻身拍背，要仔细交代。出入量到吃多少排多少一一交代清楚。

8:15 今天 28 位病人需要输液治疗，其中有化疗的，有营养支持的，有手术前后抗感染的，有的病人一天有 15~20 组液体。王悦在为每个病人做治疗后都要洗手，从治疗室到病房，她跑了 16 次，亲自为自己负责的病人建立静脉通路。8:45 医生当天的医嘱下来了，有些需要急查的血要抽，经常有临时输血的病人，还要取血样等，当天有 6 位病人有雾化吸入、3 位病人有肠内营养液的滴注、8 位病人需要冲洗胃管，还有协助卧床病人床上活动、协助术后卧床病人做排气操、协助年老体弱病人每 2 小时翻身 1 次等治疗和护理,这些都需要安排时间去做。在做这些事的时候,王悦的嘴也不闲着,不断地给病人解释,这个治疗是用来解决什么问题的,治疗中要注意怎样做才能效果好,使病人了解治疗的目的,配合治疗。这时我们知道了“大夫的嘴,护士的腿”——其实护士的嘴也不闲着。

9:00 连班护士去吃饭了。病房里更加忙碌,呼叫器声音此起彼伏。临时医嘱也下来了,王悦又给3位病人抽了血、2位病人用了甘油栓射肛、2位便秘病人要求排便、腹胀病人打止疼针或退热针、有3位病人要求伤口换药,王悦看了看说,下午吧。

10:00 每位病人都安静舒适的输上液体。王悦抹了抹头上的汗,前面病人的液体输完了,第二组液体又要开始配,开始换了。连班护士来接班了。王悦可以休息90分钟。

11:00 因为明天有3位病人要手术,尽管应该是13:30 上班,王悦还是坐不住了,提前30分钟到病房,给病人一一说明手术前要注意什么,备皮。合血、指导家属办理用血手续、肠道准备、术前饮食、睡眠要求、心理疏导、检查准备用物,一一安排完毕,时间已经过去了50分钟。

12:00 测血压,今天又20位病人需要测量并记录血压,还有17位病人需要换药。这时有新入院的病人,王悦又接待病人,进行入院宣教,并为病人建立了护理病历。

13:00 下午的治疗,1日2次的雾化吸入、肠内营养液的滴注、氧气吸入、冲洗胃管、协助卧床病人床上活动、协助术后卧床病人做排气操、协助年老体弱的病人每2小时翻身1次等。用去了50分钟。

13:50 巡回病房,再次了解病人们的病情变化,进行沟通交流,辅以健康知识宣教。书写交班本,便于交班适用。

15:00 中班护士来了,王悦和她们进行了床旁交接班。这时她开始书写病房相关病人的护理病历。写完病历,时间是17:30。洗澡,18:00 出门回家。尽管很累,这时的公交车却很拥挤,站在车里,王悦和早晨一样,有点迷糊。

18:50 到家,妈妈心疼地说,吃了饭赶快睡觉吧,说是早班,晚上7点才到家,怎么照顾孩子啊?

20:00 可是王悦还不能睡觉,因为护士节有个竞赛要参加,科室还指望她拿奖呢,所以吃过饭,她又拿起了书。

23:00 实在疲倦的王悦睡了。一夜无梦。

从这个白班护士的一天可以看到,护士工作的辛苦、琐碎。每个环节和程序都离不开相应的伦理要求和规章规范。护理工作的特点要求护士具备特殊的品格,而这种特殊的品格必须通过护理伦理素质和法律素质的培养才能得以塑造。

护理伦理与法律法规是研究护理行为中的护理道德与卫生法律规范的课程。随着社会的发展、医学的进步,护理工作的地位、作用和意义越来越为人们重视。护士的服务对象主要是患病的人。相对于健康人来说,病人在生理和心理方面都有一些特殊性,也会有许多特殊需求。护士在执业过程中应如何面对这些特殊性?如何应对病人的各种需求?在服务病人的同时,如何考虑利益相关者(包括自身)的权益?诸多护理伦理与法律问题,是现代护理教育面临的一项重要课题。系统地学习、研究和应用护理伦理学与法律法规,对于锤炼和培养护理专业的学生和在职护士的护理道德品质和法律素养，提高护理服务质量，促进护理学的发展，建设和谐社会具有重要的作用和意义。

第一节 伦理学概述

一、伦理学的概念与研究对象

（一）伦理学的概念

1. 伦理的词源

含义在中西方的文化传统中，伦理有着不同的词源含义。《说文解字》解释说："伦，从人，辈也，明道也；理，从玉，治玉也"。在这里，"伦"即人伦，指人的血缘辈分关系，转义为人与人之间的关系。"理"即治玉，指整理玉石的纹路，引申为事物的条理、道理和规则。汉语"伦理"一词，最早见于《礼记·乐记》："凡音者，生于人心者也；乐者，通伦理者也"。"伦理"是指调整人与人之间相互关系的道理和规则。近代汉语中，"伦理"一词被引申为习俗、品性、思想等。英语"伦理"一词为"ethics"，源自希腊语"ethos"，其含义与道德相近，皆有习俗、品性之意，二者关系密切。

2. 伦理学的含义

伦理学又称道德哲学，是研究社会道德现象及其规律的科学。把伦理学应用于不同的领域，便诞生了具体的应用伦理学，如教育伦理学、环境伦理学、经济伦理学、军事伦理学、法学伦理学、医学伦理学、护理伦理学等。应用伦理学旨在运用伦理学的理论分析解决现实生活的伦理问题。应用伦理学所依据的伦理学派别的理论不同，即便同一个领域，也会产生不同的结论。我国护理伦理学的理论依据是马克思主义伦理学和中华民族数千年的道德文化的精华。

（二）伦理学的研究对象

伦理学是以道德现象作为研究对象的科学。确切地说，伦理学是研究人们相互关系的道理和规则的科学，也是研究道德形成、道德本质及其发展规律的科学。伦理学的基本问题是道德和利益的关系问题。它以道德作为研究对象，系统化、理论化地阐述道德的起源、本质、发展规律及其社会作用；阐述一定社会的道德核心，道德原则、规范和范畴，并提出相应的道德要求；阐述达到一定道德水平所要开展的道德实践活动。其目的在于规范人产的社会行为，形成适应一定社会、阶级和阶层所需要的道德风尚和精神文明，稳定一定的社会秩序，巩固一定的经济关系。

二、道德、职业道德与护理道德

（一）道德

1. 道德的概念

人们生活在社会上，结成一定的社会关系，进行各种生产和生活活动，必定会产生各种矛盾；在这些复杂的、多方面的矛盾中，最根本、最直接的就是经济利益的矛盾。这就要求人们对彼此之间的关系，经常自觉地进行必要的调整，对个人行为加以必要的约束。这样就会产生如何处理人们之间错综复杂的社会关系、解决这些矛盾的态度和行为以及对这些态度和行为的看法和评价等一系列问题。因此，道德是人类社会的一种重要意识形态，是由人们在社会生活实践中形成并由经济基础决定的，是依靠社会舆论、传统习俗和人们的内心信念，以善恶评价的方式来调节人与人、人与社会、人与自然之间关系的心理意识、原则规范和行为活动的总和。

2. 道德的要素

道德是由道德意识、道德规范和道德活动构成的有机整体。道德意识是指在道德活动中形成并影响道德活动的各种具有善恶价值的思想、观点和理论体系，如道德观念、道德情感、道德理论观点、道德原则等；道德规范是指在一定社会条件下评价和指导人们行为的准则，如道德戒律、道德格言、道德要求等；道德活动是指在道德意识支配下，体现利益追求并可以用善恶加以评价的群体活动和个人行为的客观表现，如道德教育、道德评价、道德修养等。

在以上三者之间，道德活动是形成一定道德意识的基础，并能使已经形成的道德意识巩固、深化和提高。道德意识一旦形成，又起着指导和制约道德活动的作用。道德规范是人们在一定道德活动和道德意识的基础上形成和概括出来的，同时作为一种社会的特殊规范又约束和制约着人们的道德意识和道德活动，它集中体现了道德意识和道德活动的统一。

3. 道德的特征

（1）阶级性与全民性的统一：道德的阶级性指在阶级社会或有阶级存在的社会中，道德反映各个阶级不同的经济地位和阶级利益，各阶级有不同的善恶意识和行为规范，为本阶级的利益服务。道德的全民性是指即使在阶级社会或有阶级存在的社会中，道德也反映全社会所有成员的共同利益，具有某些统一的善恶意识和行为规范，以此来调节全民参与的社会公共生活。比如，古今中外都用扶老携幼、见义勇为、不偷盗、遵守公共秩序等道德规范来调节人们的社会公共生活。道德总是阶级的道德，不过阶级道德中或多或少包含着全民道德的成分，即道德的阶级性与全民性是统一的。

（2）变动性与稳定性的统一：道德的变动性是指不同的历史时代，经济关系的性质不同，生产力发展的水平、文化背景及社会的具体条件也不同，因而具有不同性质的道德。道德的稳定性是指道德除了随人类社会的发展而变化，还有继承性和保守性。道德变动性中蕴含着相对的稳定性；稳定性中孕育着变动性，传承中有发展并不断地完善，道德的变动性与稳定性是辩证统一的。

（3）自律性与他律性的统一：道德的自律性是指道德的本质、功能和力量最终以主体自我道德教育、评价、修养等方式实现，具有将外在的规范内化为自己的信念，从而养成高尚人格的性质。道德的他律性则是指通过外部的道德教育或道德影响，客观的道德评价标准等形式，来提高人们道德素质的过程。对于一个人来说，道德自律是基础，他律是条件，缺一不可，道德的自律性与他律性是统一的。

（4）现实性与理想性的统一：道德的现实性是指道德产生于社会生活实践，由现实经济关系决定和制约，受政治、法律、宗教、文化等上层建筑、意识形态的影响，而且必须适应社会的现实需要和大多数人的觉悟程度。道德的理想性是指道德反映社会的发展趋向，引导人们积极向上并达到人格完善。道德的现实性是道德理想性的基础，而道德的理想性又是道德现实性的升华,两者是统一的。

(二) 职业道德

1. 职业道德的内涵

职业道德是指从事一定职业的人们在特定的工作环境中或劳动中的行为规范总和。人类的职业生活属于历史范畴,它是在历史过程中产生并随着历史条件的变化而不断发展变化的。职业道德也可以称为行业道德,有医学道德、商业道德、教师道德、司法道德等等。

2. 职业道德的特点

(1) 在范围上,职业道德具有行业性:从社会整体看,社会对各行业有共同的职业道德要求,如爱岗敬业、公正廉洁等。但就某种职业道德的核心内容而言,则是在特定的职业生活中形成的,并在一定的范围内发挥调节作用,如教书育人是对教师的职业道德要求;救死扶伤是对医务工作者的职业道德要求。

(2) 在内容上,职业道德具有稳定性:世代相袭的职业传统会形成比较稳定的职业心理和职业习惯,每一种职业的社会责任和义务,职业服务的对象、手段、方式等在不同时代大体是相同或相似的,并被一代一代的新人继承和完善,以确保职业活动的顺利进行。

(3) 在形式上,职业道德具有多样性:职业道德适应各种职业活动的内容、交往形式的要求、职业活动的环境和具体条件而形成原则性的规定或具体要求,表现在规章制度、工作守则、生活公约甚至漫画标语等之中,使从业人员易于接受、践行和形成习惯。

(三) 护理道德

1. 护理道德的含义

护理道德是社会一般道德在护理实践领域中的特殊体现,是护士在护理领域内处理各种道德关系的职业意识和行为规范。护理道德调节护理领域中人与人的关系,涉及人的生命、疾病和健康等问题,它受一定社会经济关系、社会道德和护理学科发展的制约,反映护理领域中各种道德关系,是一种特殊职业道德。

2. 护理道德的特点

(1) 护理道德的实践性:护理道德形成于长期的护理实践活动过程中,它的发展和完善与护理职业活动本身紧密结合,不可分割。护理道德的各种原则、规范体系是对护理学实践活动的具体要求和反映。护理道德、护理道德修养的内容、形式和目的既源于护理学实践需要,又归于医学实践需要。

(2) 护理道德的继承性与时代性:在护理知识和技术运用的长期实践中,逐渐形成并积累了大量的护理道德的思想精华,护理道德的内在本质、基本精神和原则伴随着稳定的护理职业传承下来。但护理道德并非一成不变,其内容将随着社会进步和护理学发展而不断修正、丰富和完善,以适应时代和社会对护理的需求,推动护理学的发展。

(3) 护理道德的全人类性:健康利益是人类最一致的合理诉求。尊重人的生命,尊重人的尊严和权利的护理本质体现着护理的人道主义。人道主义是护理道德原则的重要内容,始终贯穿于护理道德之中。即使在有阶级存在的社会里,护理道德虽然不可避免地受到阶级道德及其意识形态的影响甚至左右,但都具有更多更显著的人类共性。护理道德的全人类性体现在护士无差别地对人的生命、人的尊严和人的权利的尊重。

第二节　护理伦理与法律法规的概述

一、护理伦理学与卫生法律法规的概念

（一）护理伦理学的概念

护理伦理学是以伦理学的基本原理为指导，以护理道德为研究对象，探究护理实践中护士与病人之间、护士相互之间、护士与其他医务人员之间、护士与护理科学之间以及护士与社会之间关系的护理道德意识、规范和行为的科学。它是伦理学的一个分支，是护理学和伦理学相交叉的边缘学科。

护理伦理学与护理科学发展紧密相连。在护理观念的转变、护理模式的转变、护理操作方法的完善、护理仪器设备的设计和使用等方面，护理伦理学的理论都具有指导意义。同时，护理科学的发展又要求护理伦理学重新审视现实、正视现实。在推广应用护理新技术、新业务的同时，也必须面对可能出现的护理伦理问题。因而，护理科学的发展也要求伦理学不断地完善其理论内容和理论体系，以不断适应护理科学的发展。

（二）卫生法律法规的概念

卫生法律法规是调整在卫生活动中所发生的社会关系的法律规范的总称。卫生法律法规分两部分，一部分是专门制定的卫生法律、行政法规和规章；另一部分则散在于其他方面的法律、行政法规和规章中。

（三）护理伦理与卫生法律法规的关系

护理伦理与卫生法律法规都是以调整护理实践中人们的相互关系为目的的行为规范。两者的共同使命就是在协调人们关系的基础上，使得护理工作能在护理道德与卫生法规约束和保护的前提下顺利进行，更好地维护人们的健康利益和社会秩序。护理伦理与卫生法律法规一方面相互渗透、彼此包含；另一方面两者又相互作用、彼此补充。同时，护理伦理与卫生法律法规又有明显的区别，主要体现在表面形式、研究对象、调整范围和实施手段等方面。

二、护理伦理学与卫生法律法规的研究对象与内容

（一）护理伦理学的研究对象与内容

1. 护理伦理学的研究对象

护理伦理学以护理道德现象、护理道德关系及其发展规律作为自己的研究对象。

（1）护理道德现象：是指护理领域中普遍存在的各种道德关系的具体体现。主要由护理道德的意识现象、规范现象和活动现象三部分组成。护理道德意识现象是指护士在处理护理道德关系实践中形成的心理以及护理道德思想、观念和理论的总和；护理道德规范现象是评价护士行为的道德标准，是判断护理道德活动善恶、荣辱、正义与非正义的行为准则；护理道德活动现象是指在护理领域中，人们按照一定伦理理论和善恶观念而采取伦理行为，开展伦理活动的总和。

（2）护理道德关系：是指在护理领域中由经济关系决定的按照一定的道德观念形成的人与人、人与社会之间的护理关系。它主要有：

一是护士与病人之间的关系。护士与病人之间的关系是护理工作中首要、基本的关系。只要存在护理活动，就必然发生护患关系。从总体上说，这种关系是服务与被服务的关系。它是否密切、和谐、协调，直接制约着临床护理实践活动的进行，关系到病人的生命安危和护理质量的高低，影响到护理秩序、医疗质量和社会的精神文明建设。现代护理学不仅强调重视护士的道德素质，还规定了病人的就医要求，认为护患关系是一种相互促进、相互制约的双向人际关系，协调维持正常的护患关系是双方的责任。因此，护士与病人的关系是护理伦理学的核心问题和主要研究对象。

二是护士之间的关系。护士之间的关系即护际关系，是护理伦理学研究和协调的重要人际关系。由于现代医学分科的日益精细，不同科别的护士在岗位职责、知识技能、专业特长等方面存在着客观差异，他们在护理工作中既有分工上的区别，又有职责上的差别。同时，护士又客观存在着年龄、资历、宗教信仰、文化水平、职称职务以及职业道德修养等个人素质的差异，又使得他们表现出不同的工作态度和不同的职业行为。因此，要切实做好护理工作，就特别需要护士之间的精诚团结，相互配合，以取得更好的护理效果与护理效益。所以，制定协调护士相互关系的护理道德原则与规范，就成了护理伦理学研究的重要课题。

三是护士与其他医务人员之间的关系。护士与其他医务人员之间的关系，包括护士与医生、医技人员、行政管理人员以及后勤人员之间的多维关系。在护理实践中，护士与上述人员之间有着广泛的联系，是构成医院人群的有机整体，彼此之间相互尊重、相互支持与密切协作，既是关心病人利益的体现，也是护理工作正常开展、提高医院诊疗护理质量的重要保障。在护理伦理基本原则指导下，处理好护士与其他医务人员之间的关系是至关重要的，尤其是医护关系，它直接影响着医生、护士和病人三者之间正常关系的确立。

四是护士与医学科研的关系。在临床护理中，作为一名护士，既担负着整体护理的任务，又有参与医学科研的权利和责任。随着护理科学的发展和医学高新技术在临床上的广泛应用，现代医学中出现了许多伦理难题，如人体实验、安乐死、人类行为与生态平衡等问题，都涉及护理行为伦理评价的争议。因此，严谨的治学态度、实事求是的工作作风、对人民健康高度负责的精神是护士在医学护理科研工作中应遵循的基本道德准则。

五是护士与社会的关系。护士是医务人员的一分子，也是社会的一员，医疗卫生单位是社会的组成部分。一切医疗护理活动都是在一定社会关系中进行的。因此，护士在为病人康复、为社会保健服务的过程中，不仅要照顾病人的局部利益，更要照顾到整个社会的公共利益。当病人的局部利益与社会的公共利益发生矛盾时，如严重缺陷新生儿处理、卫生资源的分配等，绝不能顺应个别人的旧观念，而损害社会公共利益。在护理实践中，护士不仅要履行对服务对象的健康责任，还要承担起对其他人、对社会的健康责任。因此，这一关系也必然成为护理伦理学的研究对象。

（3）护理道德发展规律：护理道德起源于护理实践的客观需要，并随着护理实践的发展而发展。护理道德的产生、变化和发展有着自身的规律性。护理道德规律是指潜藏在护理道德现象之间的内在的本质的必然联系。比如，有什么样的护理道德思想和观念，就会有什么样的护理道德行为标准，进而就会产生什么样的护理行为，也会直接影响到各种护理关系。护理伦理学的任务之一就是发现、认识护理道德的发展规律，这将有助于我们利用规律，在护理实践和护理研究中少走或不走弯路。

2. 护理伦理学的研究内容

护理伦理学研究的内容是护理伦理学研究对象的具体展开,一般来说,只要是涉及与护理有关的伦理问题均属于护理伦理学的研究范围。

(1) 护理伦理学的基本理论:护理伦理学基本理论是护理伦理学得以构建的理论基石。主要有两部分内容:一是护理道德客观规律性基本理论,主要有护理伦理学的内涵、研究对象和内容,护理道德的本质、特点及历史发展等。二是支撑护理伦理学体系的基础理论,如护理人道主义理论、生命神圣论、义务论、生命价值论、生命质量论、公益论与公正论等。

(2) 护理伦理学的基本原则和范畴:护理伦理学的基本原则和范畴是护理伦理学需要探索与研究的最重要的问题,是护理伦理学的最重要的内容。主要包括护理伦理的原则、规范与范畴;具体护理工作中的护理伦理原则与规范;护理实践中护理人际关系的伦理原则与规范;护理科研中的伦理原则与规范;护理管理中的伦理原则与规范等,加强这一系列护理道德规范的研究与探索,是现代护理伦理学的一项极为重要的内容。

(3) 护理道德教育、评价和修养:护理道德教育、评价和修养是护士经常开展的护理道德实践活动,在培养与锤炼护士具有良好的护理道德品质中发挥着十分重要的作用。因此,护理道德教育的途径、过程和方法,护理道德评价的依据、指标和方式,护理道德修养的内容及培养方法等也是护理伦理学需要着重研究与探索的客观内容。

(二) 卫生法律法规的研究对象与内容

卫生法律法规以卫生法的现象及其发展规律作为研究对象,研究的内容主要包括:卫生法律法规的产生及其发展规律,卫生法律法规的特征、渊源、调整对象,卫生法的基本原则,卫生法律关系,卫生法律制度,卫生法律法规的制定与实施,卫生争议的解决以及如何运用卫生法律法规理论来解决卫生改革和医学高科技发展中出现的新情况和新问题等。

第三节 学习护理伦理与法律法规的意义和方法

一、学习护理伦理与法律法规的意义

(一) 有利于提升护士的职业素质

新的医学模式和整体护理模式对护士的素质提出了全新的、更高的要求。护理道德与法律法规是两类重要的社会规范。实践表明,护士的职业素质的高低,直接影响着医疗护理质量。学习护理伦理与法律法规,有助于护士从伦理和法律两个方面来理解和掌握社会主义护理道德和法律法规的基本要求,提高自我管理、自我约束和辨别是非、善恶的能力,使自己的行为符合护理道德和法律法规的要求,提高护士的职业素质,以满足护理职业岗位的要求。

(二) 有利于维护公民的合法权利

护士作为医疗战线的工作者,是人类健康的守护神。护士如果缺乏良好的护理伦理理念,不懂得基本的卫生法律法规知识,不具有较强的卫生法律意识和法制观念,就不能做好本职工作,维护公民的生命健康权等合法权利也就不能实现。护士通过学习护理伦理与法律法规,培养良好的职业道德,增强卫生法律法规意识和法制观念,明确护理工作中的权利与义务,提高护理道德水平和依法执业的自觉性,以更好地维护公民的合法权利。

(三) 有利于提高护理服务质量

高尚的护理道德和较高的法律素养能提高护士的职业责任感和服务意识,引导护士在业务上严谨细致、精益求精,在科研上不断探索、勇于创新,从而保证护理服务质量,促进病人的康复,增进人类的健康。

(四) 有利于推动护理科学的发展

护理道德和卫生法律规与护理科学的发展是相互影响、相互制约、相互促进的。护理道德观念的转变及卫生法律法规建设水平的高低受到护理科学发展水平的制约;护理科学的发展又受到护理道德观念和卫生法律法规水平的束缚。新的护理观念的提出和建立,必然推动护理科学理论和护理实践的发展,而护理科学的发展和新的护理技术的应用,又对传统的护理道德和卫生法律法规提出了挑战。学习护理伦理与法律法规,建立和形成科学的护理伦理理念和卫生法律法规思维,将有利于护士正确认识和理解现代医学发展中所面临的伦理问题和法律问题。

(五) 有利于促进社会主义精神文明建设

道德建设和法治建设是社会主义精神文明建设的重要内容。加强护士的护理道德和卫生法律法规教育,是落实精神文明建设的具体表现。护士以高尚的护理道德和精湛而严谨规范的技术,为病人提供一流的护理服务,不仅能使病人获得安全感、安慰感,而且病人和家属还可以从中得到启迪、受到感染,产生情感上的共鸣,并将其传递到家庭和社会,从而促使社会风尚的转变,推动社会主义精神文明建设。

二、学习护理伦理与法律法规的方法

(一) 辩证唯物主义和历史唯物主义的方法

护理道德和法律法规作为上层建筑,具有较强的历史性和阶级性,必将受到一定社会阶段经济关系和政治制度的制约,有其独特的历史发展过程和相应的社会文化特点,我们必须坚持用辩证唯物主义和历史唯物主义的方法去学习和研究护理伦理和法律法规所涉及的具体问题,必须把护理道德问题与卫生法律法规问题的研究与当时的历史现状联系起来,与当时的政治、经济、社会风俗和医疗护理发展水平联系起来。

(二) 理论联系实际的方法

理论联系实际是马克思主义最基本的方法论原则之一,也是学习护理伦理与法律法规最基本的方法论原则。护理道德和卫生法律法规必须与临床护理实践紧密地联系起来,才能互为补充,相得益彰。学习护理伦理与法律法规,除了研究其基本理论还必须与护理科学的发展动态、我国的护理道德和卫生法学现状及护理实践中所遇到的新的伦理问题和法律问题相联系。把学习护理道德与法律法规的过程变成自觉实践护理道德与法律法规的过程。

（三）逻辑分析的方法

逻辑分析的方法包括从个别到一般的归纳法和从一般到个别的演绎法以及比较法等，也是被实践证明了的行之有效的科学认识与研究方法。要对护理道德现象与法律现象作出科学的分析与研究，从而探索出本质及其变化发展的规律性，不仅需要我们对其进行是非、善恶的道德评价和法律判断，而且还需要我们对不同时空、不同地域、不同社会环境下形成的护理道德和法律法规进行异同及其原因的考察和分析，只有这样才能科学地认识与把握护理道德现象与法律问题。

（四）案例分析的方法

案例分析法是理论联系实际方法的具体运用，是学习护理伦理与法律法规的重要方法。以某一典型案例作为切入点，从护理伦理与卫生法律法规等方面进行分析和讨论，最后作出综合评判。这样不仅可以加深对护理伦理与法律法规基本理论和基本知识的理解和把握，同时可以提高和培养学习者分析问题和解决问题的能力。

本章小结

护理伦理与卫生法律法规是调整护士行为的重要社会规范，两类规范的根本宗旨是保证医疗护理活动的顺利开展，提升护士综合素质，提高医疗护理质量，维护人们合法权益，增进人类健康。

（傅伟韬　王柳行）

练　习　题

一、选择题

A1 型题

1. 下列各项中，属于道德意识现象的是（　　）。

A. 道德教育　B. 道德评价　C. 道德观念　D. 道德修养　E. 道德行为

2. 道德的评价标准是（　　）。

A. 善恶　B. 美丑　C. 真假　D. 荣辱　E. 好坏

3. 护理道德的特点不正确的是（　　）。

A. 实践性　B. 强制性　C. 继承性　D. 时代性　E. 全人类性

4. 护理伦理学是研究（　　）的一门科学。

A. 护理学　B. 道德　C. 护士行为　D. 道义　E. 护理道德

5. 卫生法律法规是调整在卫生活动中所发生的（　　）的法律规范的总称。

A. 重大事故　B. 严重纠纷　C. 社会关系　D. 人事任免　E. 刑事案件

6. 下列关于护理伦理与卫生法律法规的关系描述不正确的是（　　）。

A. 互相渗透　B. 相互作用　C. 彼此补充　D. 不能并用　E. 彼此包含

A2 型题

7. 某患儿，男，2 岁，因吞食花生后出现呛咳，当日 22 时 40 分到某医院急诊科就诊。值班护士王某接诊，王某询问病史后，见患儿似无呼吸困难，则察看了咽喉，拍拍胸背部，即告诉家长："现在孩子没有什么关系，可先回去，如有问题，明天上午来看专科。"次日凌晨 1 时许，患儿有出现呼吸困难，并四肢抽搐，其父于1时30分携患儿再次来医院就诊，经值班医生检查，患儿呼吸心跳已停止。护士王某因没有细致观察，及时报告医生，导致患儿的死亡事件，涉及（ ）。

A. 伦理问题 B. 法律问题 C. 伦理与法律问题 D. 刑事案件 E. 护士没有问题

A4型题（8~10题共用题干）

一个12岁，精神意志状态正常的女孩，因车祸需行截肢术，手术前，女孩父母叮嘱医护人员不要告诉女孩实情，此时，作为女孩的责任护士李某陷于矛盾之中。

8. 影响责任护士李某作决定的因素是（ ）。

A. 害怕担责任 B. 对待病人的伦理思考 C. 怕以后受埋怨
D. 法律有规定 E. 撒谎不道德

9. 责任护士李某需要考虑的因素涉及（ ）。

A. 本人品格 B. 伦理原则 C. 法律规定
D. 伦理原则和法律规定 E. 自己内心

10.【假设信息】如果责任护士李某选择不告诉女孩实情，对没有侵犯病人的知情同意权解释不正确的是（ ）。

A. 女孩子12岁，自主能力较弱，不足以做出是否同意截肢的判断
B. 为病人利益协助病人父母对孩子手术信息予以保密
C. 是否保障病人的知情同意权是由医生根据病情来决定的
D. 有助于手术及时进行，维护病人生命健康权
E. 为病人得到的益处带来最小的伤害

二、思考题

1. 简述护理伦理学的研究对象。
2. 结合思想实际谈谈为什么要学习护理伦理与法律法规？你打算做一名什么样的护士？

第二章　护理伦理学的历史发展

学习目标

1. 掌握　社会主义时期护理伦理学的形成和发展；中国护理伦理的优良传统。

2. 熟悉　中国护理伦理思想的发展和完善；国外护理伦理的优良传统。

3. 了解　中国护理伦理思想的萌芽和初步形成；国外护理伦理的历史发展。

护理伦理学虽然是一门新兴的学科，但护理道德现象与道德活动却与人类社会历史一样悠久。护理道德的起源可追溯到原始人类，自从有了人类，有了原始护理，就有了原始护理道德的萌芽。护理道德与人类文明的发展及护理学的发展息息相关。

第一节　中国护理伦理学的产生和发展

一、中国护理伦理思想的萌芽和初步形成

祖国医学有着数千年的历史，在防病治病方面积累了丰富的经验，对世界医药事业做出了伟大的贡献，我国传统医学的特点是医、药、护不分，护理附属于医学之中，伴随着医学的发展而发展，护理伦理因而也与医学伦理融合在一起，共同发展。

在原始社会，由于生产力发展水平低下，人类生存环境恶劣。在原始农业生产和打猎活动中，原始人风餐露宿，茹毛饮血，有人因野兽侵袭而受伤。为了诊治护理这些病人，我国远古时期就萌发了最早的医学和最早的医护道德。据《帝王世纪》记载，伏羲氏“画八卦，乃尝百药而制九针，以拯夭枉焉”。又据《淮南子·修务训》记载，神农“尝百草之滋味，水泉之甘苦，令后世知避就当，此之时一日而遇七十毒”。更有黄帝教人治百病的历史资料，这充分体现了远古时期我国先民的氏族首领为了本氏族人民的身心健康甘于奉献的高尚精神。尽管那时还尚未形成医护道德体系，但伏羲、神农、黄帝等所提倡和践行的医学道德精神，却为后世医学的发展走向作出了基本规划，使医学从一产生就成了具有浓厚人道主义色彩的科学。

西周时期，随着社会生产力的发展，医学科学获得了较快的发展，医学作为一种独立的职业开始诞生并且在社会发展中发挥了日益重要的作用。这一时期所取得的医护道德成就，主要体现在三个方面：一是《周礼·天官·医师》记述的当时对医生进行包括思想道德在内的综合考核的十项标准；二是我国第一部医学著作《黄帝内经》中相关的医德的阐述。《黄帝内经》以古代朴素的阴阳五行哲学思想为指导，以“医乃仁术”为核心，把医德和医术融为一体，对当时的医护道德实践予以朴素的总结和全面阐述，标志着我国医护道德思想初步形成；三是出现了医术高超、医德高尚、为人民群众喜爱的一代名医扁鹊。扁鹊“随俗而医、实事求是、谦虚谨慎、坚持科学、反对迷信”的工作态度与精神，也为后世医护人员如何行为提供了典范，指明了方向。

二、中国护理伦理思想的发展和完善

我国医护伦理在战国时期初步形成之后，随着医学实践与探索的不断深入，以义务论为主线，以医学人道主义为原则的医护伦理思想得到进一步发展，逐步形成了独具中华民

族特色的医护伦理思想。

秦汉三国时期，医学家辈出。著名的医学家主要有西汉淳于意，东汉张仲景、华佗，三国时期的董奉等。他们不仅积极致力于为人民防病治病的本职工作，而且还在总结自己与别人工作经验的基础上，提出并实践了一系列优秀的医学道德思想，展示了名医大家的优秀医德风采。东汉名医张仲景的著作《伤寒杂病论》奠定了后世中医辨证施治的原则，同时对医学的性质、宗旨和医学道德等作了精辟的论述，对后世医生产生了深远的影响。他积极抨击、批判了当时社会上存在的“不留神医药”，“言逐荣势”、“惟名利是务”的恶劣作风，提倡医者应当“勤求古训，博采众方”，“精究方术”，“爱人知人”，对病人要一视同仁，得到了世人的景仰。三国时期江西一带的名医董奉，行医不求名利，隐居庐山为民治病，用实际行动赢得了“杏林佳话”的赞誉。

案例 2-1

杏林佳话

三国时期吴国的董奉，是一位杰出的医学家。他精通医理，医术精湛，不仅善于治疗常见病，多发病，而且对于危重病人的抢救与治疗，往往也能获得相当惊人的疗效。老百姓十分敬重他，甚至将他视为“仙人”。更为难得的是，董奉医德十分高尚。虽然医名大振，求治者应接不暇，他始终坚持为病人施治不计报酬，对于贫病者，赠医送药不取分文。只是，他有一个很特殊的要求；凡治愈一个重病人，希望病愈者在他的房前屋后栽种 5 棵杏树；治愈一个轻病人，则希望病愈者栽种 1 棵杏树。如此多年，董奉的房前屋后杏树成林，郁郁葱葱。董奉自居杏林之中，淡泊宁静，以为人间佳境。每当春天到来繁花似锦，春色满园。待杏黄时节，硕果累累，百里飘香。董奉在林中建一简易仓房，置一容器于仓中，张榜宣誓，有欲买杏者，每一器谷易一器杏，自行取去，不必通报。这样，每年以杏换得大量粮食，除自给之外，全部用于帮助无依无靠的老弱贫病者及儿童，或行旅不逮之人。董奉去世之后，妻女继承他的遗志，依旧卖杏救贫。据《寻阳记》所载：“杏在此岭上，有树百株，今犹称董先生杏林。”杏林佳话由此而流传下来，出于人们对董奉的崇敬与爱戴，“杏林”也慢慢成为中医的誉称。

隋唐时期是中国社会统一、稳定、繁荣发展的时期。国泰民安，人丁兴旺，人民健康水平不断提高，对医学科学和伦理道德提出了更多、更高的要求。在儒家“仁爱”伦理思想的影响下，在巢元方、孙思邈、鉴真、王焘等医家的积极实践与倡导下医护伦理形成了理论，构成了体系。其中，孙思邈做出了最为卓著的贡献，著有《大医习业》《大医精诚》等重要医德文献，提出了一系列丰富的医护伦理思想，成了祖国医护道德的集大成者。

宋元明清时期，随着一批又一批医学大家和医学后继者的积极努力与艰辛探索，我国医药实践获得了进一步的发展；同时，我国医护伦理思想也得到了进一步的补充与完善。突出地表现在：宋代出版的医学著作《小儿卫生总微方论》强调医护人员必须医德医术兼备，应当做到“贫富用心皆一，贵贱使药无别。”金元时期，出现了以刘完素、张从正、李杲、朱震亨为代表的“金元四大家”。他们积极探索争鸣，敢于突破陈规陋俗，相互取长补短，极大地促进了当时医学的发展，赢得了人们的赞誉并名垂青史。明代医学家主要基于当时医学实践发展的需要，从如何协调医患关系的视角，提出了相应的医家行医规范和病人就医规范。如龚廷贤总结出了“医家十要”和“病家十要”；著名的外科学家陈实功在《外科正宗》中总结出了“医家五戒十要”，该守则作为祖国医护道德的重要文献之一，已被 1978 年美国出版的《生命伦理学百科全书》收录，体现了中国古代医护道德取得的巨大成就。清代名医喻昌在总结自己和前人医疗实践经验、教训的基础上，撰写了著名的《医门法律》，对医务人员的工作给予了新的指导与规范。

三、社会主义时期护理伦理学的形成和发展

我国社会主义护理伦理学是在社会主义制度、社会主义卫生经济基础和社会主义护理事业的基础上形成的，以唯物史观为理论基础，全心全意为人民服务为根本宗旨，以促进护士提升护理道德素质、推动社会主义护理事业的发展为目标的新型护理伦理理论。

我国社会主义护理伦理学萌芽于新民主主义革命时期，中国共产党领导人民进行新民主主义革命的过程中，一贯重视护理工作。早在 1931 年，时任中央红色医院院长的傅连暲(1894～1968)就主持开办了第一所红军护士学校，并兼任了这所红色医务学校的校长，在将进步青年培养成具有革命理想的护士方面发挥了重要作用。1937 年，中华护士协会延安分会成立。作为中国新民主主义革命领袖的毛泽东更加重视医疗护理工作，他曾多次指示、激励红色医务工作者要牢固树立“全心全意为病员服务”、“为老百姓看病”的医德信念。1939 年，国际友人白求恩不幸逝世后，毛泽东专门发表了《纪念白求恩》这篇重要文献，号召广大医务人员要学习白求恩同志毫不利己、专门利人，对工作、对人民极端热忱的精神，认真履行工作职责，“全心全意为抗日军民服务”。1941 年他又为延安医大题写了“救死扶伤，实行革命的人道主义”。1941～1942 年，毛泽东先后为护士题写了：“尊重护士、爱护护士”、“护理工作有很大的政治重要性”。这些都极大地调动了广大护士的工作积极性、主动性与创造性，培养了一大批为革命、为人民身心健康无私奉献的护士，如中国最早的南丁格尔式护理工作者李兰丁等。

我国社会主义护理伦理学正式形成和发展于新中国建立之后。新中国建立后，党和国家高度重视医疗卫生事业的发展，根据社会发展的要求制定了医疗卫生事业发展的规划。1950 年，我国召开了首届全国卫生工作会议。此后，国家加大了对医疗卫生事业的投入，日益重视医学教育，对护理事业的发展也做了统一规划，随之而来的是护士队伍日益壮大，经过系统教育与培训的护士人数日益增加，护士的层次、素质不断提升。同时，卫生部于 1956 年拟定了《关于改进护士工作的指示》。根据指示，各医院专门成立了护理部，加强对护士的管理、培训、适用和考核，开展护理工作的业务学习和举办正规高等护理教育，护理工作日益正规化、系统化、护理伦理学也日益发展。广大护士自觉地将护理事业与远大的共产主义理想联系起来，用“毫不利己、专门利人”的共产主义道德作为自己的行为准则，严格要求、规范自己，涌现出一大批德才兼备的高素质护士，大大促进了国家护理事业的发展。遗憾的是，“文化大革命”的十年浩劫，一度使社会主义护理事业的发展陷入了停滞状态。

改革开放以后，伴随着改革的不断深入，社会主义现代化建设进入了新时期，社会对护理的需求日益增多，护理事业迎来了自己的春天，获得了新的发展。尤其是国外先进护理理论的引进和护理模式的转变，社会主义护理伦理学得到了稳步推进和快速发展。中华医学会为此作出了不懈的努力，成立了医学伦理学分会，为医学伦理学和护理伦理学的学术研究奠定了组织基础。1981 年召开了第一届全国医学伦理道德研讨会，倡议全国各个医学院校开设医学伦理学课程，加强对在校医学生、护理生的医学伦理学教育和护理伦理学教育。同年的 10 月 8 日，卫生部颁布了《医院工作人员守则和医德规范》。1982 年第二届全国医学伦理道德研讨会对社会主义医德原则进行了集中讨论，最终确定了“救死扶伤，防病

治病，实行社会主义医学人道主义，全心全意为人民身心健康服务”的社会主义医德基本原则，为广大医务人员提出了根本的行为准则。此后，中华医学会根据改革开放和社会发展对医疗卫生事业提出的新要求，以及医学科学新发展带来的一系列医学伦理和护理伦理问题，及时组织了包括护理伦理学在内的多次医学伦理研讨会，卫生部也多次制定医德规范。如1988年12月5日颁布了《医务人员医德规范及其实施办法》、1993年3月26日颁布了《中华人民共和国护士管理办法》、2008年5月12日颁布了《护士条例》等，对护理道德提出了许多具体的要求。这些法律、法规都规范着护士的言行，激励、引导护士更好地投身于为人民健康服务事业和社会主义现代化建设事业。国家和社会对护理教育和护理伦理教育的高度重视，使新时期护士的素质不断提高，社会上涌现出一批又一批护理技术娴熟、护理道德素质高的无私奉献的“白衣天使”，她们在1998年的抗洪救灾、2003年的全国抗击“非典”中经受住了考验，又在2008年“5·12”汶川大地震、2010年玉树地震中作出了无私的奉献与牺牲，展示了医护人员的风采，为全国人民的健康立下了卓著功勋。

四、中国护理伦理的优良传统

（一）仁爱为怀，济世救人

儒家思想是中国文化的主流，对我国医护伦理产生了深远的影响，以致“医乃仁术”成了我国古代医家的共识。在这一思想的感召下，我国历代医学大家都一直把“济世救人”作为医学的最高目的，把“仁爱为怀”作为行医的基本原则，把培养“仁人之士”作为自己修行和社会医学教育的根本目标。明代医生龚廷贤在其所著的《万病回春》中指出：“医道，古称仙道，原为活人”。他在《回春录》中又说：“医者，生人之术也”。宋代林逋在其《省心录·论医》中指出：“无恒德者，不可为医，人命死生之系也。”

（二）普同一等，一心赴救

祖国医护伦理要求医生在工作过程中，对服务对象必须做到“普同一等”，“一心赴救”，“贫富虽殊，药施无二”。孙思邈在《大医精诚》中写道：“如有疾厄来求救者，不得问其贵贱贫富，长幼妍媸，怨亲善友，华夷愚智，普同一等，一视同仁，皆如至亲之想……勿避崄巇，昼夜寒暑，饥渴疲劳，一心赴救。”

（三）精勤不倦，刻苦钻研

医学既是一项关乎人的性命与健康的责任重大的工作，又是一门知识丰富、内容深奥的学问。因此，自古以来，我国历代名医大家都积极倡导、主张医生要具有精勤不倦、刻苦钻研的治学精神。明代名医徐春浦曾说：“医本活人，学之不精，反为夭折”“医乃生死所寄”自古也有“人命关天”“临病如临敌”“用药如用兵”“用药如用刑”等古训。正是基于这样的知识，唐代著名医学家孙思邈极力主张学习医学的人必须做到“博及医源，精勤不倦”“不得道听途说，而言医道已了，深自误哉”。明代著名医学家李时珍参阅书籍八百多种，访问名医宿儒，搜集民间验方，积极向药农、樵夫、农民、渔民等请教药学知识，翻山越岭，访医采药，多次在自己身上进行验证，耗时27年，完成了190余万字的中医药巨著——《本草纲目》。

（四）清正廉洁，淡泊名利

医护人员要清廉正直、淡泊名利，这是我国历代医家一直注重培养与锤炼的道德品质。

清代著名医学家费伯雄从医患换位思考的视角，明确指出："欲救人而学医则可，欲谋私而学医则不可，我欲有疾，望医之相救者何如？我之父母妻儿有疾，望医之相求者何如？易地以观，则利心自淡矣！"古代医者清正廉洁、淡泊名利的动人故事不胜枚举。如东汉的张仲景抛弃了长沙太守的高官厚禄，专心为民解除疾苦，收到了人民的爱戴；东汉名医华佗，不慕名利，不攀权贵，坚持为百姓治病，被人们千古传诵；宋代著名医生庞安时为病人看病时，对远道而来的重病病人，不仅认真地为其诊治疾病，而且还腾出房间让病人住下，亲自为病人煮粥熬药，精心护理到病情痊愈，也得到了人们的传颂。

（五）谦虚为怀，尊重同道

医学是需要医护人员相互协作的事业。谦虚为怀、尊重同道，互学互尊，取长补短既是医生做好工作的重要保障，也是医生应当注重培养的工作作风。因此，我国历代医家一直十分注重倡导谦虚为怀、尊重同道的工作作风。唐朝名医孙思邈在《大医精诚论》中指出："夫为医之法，不得多语调笑，谈谑喧哗，道说是非，议论人物，炫耀声名，訾毁诸医。自矜己德。偶然治瘥一病，则昂头戴面，而有自许之貌，谓天下无双，此医人之膏肓也。"明代著名的外科医生陈实功则向同行强烈呼吁："凡乡井同道之士，不可生轻傲慢之心，切要谦和谨慎，年尊者恭敬之，有学者师事之，骄傲者逊让之，不及者荐拨之。"清代名家叶天士，出身中医世家，自幼熟悉医理，医术精湛，年仅十几岁时每天求诊者就不断。但他虚心好学，十年内先后拜访了17位老师。明代朱丹溪为一位妇女治痨病，病已基本治愈，但脸颊红点一直不褪。他依然写信请比自己年轻、名气小的葛可久来治，果然彻底治愈。

第二节 国外护理伦理学的产生和发展

医学无国界。在浩瀚如烟的世界医学史中，蕴含着丰富的护理道德内容。研究借鉴这一宝贵的人类文化成果，不仅有助于更好地推进我国当代的护理伦理建设和高素质护理人才的培养，而且有助于在对外开放中更好地实现与国际护理接轨，促进我国护理事业的发展。

一、国外护理伦理的历史发展概况

（一）国外古代的护理伦理

1. 古希腊护理伦理

古希腊是西方医学的发源地。被称为"医学之父"的古希腊最杰出的的医学家希波克拉底（Hippocrates）是西方医德的奠基人，在他的文集中，表现出了伟大的医德思想，其中的《希波克拉底誓言》是西方医德的经典文献。他提出，医术的唯一目的是解除和减轻病人的痛苦，为病家谋利益。他还提出医师应具备客观、体谅、谦逊、端庄、知识丰富等优良品质。希波克拉底的医德思想对于整个世界医护道德的建立和发展具有深远的影响。

2. 古罗马护理伦理

公元前2世纪，古罗马人占领了古希腊，也全面继承和发展了古希腊的医德思想。如古罗马著名医师盖伦（Galen，130~200年）主张医护人员应该献身医学，要重学术而"轻利"，他指出，"作为医师，不可能一方面赚钱，一方面从事伟大的艺术——医学"。盖伦的医德思想对西方护理伦理道德的发展起到了一定的作用。

3. 古印度护理伦理

古印度医学发展很早，其医护道德思想也很丰富。公元前 5 世纪，古印度名医、印度外科鼻祖妙闻在其医学著作《妙闻集》中就要求护士应具有良好的行为和清洁习惯，要忠于自己的职务，要对病人有深厚的感情，满足病人的需要，遵从医生的指导。公元 1 世纪，名医阇罗迦在其医学著作《阇罗迦集》中提出为医者“行为和语言应全部为了病人的利益”。古印度的护理伦理思想，对后来印度及阿拉伯地区的护理伦理发展产生了很大的影响。

4. 古阿拉伯护理伦理

古阿拉伯医护道德继承和发扬了古希腊以来的医护道德思想。公元 12 世纪的医学家迈蒙尼提斯在医护道德上颇有建树，在他所著的《迈蒙尼提斯祷文》里，充分体现了医护人员不为名利，一切为病人着想的道德思想。

5. 欧洲中世纪护理伦理

中世纪欧洲护理工作的兴衰主要受宗教和战争的影响。由于战争频繁、疾病流行，形成了对护士的迫切需求，护理工作逐渐摆脱家庭走向社会，这对护理的发展起到了一定的促进作用。当时的医院主要是教会医院，从事护理工作的大多是修女，她们均自愿从事护理服务，遵循自己的宗教信仰，热爱护理工作。此时期的护理伦理深受基督教道德思想的影响，如“仁慈博爱、无私利他”等。

纵观国外古代护理伦理的发展历史，可以归纳出“救死扶伤、尊重生命、奉行人道、体贴病人、慎言守秘、不图名利”是其护理伦理的优良传统。当然，同我国古代传统护理伦理一样，它也具有历史的局限性。因此，对于国外护理伦理遗产，我们要批判地学习和吸收。

（二）国外近、现代的护理伦理

1. 国外近代护理伦理

约在公元 1400~1600 年，意大利兴起文艺复兴运动，文学、艺术、科学包括医学等领域蓬勃发展。虽然，当时的护理工作由于宗教改革、妇女地位下降、工业革命等原因而停滞不前，尤其是在 1517 年宗教革命之后的护理历史黑暗时期，护理伦理发展受到一定的影响和冲击，但是，护理伦理已由过去的个人修养发展成为医疗组织整体遵循的道德规范，且人道主义成为护理道德的核心内容。

19 世纪，随着社会、科学和医学的发展，护理工作的地位不断提高。1836 年，德国牧师费利德纳在凯撒斯威斯城建立医院和女执事训练所，这是最早的具有系统化培训护士的组织。南丁格尔（1820~1910 年）是现代护理的创始人。1860 年 6 月，南丁格尔在英国伦敦圣托马斯医院创办了世界上第一所护士学校——南丁格尔护士训练学校，标志着护理作为一门科学被确立下来，近代护理伦理也随之形成。南丁格尔一生写了大量的笔记、报告和著作，其代表作《护士札记》是一部护理伦理思想丰富的著作，为护理伦理学的形成奠定了基础。南丁格尔强调，“护理要从人道主义出发，着眼于病人，既要重视病人的生理因素，又要充分重视病人的心理因素”；她还提到，“一个护士必须不说别人闲话，不与病人争吵，除非在特别的情况下或有医师的允许，不与病人谈论关于病况的问题”；“一个护士需要绝对尊重自己的职业”。南丁格尔的护理道德思想对现代护理伦理有着深远的影响。

2. 国外现代护理伦理

19 世纪末 20 世纪初，特别是二次世界大战以后，国外护理伦理进入规范、科学发展阶段,不少国家以守则、法规、条例等文件形式将护理道德肯定下来。1948 年国际医学会在日内瓦召开,会议以《希波克拉底誓言》为基础制定了《日内瓦宣言》,作为世界各国医务人员的共同守则;1949 年世界医学会通过了《国际医德守则》;1953 年国际护士协会制定了《护理伦理国际法》,并于 1973 年分别进行了修订;1964 年关于生物医学实验包括人体试验的道德规范——《赫尔辛基宣言》获得通过;在 1968 年及 1975 年,世界医学会分别通过了关于死亡道德责任和器官移植道德原则的《悉尼宣言》以及对待犯人道德的《东京宣言》;1977 年世界精神病大会通过了对待精神病人应遵循的医德标准《夏威夷宣言》;1981 年世界医学大会通过了《病人权利宣言》;2000 年世界生命伦理大会通过了《吉汉宣言》。与此同时,前苏联、日本、英国、美国等纷纷成立医学伦理促进、教育和研究机构和组织,极大地促进了现代医学道德和护理伦理的发展。现代医学道德规范和护理道德规范正逐步走向系统化、规范化和法律化的轨道。

二、国外护理伦理的优良传统

(一) 救死扶伤,服务病人

希波克拉底强调:“无论我至何处,遇男或女,贵人及女婢,我之唯一目的为病人谋幸福。”18 世纪德国名医胡弗兰德提出:“医生活着不是为了自己,而是为了别人……要用忘我的工作来救死扶伤,治病救人。”

(二) 平等待患,一视同仁

《国际护士守则规定》:“护理的需要是全人类的需要”“不论国籍、种族、主义、肤色、年龄、政治和社会地位,一律不受限制”“不分贫富智愚,不分黑人白人,均应耐心地服务。”

(三) 奉行人道,敬重生命

《日内瓦协议法》指出:“我要为人道服务,神圣地贡献我的一生,我要凭自己的良心庄严地来行医,我首先考虑的是病人的健康。我决不允许宗教、国籍、政治派别或地位等来干扰我的职责和病人之间的关系。我对生命保持最高的尊重,即使在受到威胁下,我也决不将我的医学知识用于违反人道主义规范的事情。”

(四) 淡泊名利,关爱病人

迈蒙尼提斯曾主张医务人员在工作中对病人应做到“凡诸疾病者,一视如同仁。”南丁格尔则认为护理工作的对象是“有热血和生命的人类”“护理工作是精细艺术中最精细者”。因此,护士要从人道主义出发,精心做好护理工作。

(五) 尊重病人,慎言守秘

《希波克拉底誓言》《南丁格尔誓言》和《护理伦理学国际法》等文献中,多次强调要尊重病人的生命,尊重病人的尊严和权利,保守病人的秘密,不泄露病人的秘密。南丁格尔强调指出:“必须记住自己是被病人所依赖和信任的,她必须不说别人的闲话,谨言慎行。”

(六) 尊师重道,敬重同行

《希波克拉底誓言》中强调:“凡授我技艺者,敬之如父母,作为终身同业伴侣。彼有急需我接济之,视彼儿女犹如我弟兄,如欲受业,当免费无条件传授之。"《日内瓦协议法》指出:"对我的老师给予他们应该受到的尊敬和感恩。"同时指出:"我的同道均是我的兄弟",应当尊重师长,同行互助友爱,亲如兄弟姐妹,互帮互学,共同进步。

本 章 小 结

护理工作是伴随着医学的产生发展而发展的。在人类社会发展的不同时期,在医学和护理学发展的不同阶段,历史上的一些医学大家和护理大家都倡导和实践了许多优秀的护理伦理道德。了解中外护理道德的历史演变,运用辩证唯物史观的方法科学分析、批判和继承护理道德遗产,不仅有助于我们加深对护理道德产生发展规律的认识,而且也有助于我国社会主义护理道德的建设,有助于促进社会主义精神文明建设和当前和谐社会的构建。

(冯 巍 姜淑兰)

练 习 题

一、选择题

A1 型题

1. 不只是护理领域的鼻祖,也是护理伦理学先驱的是( )。

A. 希波克拉底 B. 南丁格尔 C. 妙闻 D. 孙思邈 E. 张仲景

2. 南丁格尔是( )人。

A. 美国 B. 意大利 C. 德国 D. 英国 E. 法国

3. "杏林春暖"的典故是称颂医学家( ),为穷人治病不取酬的事迹。

A. 庞安 B. 李时珍 C. 董奉 D. 孙思邈 E. 张仲景

4. 要建立良好的护际关系,沟通策略不包括( )。

A. 管理沟通人性化

B. 形成互帮互助氛围

C. 实现年龄、学历各因素的互补

D. 遇到冲突时据理力争、坚守阵地

E. 构建和谐工作环境

A2 型题

5. 某肝癌病人病情已到晚期,处于极度痛苦之中,自认为是肝硬化,寄希望于治疗,病情进展和疼痛发作时,多次要求医生给予明确说法和治疗措施。此时,医生最佳的伦理选择应该是( )。

A. 正确对待保密与讲真话的关系,经家属同意后告知实情,重点减轻病痛

B. 恪守保密原则,继续隐瞒病情,直至病人病死

C. 遵循病人自主原则,全面满足病人要求

D. 依据知情同意权,应该告知病人所有信息

E. 依据有利原则,劝导病人使用一些民间土方

二、思考题

1. 中国护理伦理的优良传统主要体现在哪几个方面?

2. 国外护理伦理的优良传统表现在哪些方面?

第三章　护理伦理学的理论基础

学习目标

1. 掌握　生命论的主要内容;生命论的作用与生命论的局限;人道论的主要内容;人道论的作用与局限。

2. 熟悉　生命论的起源和发展;人道论的起源和发展。

3. 了解　美德论、道义论、功利论。

护理伦理学作为一门学科,有其构成学科体系的主要观点和基本理论。作为伦理学的分支学科,护理伦理学以伦理学的基本理论作为其理论基础,同时它们又源于医学护理实践,从护理学史的真实写照中抽象概括出来。这些基本理论主要包括生命论、人道论、美德论、道义论、功利论等。学习和研究护理伦理学必须首先理解和掌握这些理论。

第一节　生　命　论

一、生命论的起源和发展

早在原始社会就已有了生命论的萌芽,它的产生有其重要的社会根源。

(一) 原始社会生命论的萌芽期

由于人类社会早期生产力水平低下,人类难以抵御各种自然灾难的威胁,在饥寒、疾病、洪水、野兽等困扰面前束手无策,无能为力,因而人的生命短暂。根据考古资料证明:北京猿人化石14岁以下的占39.5%;尼安德特人化石11岁左右占40%。进入文明时代,瘟疫流行使居民大批死亡,如欧洲中世纪伦敦人平均寿命为22岁。面对如此短暂而有限的生命,人们必然产生了珍惜、重视生命的道德价值观念。我国古代视医术为仁术,意思就是一门"救人生命""活人性命"的科学技术。因此,生命论逐步成为了医疗活动的内在要求和从医人员所恪守的伦理观。

(二) 古代生命论的发展期

由于古代自然科学不发达加之宗教和迷信,把生命论推向了极端。自然科学的不发达使人们长期对生命的奥秘一无所知,不了解生命是怎样诞生的,也不了解如何经历由生到死变化的新陈代谢过程;加上宗教、迷信给生死蒙上了神秘的色彩,产生了宿命论。宣扬生命绝对神圣和人类具有灵魂,灵魂不死的观念,将生命论推向了极端。将生死归结为"天命""神意"等。如孔子说:"生死有命,富贵在天。"这种观点直接影响到传统的医德思想,坚决反对尸体解剖和堕胎。

(三) 近、现代生命论的不断完善期

近代实验医学的建立和发展,使生命的奥秘逐渐被揭示出来,为维护和尊重生命奠定了科学基础。同时,由于欧洲的文艺复兴运动掀起了资产阶级革命,在与宗教、神学统治的

斗争中，广泛地批评压抑人性、摧残生命的制度和行为，唤起人们对自身价值的重视，主张"自由平等、博爱"，尊重人权和人格。从而，在客观上为生命论的发展提供了政治与理论依据，并使其系统化和理论化。

二、生命论的主要内容

生命论是关于人的生命本质和意义的理论思想或观点。从医学伦理学角度看，生命论主要是关于医学实践中人的生命尤其是病人的生命地位、价值等的理论思考成果，并且随着社会进步和医学科学的发展而不断发展变化。生命论主要包括生命神圣论、生命质量论和生命价值论。

（一）生命神圣论

生命神圣论是指强调人的生命至高无上，人的生命神圣不可侵犯的生命理论。生命神圣是一个古老的观念，是古今中外长期普遍存在的伦理思想。人的生命是宝贵的，人类对自身生命的认识经历了漫长的过程。生命神圣观是人类社会发展到一定阶段，生产力发展到一定水平，人类自身生存发展的基本需要得到基本满足后人类自身价值实现的产物，在中世纪末欧洲人文主义运动中得到进一步强化和发展，并最终成为医学伦理学的重要理论观点。

生命神圣论存在两种倾向，一种是绝对生命神圣论，一种相对生命神圣论。在远古时代，生产力低下，人们在强大的自然力面前，深刻感受到生命的脆弱和短暂，到中世纪受宗教迷信、宿命论影响，把生命神圣论推向了极端。传统的绝对生命神圣论认为人的生命是神圣的，无论在何种条件、何种状况下，人的生命都应受到绝对的尊重。主张延长生命是道德的，无条件地保存生命，不惜任何代价维护和延长生命，不允许对生命和死亡有任何触动和侵犯，一切终止生命的行为都是不道德的。这种思想观点在今天仍然在一些国家或某些宗教信仰团体中存在深刻的影响。随着人类社会发展，医学科学的进步使生命的奥秘逐渐得到揭示，为维护和尊重生命奠定了科学基础。文艺复兴唤起了人们对人身价值的重视和自由、平等、尊重人权和人格的思想观念，促使人们反思生命神圣论是相对的，相对生命神圣观认为人的生命是神圣的，但不是无条件的，是相对人类自身生存的质量状态，个体生命存在对社会和他人的价值意义而作出的判断。犹如人口过剩、医疗卫生资源分配矛盾，孕育中的生命应该让位于现实的生命，计划生育提倡优生优育。这些观念促使生命神圣观更加系统化、理论化。

（二）生命质量论

生命质量这一术语出现于20世纪50年代，是现代生命伦理学的核心观点，现已成为现代医学伦理学和生命伦理学的理论基础。

生命质量论是指主张以人的体能和智能等自然素质的高低、优劣为依据来衡量生命存在对自身、他人和社会的意义，强调人的生命存在质量，从而给出相应对策的生命理论。

体能是生命存在的生理基础，智能是人区别于其他生命体的本质，是否具有意识和实践能力，能否实现社会化是衡量人区别于其他动物的生命质量的根本标准。随着医学的发展和社会进步，人们已经不能满足于只维持生命和延长生命，而是更加重视生命的质量。这对医疗决策和卫生工作产生直接影响，也使生命质量论成为护理伦理学理论的重要内容。

生命质量的标准分为三个层次:主要质量、根本质量和操作质量。主要质量又称人性素质,是指个体的身体和智力状态,它是区别人健康与否的标准。根本质量是指个体在与他人、社会相互作用的关系中,体现出的生命的目的、意义等生命活动的质量。操作质量是指利用量表、诊断学标准等客观手段测定的生命质量。

(三) 生命价值论

生命价值论是伴随着生命质量论而产生的,共同成为护理伦理学的理论基础

生命价值论是指主张以个人生命对他人和社会及自我的意义大小为标准确认其质量以及神圣性,从而可以作出相应选择的生命理论。

生命价值论包括三个方面的内容:尊重人的生命,强调把尊重生物学生命与尊重社会学生命有机地结合起来;尊重生命的价值,尊重人的生命的内在价值与外在价值的统一,既要重视其生物学生命的存在,也要重视其社会学生命的意义;人的生命是有价的,衡量一个人的生命价值大小必须依据某一生命对他人、对社会和对人类的意义。

三、生命论的意义与生命论的局限

(一) 生命神圣论的意义与局限

1. 意义

(1) 从道德的角度强化了医学的宗旨。生命神圣论促使人们珍重生命:人的生命是宝贵的,我国古代思想“天覆地载,万物悉备,莫贵于人”,它告诫人们要重视人的生命,“失而不能复得”。更强调尊重和维护人的生命和促进病人的健康是医者的首要责任,医学是最神圣的职业。

(2) 为护理伦理学其他基本理论的形成及发展奠定了思想基础。生命神圣论的思想精华,在现代医学伦理体系中仍居理论源头的地位。无论是传统的医德义务论、美德论,还是现代的医德本位论、功利论、公正论以及权利论等,都可以从生命神圣论那里找到思想渊源和根据。

2. 局限

(1) 传统的生命神圣论缺乏人类成熟的理性基础。它重视和尊重生物学生命存在,片面地强调生命的数量和生物属性,忽视了人的生命质量和人的社会学属性,把生命绝对化。出现片面追求人口数量,导致人口的数量与质量、个体生命维系与社会卫生资源分配矛盾等问题。

(2) 生命神圣论强调个体生命的意义而忽视人类整体利益,造成实践标准的模糊和矛盾,导致大量医学伦理难题的出现,如能否实施生育控制、安乐死和器官移植等问题,阻碍了医学科学进步。随着医学的现代化,社会伦理道德观念也在演变,人们对生命的认识发生了质的飞跃。生命神圣的观点增加了相对性和辩证性,主张尊重人的生命神圣,不仅是尊重生物学生命的存在,还要尊重社会学生命的存在,即生命的质量和价值。

（二）生命质量论的意义与局限

1. 意义

（1）由传统的生命神圣论转向追求生命质量的新观念，是人类追求自身完美的认识飞跃。生命质量论的提出是人类思想观念的一次巨大进步，认识到人口素质事关人类命运，民族兴衰和国家前途，表明人类追求自身完美的认识已进入自觉阶段。追求生命质量的新观念，有利于医疗资源的合理配置，有利于减轻病人的痛苦及家人和社会的负担，更加适合现代医学科学发展的实际。

（2）生命质量论为高新技术的使用和推广，为医护人员面对不同生命质量的病人采取治疗决策提供了理论依据，帮助医护人员为追求高质量的生命做出抉择。

（3）生命质量论对于控制人口数量增长和人口质量提高，改善人类生存环境和制定生态政策提供了重要的理论依据。

2. 局限

（1）生命质量论只把病人当作自然人和抽象人而忽视人的社会性。单纯强调高质量的生命个体对自身存在的意义，忽视了低生命质量存在的某些病人对家人和社会所具有的精神激励作用。

（2）生命质量论采用的生物医学判断标准，在实践中会遇到道德和法律的阻碍。如对没有质量的生命放弃保护义务，这明显带有偏颇，单纯凭生命质量决定个体生命是否延长、维持、结束或缩短是缺乏道德依据的。

（三）生命价值论的意义与局限

1. 意义

（1）生命价值论的问世标志着人的生命理论更加全面和深刻：生命价值论是对生命神圣论和生命质量论的扬弃和升华，是从人的自然属性和社会属性相统一的辩证立场出发，实现了生命神圣论、生命质量论与生命价值论的有机统一，从而构成了现代生命伦理学的核心理念。生命价值论和生命质量论一起弥补了生命神圣论的不足，为全面认识人的生命存在的意义提供了科学的依据。

（2）生命价值论使生命论的研究方法和理论基础更进步、更科学：生命价值论将传统医学伦理学单纯强调维护生命的理论格局拓展到完整的伦理境界，它把个体生命利益与群体及人类的生命利益联系起来，把动机与效果联系起来，把珍惜生命与尊重生命质量和价值联系起来，使医学伦理学体系更加科学化、完善化。生命价值论在视野上更加开阔，在情感上更加理智，在思维上更加辩证，从而使生命论发生了重大的变革。

（3）生命价值论为化解当代医学伦理难题提供了理论基础，并不断完善生命论体系：就现实意义而言，生命价值论为医学新技术的推广和应用提供了新的思路。

2. 局限

生命价值论强调人的社会价值，社会价值可分为已有的和潜在的价值。潜在的价值是指尚未创造的价值，往往是与病人的预后相关；而已有的价值是指已经创造出来的价值，往往关系到人的智力水平、社会地位等。本来，在医疗面前应该是人人平等的，对社会价值的强调就会造成一种不平等。那些为社会创造出更多价值的人是否就应当理所当然的多占用医疗资源呢？而那些在肢体或智力上有缺陷，生命质量不高，又无法为社会创造价值的人难道就应该为社会所抛弃吗？对那些为社会创造出负价值的罪犯，生命价值论又应该采取什么样的态度？这些都是生命价值论有待解决的问题。

综合生命神圣论、生命质量论与生命价值论三种论点，表明人类对自身生命认识的深入发展，由个体的、孤立的生命发展到在社会的存在和关系中真正探究生命存在的意义，无疑是人的生命论的又一次升华。但这三种理论并非相互取代、绝对独立，而是吸取其中合理的有价值的因素，是三者有机的统一。生命之所以神圣就在于生命是有质量、有价值的。具有一定质量与价值的生命才是生命神圣的最根本内容。

第二节 人 道 论

一、人道论的起源和发展

（一）人道论的含义

人道论亦称人道主义论，是关于人的本质、使命、地位、价值和个性发展等的思潮和理论，主张维护人的尊严、权利和自由，重视人的价值，要求人能得到充分自由发展等思想。

（二）医学人道主义的含义

医学人道主义是研究医学领域中的人道主义的一种道德理论，是古今中外医家从长期的医疗实践中概括和总结出来的医德思想准则。它要求医务人员以人道主义的态度对待病人，尊重病人的生命和人格，同情和关心病人的痛苦，并以解除这些病痛的仁爱思想为特征。

（三）医学人道主义的历史发展

医学人道主义与医学发展进程相适应，医学人道主义的发展经历了古代朴素的医学人道主义、实验医学时期的医学人道主义和当代医学人道主义三个历史阶段。前两个阶段的医学人道主义由于受到当时社会和医学本身发展的影响与制约，不可避免地带有某些局限性，但对促进医疗事业的发展、改善人类健康状况都发挥过重要作用。20世纪以来形成的当代医学人道主义，随着现代医学的发展日益成熟。特别是二战以后，鉴于法西斯不人道的罪行，世界医学会和一些国家制定了有关医学人道主义的法规，使医学人道主义的社会价值有了新的提高。这主要表现在：强调医学是全人类的事业；坚决反对利用医学手段作为残害人类或者政治派别斗争工具的行为；强调医生对病人治疗的自主性，不受非医学因素的干扰；要求给予战俘、囚犯、精神病病人等医疗权利和医学人道主义的待遇。

二、医学人道主义的主要内容

医学人道主义核心内容是尊重病人。具体表现为以下四个方面：

（一）尊重病人的生命

这是医学人道主义最基本的思想内容。医学是以挽救人的生命为己任的神圣而高尚的职业，生命对于人只有一次，医护人员应当尊重病人的生命，既要尊重病人的生命质量，又要尊重病人的生命价值,尽全力挽救病人的生命。

(二)尊重病人的生命价值

医学人道主义要求在尊重病人生命的基础上,更应该尊重病人的生命价值。也就是说医护人员不仅要尊重病人的个体生命,而且还应兼顾生命的内、外价值的统一并以此来衡量生命的意义。医学人道主义认为对于确已丧失生命内在价值且已无逆转可能的病人,医护人员在病人及其家属的要求下终止对其的无谓救治,理论上讲并不违背人道主义精神。

(三)尊重病人的人格和尊严

每个人均有自己的人格与尊严,理应受到尊重和维护,病人也不例外。现代医学人道主义强调对病人人格和尊严的尊重。它要求医护人员要尊重服务对象的人格,尊重其尊严和个性,尤其是对精神病人、传染病人等某些特殊的病人,应给予真诚的关心、同情、爱护和体贴,决不冷嘲热讽、歧视他们。这是提高医疗质量,保证医疗效果的必然要求。

(四)尊重病人平等医疗的权利

平等待患,一视同仁是医学人道主义的基本主张和重要目标,医务人员在医疗实践中,应尽力排除非医疗因素的干扰,让每个病人都能获得人道的救助和平等的医疗权利。尊重病人的人格和尊严是提高医疗质量,保证医疗效果的必然要求。

三、医学人道主义的意义与局限

(一)意义

(1)医学人道主义打破了宗教的束缚,促进了医学伦理学的发展。人道主义在与封建迷信、宗教神学的斗争中更新了人们的道德观念,使医学面向自然,面向真正的人,为生命科学和医学伦理学的研究揭开了崭新的篇章。

(2)医学人道主义对保证医学为人类健康服务的性质,推动医学科学的发展也起了积极的作用。医学人道主义体现了医学的道德价值,代表了全人类的共同价值,驱动着医学为人类社会造福;也体现医患之间的平等关系和医疗事业的公益性质,规定了医疗行为的方向。医务人员也以人道主义的崇高形象,赢得了社会的尊重。

(二)局限

传统的医学人道主义基本上是以生命神圣论、义务论及人性论为理论基础的,并未超出传统医德学的范围。因而,它与传统的生命神圣论、义务论一样,表现出重视个体病人利益而忽视群体及社会利益,重视生命的自然属性而忽视了生命的社会属性。

第三节　护理伦理学其他相关理论

一、美　德　论

美德通常指人的道德品质,是一定社会的道德原则和规范在个人思想和行为中的体现，是一个人在一系列的道德行为中所表现出来的比较稳定的特征和倾向。

（一）含义

美德是指人应当具有的品德。美德论又叫德行论或品德论，是研究人应该具有的优秀道德品质以及如何培养和形成优秀的道德品质的伦理学理论。美德论是传统伦理学中最古老又最权威的基本理论，不同国家、不同社会及其发展阶段，不同的阶级立场对美德的理解也会有不同。医护工作者要继承中华民族传统美德，以服务病人为本，不断提高自身的道德水平和境界。

（二）护理美德的表现

护理美德是护士应当具备的优秀品德。具体包括：

1. 仁慈

就是慈爱，有同情心和关心病人。这是医者首要的伦理素质，只有具备仁慈素质的护士才能提供人性化的医疗服务。

2. 诚挚

即热爱并潜心护理事业，忠诚服务对象，诚心维护服务对象的健康利益，一切为了病人，敢于承担责任，勇于纠正错误。

3. 严谨

即具有严肃认真的科学态度，周详缜密的思维方法，审慎负责的工作作风。

4. 公正

是指护士一视同仁的对待护理对象，正确处理公私关系和分配卫生资源，不因年龄、性别、种族、国籍、职务高低等差异而区别对待。

5. 进取

即刻苦钻研护理技术，不断学习加强业务知识和技能的学习，更新知识，积极探索，开拓创新，不断提高护理质量。

6. 奉献

是指护士在护理实践中能表现出不怕苦、不怕累、不嫌脏、不嫌麻烦、不畏困难、不计名利、任劳任怨，为保护病人的利益与集体的利益而勇于牺牲个人利益的高尚情怀和品质。

7. 协作

是指护士在工作中能够与其他医务人员密切合作，相互尊重，相互支持，齐心协力，勇挑重担。

8. 廉洁

作风正派，不谋私利，坚守不以医谋私的伦理底线。

（三）护理美德论的意义和局限性

护理美德论是护理伦理学理论体系的重要组成部分，它揭示了医学伦理素质养成规律，为护士塑造完美职业人格提供了直接的理论指导。但是护理美德论具有明显的个体性、经验型和自律性。因此，一遇到社会层面突出的医德问题时，就会暴露出明显的缺陷。例如，比较理想化、忽视外在职业伦理生态的作用等，因此需要不断完善。

案例 3-1

护士长带领一位临床见习的学生给病人取静脉血化验,虽然护士长事先给学生讲解了静脉穿刺的要领,但是临阵时学生仍有些紧张。实习生第一针未能穿刺进入血管,第二针又将血管刺破,因此双手有些哆嗦。实习生心想:"不取出血来绝不罢休!"于是镇定一下,又要穿刺第三针。此时,护士长将针要了回来,并说:"你考虑过病人的痛苦没有?"实习生带着一股怒气离去。护士长一针取出血来,并对病人说:"对不起,让您受苦了!"病人却不以为然地说:"没有关系,培养学生也是应尽的义务。"片刻,实习生又返回,并羞愧地对病人说:"我是实习生,由于技术不熟练给您带来了痛苦,请您原谅!"病人却严肃地说:"有点痛苦不算什么,不过要记住:你们服务的对象是人,不是标本!"实习生点了点头。然后,病人又说:"好了,不要紧张!我仍然支持你们的实习,技术会慢慢熟练的,我相信你将来会成为一名优秀医生。"实习生连声说:"谢谢。谢谢!"而后离去。护士长对病人身、心健康的周全照料换来了病人对护理工作的理解和包容,较好的化解了可能发生的护患矛盾,为实习护士上了一堂实际生动的美德教育课程。

二、道　义　论

(一) 含义

道义论又称道义主义,是关于义务、责任和应当的理论。它要求个人严格克制自己的感性欲望而遵守义务规则。道义论主张判断人与其行为的道德与否,不是看行为的结果,而是看行为本身或行为所依据的原则,即行为动机是否正确。凡行为本身是正确的或行为依据的原则是正确的,不论结果如何都是道德的。道义论分为行为道义论和规则道义论。前者认为一个人依靠直觉和信仰能够直接判断应该做什么,不应该做什么;后者是根据道德原则或规则来确定一个人应该做什么,不应该做什么。

(二) 护理道义论的意义及局限

在护理伦理学中,道义论主要是确定护士的行为准则和规范,对护士的行为给予限定,即回答护士的道德责任是什么,亦即护士应该做什么,以及如何做才是道德的。道义论在护理道德中强调护士对病人个体的道德责任感,这在护理道德建设上产生了积极影响。它培养了一代具有优良道德的护理工作者,促进了护士为维护、促进人类健康和护理科学的发展做出贡献。

但随着医学科学、护理科学的发展及人们观念的转化,它也暴露出一些局限性:

(1) 道义论强调护理行为的纯正动机,不重视护士行为本身的价值及所导致的结果,即忽视了行为动机与效果的统一性。

(2) 道义论是以护患关系为基础,以对病人负责为中心,只重视并一味强调护士对病人的义务,忽视了护士对他人、对社会的道德责任,即忽视了对病人尽责任与对他人、社会应尽责任的统一。

(3) 道义论强调护士对病人尽责任的绝对性和无条件性,而无视病人的责任与义务,即忽视了护患义务的双向性。

三、功 利 论

（一）含义

1. 功利论

也叫功利主义，主张利益是道德的基础，是以人们行为的实际功效和利益作为判断行为善恶标准的一种伦理学理论。

功利论源于19世纪以边沁和密尔为代表的欧洲功利主义思想，主张"最大多数人的最大幸福"为功利原则，因其只强调行为的后果极易把人们的行为引向极端，不能适应现代科学的发展和社会现实的急剧变化，如环境污染、人口老化、资源短缺以及新技术推广应用等社会问题的公平和效率矛盾，迫使人们重新考虑效用和利益问题，从而推进了功利论不断发展。

功利论可分为行为功利论和规则功利论；又可分为一元功利论和多元功利论。行为功利论将效用原则直接应用于特定的行为，将该行为效果作为判定行为善恶的标准。规则功利论则认为：判定行为善恶，要看其是否符合规则，而规则应带来正效用，或正效用大于负效用，则为善，反之则为恶。规则又可分为积极的规则或要求和消极的规则或禁令。一元功利论认为，效用只是指快乐或痛苦。所以，一元功利论也称快乐功利主义。多元功利论的效用概念除了含有快乐或痛苦外，还包括友谊、爱情、健康等。

2. 医德功利论

主张以医务人员的行为是否满足病人和社会大多数人的利益为标准的一种伦理观。医务人员医疗措施的选择要考虑行为后果对病人个人的健康功利，如痛苦小，见效快等眼前利益，还要兼顾病人的长远利益和社会群体利益。把满足病人健康功利与医务人员功利、医疗单位的功利和社会的功利统一，坚持经济效益与社会效益统一，从而使医德功利论成为调整医患关系、医务人员个人利益、集体利益和社会利益之间关系的道德准则。

（二）护理功利论的意义与局限

在护理实践中，功利论主张护士的护理行为和护理活动要以能否满足病人和社会大多数人的健康利益为标准。其内容包括：其一，满足病人的健康功力需要并置于首位，同时医院及护士的正当利益也要得到理解和肯定，并要采取措施尽量使其物质、精神需要逐步得到满足。其二，满足社会大多数人的健康功利需要。在卫生资源有限的情况下，如果个体病人与社会大多数的健康功利需要发生矛盾，护士应当在尽量保障每个病人的基本卫生保健需要的前提下，要按照医学的标准和社会价值标准来指导医疗护理决策，使稀有卫生资源得到切实的利用，并使没有获得稀有卫生资源的病人的损失降低到最低程度。

功利论与义务论相对立，它避免了义务论单纯强调动机与责任而忽视行为效果的评价方式带来的现实矛盾，为解决生命科学和医学新技术应用条件下生与死、资源的有效利用、医疗保健制度的选择等现实问题提供了理论依据。但是我们也必须认识到功利主义的本质是利己主义。功利论容易导致偏重行为效果而忽视主观动机，强调经济效益忽视社会效益等错误。由于功利、效益价值标准的不唯一性，功利论在实践中还有待于完善。

本章小结

护理伦理学基本理论是整个护理伦理学体系的灵魂。它是护理伦理学基本理念积淀到一定程度的系统化和学说化成果。它为构建护理道德准则体系、求解护理实践工作中现实的医德问题和养成护理伦理理论素质提供了理论依据和动力源泉。然而,值得注意的是,护理伦理学基本理论是一个逐步完善的体系,其中任何一个理论都不是万能的,而是多个基本理论分层次互补、分工互补。所以,解决现实问题时必须要综合考虑,分清主次。

(冯 巍)

练习题

一、选择题

A1 型题

1. 以护士应该做什么,不应该做什么以及如何做才是道德的,作为具体表达形式的护理伦理学理论被称为( )。

A. 美德论 B. 义务论 C. 功利论 D. 效果论 E. 道义论

2. 对于生命神圣论、生命质量论和生命价值论,护士在护理实践中应当坚持的观点是( )。

A. 生命是第一的

B. 生命质量是最重要的

C. 生命神圣、生命质量、生命价值论是统一的

D. 生命价值是抽象而可忽略的

E. 依据生命神圣论可以实行生育控制措施

3. 目前我国护理伦理学主要的研究方向是( )。

A. 公民道德问题

B. 临床护理问题

C. 公共道德的学说和体系

D. 生命科学的发展

E. 护理实践中的道德意识、规范和行为问题

A2 型题

4. 病人女,51 岁,发热、头疼 1 天。医生要为她做腰穿检查,病人有恐惧感。从伦理要求考虑,临床医生应向病人做的主要工作是( )。

A. 要得到病人的知情同意

B. 告知腰穿的必要性,嘱病人配合

C. 告知做腰穿时应注意的事项

D. 因诊断需要,先动员,后检查

E. 动员家属做病人思想工作

5. 一护士遵照医嘱给某病人服药,待病人服药后该护士才想起给病人服错了药,就漫不经心的站在走廊的一头对另一头的护士大喊:“老张头吃错药了!”此话被病人听到后,急忙自己寻来肥皂水喝下打算把错药呕吐出来,结果引发严重呕吐加上心力衰竭当场死亡。事后经查,吃错的药是维生素 B_6。对此案例,下列说法正确的是( )。

A. 维生素 B_6 是有益身体健康的,吃错了无妨

B. 病人喝肥皂水致死,这是他自己的责任,不关护士的事

C. 护士的语言和行为都要从有利于病人和不伤害病人的角度出发

D. 病人缺乏相应的医学知识而造成了这样的恶果

E. 护士不应该把真相说出来

A3 型题(6~8 题共用题干)

病人,女,24 岁,在一次与人发生口角,感觉吃了亏。第二天出现无法说话,与人交谈只是用手势,医院检查一切正常。

6. 该病人可能为(　　)。

A. 癔症　B. 焦虑症　C. 恐惧症　D. 惊恐发作　E. 急性应激性障碍

7. 该病人的表现是(　　)。

A. 缄默　B. 违拗症　C. 躯体化障碍D. 分离性障碍　E. 转换性障碍

8. 护理该病人时最应注意(　　)。

A. 转移注意力

B. 建立良好的关系

C. 协助病人料理生活

D. 运用良好的沟通技巧

E. 医、护一定保持一致

二、思考题

1. 生命论的三种理论对你从事护理工作有什么启示与指导？现代护士应当树立什么样的生命伦理观？

2. 功利论对现代护理实践工作有哪些影响？

第四章　护理伦理学的原则、规范与范畴

学习目标

1. 掌握　护理伦理学的基本原则。

2. 熟悉　护理伦理学的基本规范。

3. 了解　护理伦理学的范畴。

护理伦理学的基本原则、规范和范畴构成了护理伦理学规范体系，即是护理伦理学的核心内容，也是护士学习护理伦理学的重点，在护理伦理学体系中处于首要地位，起着主导作用。护理伦理基本原则是护理伦理学规范体系的总纲和精髓，是衡量护士的最高道德标准。护理伦理规范是在护理伦理基本原则的指导下，调节各种关系的具体行为准则，是护理伦理基本原则的进一步展开。护理伦理基本范畴既受护理伦理基本原则和规范的制约，又是他们的必要补充。护理伦理的基本原则、规范、范畴是护士建立护理道德观念、选择护理道德行为、进行护理道德评价、开展护理道德教育和加强护理道德修养的重要标准。学习护理伦理的基本原则、规范和范畴，对于提高护士的职业道德修养、培养良好护理道德信念具有十分重要的意义。

第一节　护理伦理学的基本原则

一、护理伦理学基本原则概述

（一）护理伦理学基本原则的含义

护理伦理基本原则是指在护理实践中调整护理人员与病人之间、护理人员相互之间、护理人员与其他医务人员之间、护理人员与社会之间、护理人员与护理科学发展之间相互关系的最基本的出发点和指导准则。

（二）护理伦理学基本原则的地位与作用

护理伦理基本原则是创建社会主义精神文明在卫生领域的基本准则；是社会主义道德原则在护理领域中的具体运用和体现，是护理伦理具体原则、规范、范畴的总纲和精髓，在护理伦理体系中处于首要的地位，起着主导作用；是构建社会主义和谐社会的重要准则，是护士树立正确的伦理观念，选择良好的护理行为方式，进行护理伦理评价和教育应遵循的原则，也是衡量护士道德素质的最高评价标准。

（三）我国社会主义护理伦理学基本原则的内容

1981 年在上海召开的“全国第一届医德讨论会”上首次提出了社会主义医学道德基本原则“防病治病，救死扶伤，实行革命的人道主义，全心全意为人民服务。”80 年代中期，经过修改并最终确立了“防病治病，救死扶伤，实行社会主义人道主义，全心全意为人民身心健康服务”的社会主义医学伦理基本原则。

1. 防病治病、救死扶伤

防病治病,救死扶伤是社会主义医疗卫生工作的核心任务和基本内容,是实现社会主义人道主义,全心全意为人民身心健康服务的具体途径。它体现了医学的职业特点,明确了护士崇高的道德责任。

防病治病体现了预防为主,防治结合的医学道德精神。在现代医学发展中预防和保健职能已经成为医学不可分割的一部分,对于健康人群和亚健康人群的预防措施和健康宣教,既有利于提高人口素质又有利于节约资源。预防与治疗相结合指明了医学所承担的完整的医学道德责任。要求每一个医务人员,任何医疗卫生单位,都要正确认识和处理对病人、对健康人群、对生态环境、对社会等多重义务关系,承担起防病与治病的使命。救死扶伤是医务人员的天职,也是古今中外医家的共识。我国中医道德思想"医乃仁术",医学目的"医之使之生",西医之父希波克拉底也明确指出医者"为病人谋利益"的思想。在社会主义的中国,救死扶伤更赋予了全面、深刻的意义。要求护士以仁爱、同情之心,高度负责的态度,严谨科学的作风对待每一位患者。加强医德修养,刻苦钻研医学技术,不断提高医疗服务的水平和质量。

2. 实行社会主义的人道主义

实行社会主义的人道主义,是护士应具有的职业道德观。人道主义在伦理上,是指一种道德价值观和道德原则,它提倡人的价值和尊严,维护人的需要和利益,倡导人的地位和作用。人道主义一词起源于欧洲 14 世纪至 16 世纪的文艺复兴时期,资产阶级在反对封建特权、宗教神学过程中提出了人性自由、人格尊严、平等博爱等人道主义的思想,推动了人类社会的思想解放,促进了社会进步,同时这一思想主张因其与医学精神的一致性而成为医务工作的指导原则。

早期医学虽然没有提出人道主义的概念,但自古以来医德大家都是医学人道主义精神的倡导者和践行典范。中国医德的"普同一等""仁爱救人""人命至重,贵于千金"等主张影响着历代医家潜心医学,以治病救人,维护病人利益为己任。社会主义的医学人道主义继承和发扬人道主义的传统,同时又注入了社会主义条件下的新内容。社会主义医学人道主义是在公有制为主体条件下关注全体劳动人民利益,要求医务人员尊重人的生命,尊重人的生命价值;维护人的尊严,保障病人的权利;关爱人的身心健康。医务人员必须加强医德修养,克服名利之心,努力提高医学技术,全心全意为人民服务。

社会主义人道主义要求护士:把防病治病、救死扶伤作为自己的神圣职责,深切同情病人,热情为病人服务,尽力解除病人的痛苦,保障人民健康。同时要高度重视病人的健康和生命价值,尊重病人的人格和尊严,对病人一视同仁。要谴责和反对不人道的行为,无论是战俘、罪犯还是残疾人或精神病人等,都要实行人道主义。

3. 全心全意为人民的身心健康服务

全心全意为人民的身心健康服务是医德最高境界,也是对医务人员行为的最高要求。这一原则充分体现了医学伦理学原则的社会主义性质。人民是社会主义国家的主人,医学事业是人民的事业,"学医为民"是医学事业的宗旨,它要求每一位护士在职业活动中,热爱人民,关心人民,把人民的健康利益放在第一位,不仅满足病人的生理健康需求,还要照护病人心理的、社会的及环境的健康;正确处理个人利益与病人利益、与集体利益和国家利益的关系,恪尽职守,敢于奉献和牺牲。

当前在我国社会主义初级阶段,医疗战线涌现了一大批像张孝骞、林巧稚等全心全意为人民服务的楷模。他们克己奉公,以人民利益为重,不惜牺牲个人利益甚至献出宝贵的生命。但不可否认对许多医护人员而言医学工作还是作为谋生的手段,实际工作中甚至还存在患得患失,以医谋私等现象。全心全意为人民的身心健康服务作为医护工作的崇高境界,应成为护士努力追求的道德目标,需要大力倡导和鼓励。

我国社会主义护理伦理基本原则是评价医德行为的最高标准,是进行医德教育和修养的重要内容。护理伦理学基本原则是调整医疗人际关系的最基本出发点,贯彻于医学实践的全过程。我国护理伦理学基本原则把防病与治病相结合,把服务人民的身体和心理健康兼顾,既有全心全意为人民服务的崇高要求,也顾及到防病治病,救死扶伤的基本标准。既为护士实践提供了切实可行的行为要求,又指明了不断提高医德修养的方向。指导护士树立正确医德观念,选择良好医德行为,是评价医疗行为善恶的最高标准,是合格护士必备的条件。

二、护理伦理的具体原则

(一) 自主原则

1. 自主原则的含义

自主是指自我选择、自由行动或依照个人的意愿进行自我管理和决策,可分为思想自主、意愿自主与行动自主。思想自主是指一个人的情绪正常、稳定并具有正确、理性思考的能力;意愿自主是指一个人具有的自由决定自己意愿的能力和权利;行动自主则是指一个人具有自由行动的能力与权利。上述3种自主方式具有一定的层次性,一个人首先要具备理性的思考能力,然后能按自己的意愿及道德规范,做出自己认为正确或最符合自己利益的选择,而后采取行动并实施。

自主原则是指护士尊重病人的自主性,保证病人自己做主、理性地选择诊治决策的伦理原则。自主原则的实质是对病人自主(自主知情、自主同意、自主选择等)权利的尊重和维护。

2. 医疗护理自主权和病人自主权

医疗护理自主权:即医护专业人员在医疗护理工作中的自主权。

(1) 医主的概念:医主是指由医护人员替病人做主。医主分为全医主和半医主。全医主是指在重大的医疗决策上,实现不征求病人的意见而完全由医护人员为病人做出决定,实施必要的诊治护理。半医主是指在重大的医疗决策上,在征得病人或家属的同意或授权下,由医护人员做出原则性决定。

医主和自主似乎是彼此不相容的,是互相冲突的。事实上,在医疗照护上,“自主”不仅不排斥“医主”,而且有时候还需要“医主”来消除病人因被要求“自主”所带来的困扰。因为在很多情况下,病人对疾病的了解程度,包括病因、病理变化、治疗与预后等,是无法与一位受过正规医护教育和临床训练、具有丰富的专业知识与临床经验的医护人员相比的。而且,当一个人生病的时候,除了其行动自主能力会降低外,其情绪、判断力与正确的理性思考也常常会受到影响,此时医护人员使用医主方式,协助病人恢复健康,在伦理上应该可以接受。若一味强调病人的自主权,有时不但会耽误治疗,而且可能危及生命。

(2) 医疗护理自主权的行使:自主原则将病人自我决定视为护士与病人关系间的最高价值。伦理学者认为,医护人员与病人之间的关系是一种伙伴关系。这种支持性的伙伴关系需要医护人员与病人一起参与,以增强病人的自主性。所以,在病人自己做决定的过程中,医护人员应协助病人了解医疗情况,除了提供有关资料外,还应传达个人的价值观,以及他(她)对此伙伴的关注与投入,以协助病人考量他个人的价值观,并完成自我决定的目的。

医主的目的是为了维护病人的利益,所以是否要行使医疗自主权以及如何行使,应事先评估了解病人的情况与处境,尤其应重视病人本身的价值观、目的与治疗计划的关系,并在执行方法上保有弹性。

(3) 病人自主权:即病人自己做决定的权利。病人有权选择接受或拒绝护士制订的医疗护理方案,这是病人自主性的体现。

在自主原则中,最能代表尊重病人自主权的方式是“知情同意”。“知情同意”是指病人有权知道自己的病情并制定相应的治疗方案。在医疗护理实践中,具有法律效力的同意是“知情同意”,即病人或其法定代理人在获得医护人员提供足够的信息及完全了解的情况下,自愿地同意或应允接受某些检查、治疗、手术或实验。因此,为使病人能充分行使同意权,医护人员应以病人或其法定代理人能理解的语言,详细地向病人介绍有关治疗和护理的信息。

3. 自主原则对护士的要求

(1) 尊重病人及其自主权:自主原则要求体现对自主的人及其自主性的尊重。尊重自主的人及其自主性就是承认个体有权根据自己的具体情况及其家庭状况考虑就个人的健康及疾病相关事宜做出理性的决定。护士尊重病人及其自主权的关键在于尊重病人的真实意愿,这不仅有利于形成适当的医护方案并保障医护活动的正常进行,还在心理、伦理和法律等方面具有积极意义:一方面能使病人感到自身的存在价值,调动其参与护理活动的主动性和积极性;另一方面也增强病人对护士的尊重和信任,有利于和谐护患关系的建立并加强护患沟通,减少不必要的医疗纠纷。

(2) 协助病人行使自主权:尊重病人的自主权绝不意味着护士放弃自己的责任。在病人对自己的病情及医疗方案不能完全理解,甚至完全不能理解的情况下,很难实现真正意义上的自主,因此,护士有责任向病人及其家属提供有关其疾病及健康方面的全面信息,协助病人及其家属进行诊疗、护理方案的比较与选择。在充分了解自身病情、不同治疗方案优劣等信息的基础上,服务对象的选择与护士的建议往往容易达成一致。对于在协助病人及其家属进行医护方案选择过程中出现的病人选择与护士期望不同的情况,则应分析具体情况区别对待。对于具有选择能力但因角色缺如、角色行为减退或异常等放弃选择或拒绝诊治的情况,护士应协助医生深入了解病人的心理动机,并争取家属的配合,耐心、冷静地提出劝告,调整病人的心理状态,使其选择最佳医疗护理方案;对于行动选择与他人、社会的利益发生矛盾的病人,护士应劝说病人调整选择,既保证病人自身的权益、也要确保医护行为对他人、对社会的责任。

(3) 正确行使护理自主权:自主原则在承认并尊重病人自主权的同时也强调专业护理活动中的护理自主权。尤其对于缺乏、丧失部分甚至全部自主能力的病人,如婴幼儿病人、严重精神病和严重智力低下者、老年期痴呆者、昏迷或丧失意识者等,护士应该尊重法定监护人或家属的选择权。但需要注意的是,当代理人或家属的选择违背病人在丧失自主能力前的真实意愿或严重损害病人的利益时,护士则不应听之任之,盲目遵从代理人或家属的意见,而应积极寻求病人所属单位或社会有关机构的协助,在共同商榷后进行最佳选择。

在病人处于生命紧急救援的危急时刻，出于对病人利益的保护和护士救死扶伤的责任，护士有权利依据自己的专业知识，果断自行行使护理自主权，选择最合理的护理手段和措施；而当病人的选择对自身、对他人的健康和生命构成威胁甚至可能对整个社会产生较大危害时，护士则有责任协助相关机构对病人的自主权进行适当限制。

案例 4-1

2007 年 11 月 21 日下午 4 点左右，孕妇李丽云因难产被肖志军送进北京朝阳医院京西分院，肖志军自称是孕妇的丈夫。面对身无分文的夫妇，医院决定免费入院治疗，而面对生命垂危的孕妇，肖志军却拒绝在医院剖宫产手术上面签字，焦急的医院几十名医生、护士束手无策，在抢救了 3 个小时后（19 点 20 分），医生宣布孕妇抢救无效死亡。

分析：医院对于孕妇李丽云的死亡是否应当承担法律责任？

（二）不伤害原则

1. 不伤害原则的含义

不伤害原则是指护士在实施护理措施时，应尽可能避免对病人造成生理、心理等方面的痛苦、损伤等本来完全可以避免的人为伤害，不伤害亦指不将他人置于容易受伤害的危险情况之中。这一原则强调的是医护工作的主观过失应当通过努力加以避免，护士应该最大限度降低对病人的伤害。

2. 不伤害原则的相对性

不伤害原则不是绝对的，在诊疗过程中，要做到对病人完全无损伤十分困难，有些诊疗护理措施，虽对病人康复有利，但往往也不可避免地带来一些损伤，例如药物治疗有毒副作用，检查、手术也伴生不同程度的身心疼痛，由此可见不伤害原则是权衡利弊应该遵循的原则。与此同时，"伤害"有时还被界定为"造成本可以避免的损伤"。一般而言，医疗护理上必需的且属医疗适应证范围的诊治护理手段，其目的均是使病人获得较多的益处或预防发生更大的损害，大都符合不伤害原则，从伦理角度是可以接受的；但当某项诊治护理手段对病人而言是弊大于利、不必要、甚至是禁忌的，却要勉强实施，则违背了不伤害原则。依据伤害与医务人员主观意志的关系可分为故意伤害和无意伤害、可知伤害和不可知伤害、可控伤害和不可控伤害、责任伤害和非责任伤害等类型。那些医疗上必需的，属于适应证范围的医疗行为是符合不伤害原则的。

3. 不伤害原则对护士的要求

自有医学以来，不伤害原则就一直被护士所遵循，希波克拉底誓言与南丁格尔誓言中皆有强调，尤其南丁格尔誓言中，更强调护士应"无为有损之事，勿取服或故用有害之药"随着医学科学的飞速发展，高科技的医护措施被越来越广泛地运用，这些措施在协助恢复服务对象健康的同时，我们应该考虑到若其运用不当，则可能给病人及家属带来不同类型的伤害，预防可能出现的伤害事件，并使可能导致的伤害减轻到最低限度。

不伤害原则要求护士必须做到以下几点：①强化为病人利益和健康实施医护活动的正确动机和意向；②积极了解并评估各项医护活动可能对病人及其家属造成的全面影响，努力防范并降低伤害和意外伤害出现的可能性，当伤害实在无法避免时，则应对利害得失进行全面衡量，尽量选择使病人受益最大、伤害最小的医护方案，将可能的伤害减少到最低限度;③充分尊重和重视病人的愿望、利益;④提供最符合伦理道德的高效医护实践活动。

不伤害原则的意义并不在于消除任何医疗伤害(这既不现实也不公平),而是针对那些怀有主观恶意或不负责任,应该预见而未预见、能够控制却放任伤害发生的行为而提出的,目的在于强化护士的主观动机,树立以病人为中心的观念,以高度责任意识把维护病人健康利益放在第一位。要求护士刻苦学习,钻研技术,审慎工作,胆大心细,恪尽职守。坚决杜绝有意伤害和责任伤害,加强防范无意但可知伤害及意外伤害的发生。

当不伤害原则与其他原则发生冲突时,在利害并存情况下权衡大小,尽力减小伤害程度,不给病人造成不必要的伤害和损失。

(三) 行善原则

1. 行善原则的含义

行善原则即做善事,是指医护人员对病人直接或间接履行仁慈、善良或有利的德行,既包括促进或增进病人的健康和福祉,又包括减少或预防对服务对象的伤害。行善原则也称有利原则,有利既包括医护人员的主观动机也包括客观结果,既有利于病人身体心理的健康利益也应包括有利于病人的经济利益等。有利原则在实践中表现为两方面要求:一是低层次的有利,是指医务人员自觉维护病人的利益,努力做到自己的每一个行为对病人确有益处,不对病人施加伤害,也就是不伤害病人原则;二是高层次的有利,要求医务人员在医疗实践中积极为病人谋取利益,追求最优化决策原则。医务人员要树立全面的利益观,每一项医疗措施的选择都能经过深思熟虑,考虑病人的各方面利益需求,对利害得失全面权衡,争取以最小的投入获得最大效果,努力做到疗效最好、伤害最小、痛苦最轻、费用最少,为病人提供最优化的服务,使病人多受益。

在医护领域中,行善被认为是一种职业传统和责任。医学之父希波克拉底在对医师的道德告诫中就曾说过,“要做对病人有益,或至少不做对病人有害的事”;护理专业的创始人南丁格尔也强调“护理病人时,应关心病人的幸福,一方面应为病人做善事;另一方面则应预防伤害病人”;国际护士协会制定的护士规范中也强调了减轻病人的痛苦、保护病人的安全、增进病人的舒适是护理的重要功能,这些都包含了对护士行善的具体要求。

2. 行善原则对护士的要求

(1) 把病人利益放在首位:病人利益第一,这是护士首先要树立的道德观念,并应努力学习和发扬这种奉献精神。在医疗护理实践中,当救治病人的工作需要护士牺牲个人休息、学习时间和家庭生活时,当医患间的利益发生矛盾冲突时,救死扶伤的职责要求护士必须把病人的健康利益乃至生命安危放在首位,要想病人所想、急病人所急、痛病人所痛、虑病人所需,以病人利益为重,暂时牺牲个人利益,为救治病人不惜牺牲自身的一切利益,甚至宝贵的生命,把为病人及其家属分忧当作最大的精神收获。

(2) 尽力使病人受益最大化:护士在医疗护理实践中,一切诊疗护理措施都必须以医护科学为依据,根据疾病的性质、病情发展规律及变化情况,恰如其分地选择医护手段,既不大病小治、有病不治,也不小病大治、无病滥治,以免造成对服务对象身心的不必要伤害、浪费医疗资源、增加其经济负担。对于各种诊疗方案和实施,必须维护病人的身体利益和经济利益,全面考虑病人带来的利益和损害,尽量选择对病人受益最大、损伤最小、效果最佳、费用最低的方案,努力使病人多受益。凡是“得”明显小于“失”的诊疗护理方案均应禁止使用,“得”与“失”不明的诊疗护理方案则应谨慎选择。

（3）积极做对病人有益的事：护士在临床实践中，应在各个层面尽力做对病人及其家属有益的事，采取各种措施，预防各种可能发生的伤害；采取积极措施，将已经出现的损伤、伤害、损害等降低到最低；努力做或促成对病人及其家属有益的事情。

（四）公正原则

1. 公正原则的含义

所谓公正是指公平、正义，不偏不倚。公正原则是指在医疗实践中对于有同样医疗需要的人给予同样的待遇。一般包括形式公正原则和内容公正原则两个方面。形式公正原则主张在分配医疗负担和收益时，同样的人给予同样对待，不同的人给予不同对待。内容公正原则是指根据哪些因素分配负担和收益，具体依据个人能力、社会地位、贡献大小和个人需要等条件确定应享有的待遇。

公正原则是最近十多年来才受到医学界的普遍重视的。这一观念的兴起与近年来民主与法制健全、卫生法学已成为保护人民生命健康的法律武器、医学科技的迅速发展、医疗费用的不断高涨，以及人们对自身健康越来越重视、就医者与日俱增等因素有关。多年来，医学界大多采用“平等”、“先来先服务”，以及急症和重症优先的公平原则服务于病人。

医疗护理实践中的公正原则是指基于正义与公道、以公平合理的态度对待病人、家属以及直接或间接受到影响的相关人员。亚里士多德曾提出过公正的形式原则，即“对相同的人给予同样的对待，对不同的人给予不同的对待”，按照该形式上的公正原则要求，则在临床医护实践中将有关类似临床个案以同样的准则加以处理，而将不同的个案按照另外的准则进行处理，但应注意的是，现实生活中并未有完全相同的个案；公正原则在护士的医护实践中的运用中主要应强调在处理病人与病人之间的利益关系、病人与社会之间的利益关系时，要对有相同需要的病人平等对待，不论社会地位、经济收入、民族、职业如何，尽量做到公平正直、合情合理。现代护理伦理观指导下的公正包括：平等对待病人；合理分配医药资源，尤其是稀缺的医药卫生资源。

2. 公正原则对护士的要求

（1）一视同仁对待病人：在医疗护理实践中，对待病人应不问贵贱贫富，做到一视同仁，平等对待。临床实践中应具体做到：①要尊重病人的人格尊严，要以同样热忱的服务态度对待每位病人，绝不能厚此薄彼；②要以同样认真负责的医疗作风平等地对待每位病人，任何病人的正当愿望和合理要求均应予以尊重和满足；③要使每个公民享受公正的基本的医疗保健权利，力求做到人人享有绝对基本的医护保健。应该注意的是，公正原则强调人人均有生命与健康权并不等同于人人均享有绝对平均的医护照顾权，对真正有不同医护需求的人给予不同的照顾也应该作公平的表现。

（2）公正分配医疗资源：护士是医务人员之一，有很多机会参与医疗资源分配的决策问题。护士在做有关医疗资源伦理决策时，应针对所有相关因素加以评估，确保医疗资源分配的公正合理。由于护士是照顾病人的第一线医务人员，与病人接触较多，也最了解病人对各种医疗措施的遵从、反应及期望，护士有责任向其医疗团队提供病人的相关资料，协助医疗团队做出公正的资源分配决策。

第二节 护理伦理学的基本规范

护理伦理基本规范是护士在护理实践中道德关系的普遍规律的概括和反映,是在护理道德基本原则指导下的具体行为准则,也是培养护士道德意识和道德行为的具体标准。

一、护理伦理学基本规范概述

(一) 护理伦理学规范的含义

规范一词可以分解为规则、范围,所以又解释为行为标准。护理伦理学规范是指医务人员在医疗实践活动中应遵守的行为标准或准则。它是依据一定的护理伦理学理论和原则制定,用以调整医疗人际关系、约束和控制医疗行为的道德规范的总和。护理道德规范是护理工作者在长期的护理活动中形成的,也是社会对护士的基本要求。

护理伦理学的基本规范作为护理道德意识和行为标准,是护士护理道德行为和道德关系普遍规律的反映,是社会对护士的基本道德要求,是护理伦理学原则的具体体现和补充。护理道德规范不仅包括临床护理方面的规范,而且包括科研、预防等领域的规范。

(二) 护理伦理学基本规范的形式

护理伦理学的基本规范是对人们长期医疗实践中的道德行为的总结和概括,与当时社会的道德理念、风俗习惯相适应,规定"哪些应该做"、"哪些不应该做",早期在医家之间约定俗成,一般主要采用书面条文形式表达。有"戒律",如我国宋代陈实功的"五戒十要";有"誓言"、"宣言"、"箴言"、"祷文"形式,如古希腊《希波克拉底誓言》、德国胡弗兰德《医德十二箴言》、古阿拉伯时期《迈蒙尼提斯祷文》;有法典、法规、守则等形式,如中华人民共和国国务院颁布的《护士条例》;《医务人员工作守则》、国际护业学会通过的《护士伦理学国际法》等。此外,还有公约也是一种形式。

(三) 护理伦理学规范的特点

护理伦理学规范是主观与客观的统一,是全人类性与阶级性的统一,是稳定性与变动性统一。

1. 护理伦理学规范是主观与客观的统一

护理伦理学规范是在长期医疗实践中形成的,是护士在医学活动中道德行为和道德关系普遍规律的反映,其规范内容具有不以人的主观意志为转移的客观性,又是经过人们主观意识提炼和概括,以理论的主观形式固定下来,是主观与客观的统一。

2. 护理伦理学规范是全人类性与阶级性的统一

护理伦理学规范的内容是社会对护士的基本要求,是培养医德意识和提高医德修养的主要内容,表达了人们对医学救死扶伤,实行人道主义事业价值的普遍认可,又要受到不同时期社会政治思想、文化理念的影响,不可避免地呈现不同阶级立场,不同意识形态的观念内容,是全人类性与阶级性的统一。

3. 护理伦理学规范是稳定性与变动性的统一

既具有稳定性又不是一成不变的,作为理论形态的行为规范一经形成,表现出对实践的长期稳定的指导作用,不能朝令夕改。作为具体规则将随社会生活和医学科学的发展而不断丰富和发展,体现了医学伦理规范的稳定性与变动性统一的本质特征。

二、护理伦理学基本规范的内容和作用

(一) 护理伦理学基本规范的内容

1. 救死扶伤,忠于职守

救死扶伤是护士的神圣天职和最高宗旨。时刻为病人着想,千方百计为病人解除病痛,这是护士工作的基本职责。要求护士救死扶伤,献身医学。无论身在哪一个具体岗位,护士的工作关系到病人的生死安危,忠于职守,尽职尽责都是工作本分要求。救死扶伤,实行社会主义人道主义要求护士在工作中把病人利益放在第一位,急病人之所急,想病人之所想,时刻为减轻病人病痛,挽救病人生命努力工作。以服务病人为己任,工作严谨,高度负责,恪尽职守,全心全意为病人的身心健康服务。

2. 钻研医术,精益求精

不断更新知识,提高技术水平。刻苦钻研医术,精益求精是要求护士不断提高专业知识和技术,这是做好医疗服务工作的前提条件。随着现代医学的迅猛发展,医学知识和技术以惊人的速度推陈出新,医学的社会责任更加全面,要求医务人员知识全面,素质精良,技术精准,刻苦钻研医术,精益求精,必须活到老学到老,不断更新知识,提高技能。

3. 平等交往,一视同仁

对待病人,不分民族、性别、职业、地位、财产状况,都应一视同仁。尊重病人,平等交往,一视同仁是尊重原则的具体要求。医患交往双方处于同等地位,尤其护士要尊重病人平等医疗权,平等待患。尊重病人的人格与权利,对待病人要求医务人员做到对待每一位病人人格尊严平等,资源分配公正。

4. 举止端庄,语言文明

护理工作者在工作中与病人接触较多,其一言一行对病人都会产生影响。文明礼貌服务,同情、关心和体贴病人体现医疗工作的作风和工作态度。举止端庄,语言和蔼是对医务人员言行素质规范。举手投足蕴含着护士职业身份象征,一个人的举止言谈也代表着一种内在的精神风貌。护士衣着整洁、规范,举止大方,语言和蔼,有利于医患沟通交往,有效传达一种积极向上的正能量,感染、促进病人战胜疾病。这些要求有医疗工作的需要,也有对医护工作神圣职责的寓意。“良言一句三冬暖,恶语伤人六月寒。”语言可以治病也可以致病。语言对病人的心理有重要影响作用,语言和蔼要求医务人员用语文明礼貌,善于使用安慰性语言、鼓励性语言、暗示性和保护性语言,这也是医务人员道德素质和修养善行的行为表现。

5. 廉洁行医,遵纪守法

不以医谋私,廉洁行医,遵纪守法是对护士道德品质的要求,也是衡量医德医风状况的重要内容。医护工作者因其掌握特有的专业知识,又关系到人的生死安危,使得其手中的医疗权利尤显重要。但是医护人员的诊断治疗不是特权,而是为了更好地开展医疗护理工作的需要,最大程度实现病人利益而获得的。绝不允许乘人之危,向病人及家属索要或收受好处,以医谋私。这既有悖医德良知,也为法律所不容。在我国实行社会主义市场经济条件下,医疗卫生行业面临经济效益与社会效益的考验,廉洁行医,遵纪守法要求医务人员

加强医德教育和修养，提高医德境界，淡泊名利，时时处处以病人利益为主，增强法制观念，自觉抵制行业不正之风。

6. 诚实守信，保守医密

实行保护性医疗，不泄露病人隐私与秘密。诚实守信，保守医密是护士职业道德品质要求。诚信是社会普遍的道德要求，而对于医疗服务行业又有特殊性，它是与保守医密联系在一起，使护士处于讲真话与保密双重责任之中。诚实守信，讲真话是医护人员建立医患之间信任、和谐关系的必要条件，也是实现病人知情同意、选择医疗决策、积极配合医疗工作的保障。讲真话就是要如实告知，但出于保护性医疗需要，在实践中避免患者本人知道明显不利于自己的医疗信息，而采取向病人家属告知的方法是可以接受的。此外讲真话也有讲话方式、表达方法等艺术要求，需要护士学习和研究。

保守医密，与诚实守信相关联，它承载着病人对医护人员的一份信任和责任，是医护人员对病人的职业承诺和使命。保守医密，是一种心理治疗，也是保护性医疗的一项要求。它表现在两个方面：其一，对病人的个人隐私保密，这是病人求医时对医生寄以最大的信任。病人为了治疗自己的疾病，愿意将自己的躯体的、内心的不能向别人公开的秘密和隐私告诉医生，而医生因为治疗的需要，必然要了解掌握病人的发病史、个人生活方式，甚至生理缺陷等。护士对此只有保守秘密的义务，要尊重病人的权利，绝对不可随意泄露。否则，会造成一些纠纷和事故，甚至触犯法律。其二，对某些病人的病情应保密，护士对目前还不能医治的疾病，如恶性肿瘤和某些治疗无望的晚期病情，应尽可能地对病人保密，以使病人在有限的生命时间里，活的更愉快些，不致丧失信心。但护士对病人家属、单位领导应如实相告病人的真实病情，不能隐瞒，并做好病人家庭的思想工作，避免发生不必要的医疗纠纷。

7. 互学互尊，团结协作

互尊互学，团结协作是建立护际关系正确处理同行同事间关系的行为准则。尊师为父，敬重同道，“戒毁同道”是古今中外医疗行业的传统美德。我国《临床医师公约》倡导“敬业尊师，积极扶植后学”，医护人员之间、医患之间团结合作，共同以维护病人利益为重。“三人行必有吾师”这是孔子几千年来的教诲，在今天，医学科学和技术日新月异，医学分科、分工越来越细，同道之间的互相学习，取长补短已成为推动个人进步和医学发展的必经之路。开展合理竞争，寻找差距，促进成长。谦虚谨慎，团结合作，共同目标是对病人负责。坚决反对同行如敌，互相拆台，视病人利益于不顾，工作中斤斤计较，损人不利己的思想和行为。

（二）护理伦理学基本规范的作用

1. 在护理伦理学准则体系中的主体作用

护理道德原则、护理道德规范、护理道德要求共同组成了分工明确、功能互补的护理伦理学准则体系。护士在医疗护理活动中应该做什么，不应该做什么，主要是由护理道德规范作明确而具体的规定，它比较全面地指明了护士应该如何在医疗护理实践中去选择自己的行为。

2. 在护理道德评价中的尺度作用

医疗护理活动是一个复杂的过程，护士在医疗技术水平、护理道德修养都离不开护理道德评价。而护理道德规范则是评价护理道德行为和护理道德生活的基本准则。因为进行护理道德评价，无论是社会的外在褒贬，还是自我的内在自省，都必须以护理道德规范作为直接尺度，即用护理道德规范来衡量每一位护士在医疗护理活动中道德行为的是与非、善与恶。

3. 在护理管理中的规范作用

护理管理不仅需要加强护理技术和护理设备的现代化，同时需要建立健全各种规章制度，制定相应的护理道德规范，加强对护士进行这方面的教育和规范化管理。

4. 在护理道德修养中的内化作用

护理道德调节职能的实现，取决于护士提高护理道德修养。从不知到知、从知到行、从他律到自律，是护理道德修养的一般规律。在医疗护理活动中，以护理道德规范认真指导和检验自身言行，护士就可能实现护理道德规范的内化作用，从而提高和完善自己的道德人格。

第三节　护理伦理学的基本范畴

一、护理伦理学基本范畴概述

（一）含义

范畴是指概括性最高的基本概念，是一个学科领域具有特定内涵的专门用语，是人的思维对客观事物本质的最一般概括和总结。护理伦理学范畴是在护理道德实践中，对护理道德行为、道德关系、道德现象的本质概括和反映，是护理伦理学领域的基本概念。

护理伦理学范畴有狭义和广义之分。广义的护理伦理学范畴是指这一学科领域里所使用的所有基本概念。狭义的护理伦理学范畴则是护理伦理学规范体系的重要组成部分，是与护理伦理原则、规范体系相一致的。

（二）意义

1. 护理伦理学范畴是阐述护理伦理原则，分析护理伦理问题的出发点

护理伦理学范畴是以护理伦理学原则、规范为基础，在原则规范指导下形成的，护理伦理学范畴又是对护理伦理学原则、规范的补充和具体化。犹如列宁所说："范畴是区分过程中的一些小阶段，即认识过程中的一些小阶段，是帮助我们认识和掌握自然现象之网的网上纽结。"没有确定的护理伦理学范畴，就无法明确表达护理道德原则和规范。

2. 护理伦理学范畴是指导护理实践，进行护理道德教育和培养的基础内容

护理伦理学的原则和规范是表达社会对护士的外在、客观的道德要求，体现道德的他律性，医学伦理学范畴反映的是护士内在的自我要求，体现道德的自律性。所以护理伦理学范畴是把护理伦理学原则、规范要求从外在的他律约束转化为内在的自觉行为，有助于护士在实践中把握医德要求，开展护理道德教育，不断提高护理道德修养。

二、护理伦理学基本范畴的内容

（一）权利与义务

1. 权利

在护理道德生活领域里，权利是指道德行为主体所拥有的正当权力和利益。在护理道德领域里，它主要包括两个方面的内容：一是病人在护理关系中所享有的权利；二是护士在护理关系中所享有的权利。

（1）病人的权利：是指人在患病期间应该享有的权利和必须保障的利益。在实践中，病人权利主要包括两个层面，即法律权利与道德权利。法是最低层次的道德，道德是理想的法；病人法律权利反应的是病人的基本健康权利，而道德意义上的病人权利反映的则是病人全面的更高层次的健康权益。病人的权利内容也是护士的义务所在，是护理工作的核心。

病人权利问题的提出源自于1793年法国的病人权利运动，当时的医疗环境极其简陋，病人只是要求一个病人能有一张病床，每张病床相隔三尺等改善病人医疗条件。病人的权利要求在一些西方国家得到重视，逐步发展。20世纪以来，病人权利意识加强，法律日益规范，病人权利内容不断扩大并有了充分的保障。目前，我国尚无专门的病人权利法。根据我国现行法律、法规等总结出病人法律权利主要包括：生命权、健康权、身体所有权、平等医疗权、疾病认知权、知情同意权、保护隐私权、社会免责权、诉讼索赔权等。

（2）医护人员的权利：是指医护人员在诊疗服务过程中应享有的权利和应获得的利益。医护人员权利从职业角度讲是病人赋予的，是为了更好地完成职责所需要的权利。我国执业医师法对医护人员的权利做了明确规定：在注册的执业范围内，进行医学检查、疾病检查、医学处置、出具相应的医学证明文件，选择合理的医务（护理）、预防、保健方案；按照国务院卫生行政部门规定的标准，获得与本人活动相当的医疗设备基本条件；从事医学研究、学术交流，参加专业培训，接受继续医学教育；在执业活动中，人格尊严、人身安全不受侵犯；获取工资报酬和津贴，享受国家规定的福利待遇等权利。

2. 义务

是指责任，是一个人应该对他人、集体和社会承担的责任和使命。在护理实践中包括医护人员的义务和病人的义务两个方面。

（1）医护人员的义务：是指医护人员在医疗服务工作中对病人、对他人及对社会应承担的职业道德责任。在《中华人民共和国执业医师法》22条对医师在执业活动中履行的义务作出了明确规定：即遵守法律、法规，遵守技术操作规范；树立敬业精神，遵守职业道德，履行医师职责，尽职尽责为病人服务；关心、爱护、尊重病人，保护病人的隐私；努力钻研业务，更新知识，提高专业技术水平；宣传卫生保健知识，对病人进行健康教育。另外，“执业规则”中的其他条款还规定了如下特殊义务：合法地填写、保护医学（护理）文书；对急危病人不得拒绝急救处置；合理使用药品设备，尤其是毒、麻等特殊药品；如实向病人或者家属介绍病情，特殊治疗应征得其知情同意，并经医院批准；奉命抗灾防疫；按规定报告疫情、非常死亡或者涉嫌伤害时间等。

医护人员的义务是病人权利得以实现的前提和保障。从护理伦理学意义上讲医护人员义务的履行是在道德层面要求尽职尽责为病人服务，是无条件的，它不以获得某种权利、交换或回报为前提，而且必要时还要牺牲医护人员的个人利益为代价。医护人员还要把对病人的义务与对社会和对他人的义务统一起来，不得以牺牲社会利益满足病人的不正当要求。医护人员的法律义务是其医学道德义务的底线和基础。

（2）病人的义务：是指人在患病期间要履行的对自己、对他人及对社会的责任。在临床实践中包括：在医师（护士）指导下接受并积极配合医生（护士）诊疗；避免将疾病传播给他人；尊重医务人员及其劳动；遵守医院规章制度；支持临床实习和医学（护理）事业发展。病人的义务规范是为了更好地保障病人健康利益实现，维护医疗秩序，促进医学发展。

案例 4-2

病人陈某，男，19 岁，大二学生。他到医院泌尿科就诊，请求为他进行输精管扎结术，并说这是经仔细考虑后决定的，而且还在当地的精子库留下了精子，因此愿意承担以后万一后悔想改变初衷的风险。医生听后非常震惊，拒绝为其进行手术，并解释：你年纪很轻又没有结婚，以后可能要后悔的。病人对医生的拒绝极为不满。

分析：医生未能满足病人的要求是否道德？为什么？（结合医生的权利和义务相关内容分析）

（二）情感与理智

1. 情感

（1）含义：情感是人们在实践中对客观事物及周围人群所表现出来的内心体验的自然流露。通过喜怒哀乐等形式表达对某种事物或行为肯定或否定的态度。人们的情感与其所处的社会历史条件，判断问题的立场、观点分不开。因此，医德情感就是医护人员在一定社会条件下，根据护理伦理原则及规范履行医德义务过程中所产生的爱憎或好恶的情绪和态度。

（2）内容：医德情感作为一种高尚、纯洁、理智的职业道德情感，是建立在对病人生命的热爱、人格的尊重和价值观的认同基础上，包括三方面的内容：同情感、责任感、事业感。

同情感是最基本的医德职业情感，它表现为对病人的理解和怜悯，急病人之所急，想病人之所想，与病人及家属能共情。临床工作中表现为护士对病人的关心、体贴和帮助，不是亲人胜似亲人的情感。

责任感是同情感上升为职业理性和义务，从而促使护士把病人利益放在第一位，以减轻病人痛苦挽救病人生命为己任，满腔热忱、千方百计提高医疗技术水平和服务质量。

事业感是同情感和责任感的升华，也是最高层次的道德情感。表现为护士自觉把本职工作与医学科学发展及人类健康联系在一起，产生崇高而神圣的情感动力，忘我投入工作，把全心全意为人民的身心健康服务作为一种崇高的价值追求。

2. 理智

（1）含义：亦作“理知”。指清醒、冷静、合乎实际的思维。理智作为护士必备的医学道德理性修养，包含较低层次的医学道德认知素质和自制能力，以及较高层次的医学道德决疑能力和智慧素质。理智的作用在于把握、调控、驾驭、优化情感。例如，认知素质和自制能力，主要是感知辨识情感优劣，从而控制、平衡自我情绪；决疑能力和智慧素质，主要是通过优化情感并整合护理服务中的多元素质，为病人提供最佳的医学服务。

（2）内容：理智要求把护理道德情感建立医学科学的坚实基础上，防范自我情感的不良应答、盲目诉求、过度膨胀，以及情感缺失，以道德理性全面整合自我情感世界；要求正确认识和对待对方的情感，在病人痛苦不堪、心态不平，而家属情绪化、不冷静的情况下，不为患方的恶性心态所干扰，不应以无益的廉价情感去应付、迁就、讨好对方，而要坚持科学精神，保持理性、清醒的头脑，认真负责地、实事求是地对待病人；要正确认识和对待周围的情感氛围，恪守科学原则和医学道德准则，抵制和排除种种不良情绪的群体化、时尚化。

情感与理智都是护士必备的道德修养，一个合格的医务人员应该将二者集于一身。“同情不用情”——这一命题，既是千千万万医家成功的经验之谈，又是有待进一步发掘利用的医学道德宝藏。

（三）审慎与胆识

1. 审慎

（1）含义：审慎即周密思考，谨慎行事。医学道德的审慎是指医护人员在实施诊疗过程中，严谨、周密地思考，认真谨慎地服务。

（2）内容：审慎作为医学道德范畴有助于培养护士慎重扎实的工作作风，严谨务实的医疗工作态度，提高医疗服务质量。这是护士对病人和对社会的责任和义务的具体表现，也是护士医德品质的根本要求。

首先诊断治疗要审慎，表现为医护人员全身心投入工作，集中精力为病人的利益考虑，及时做出正确的诊断，选择最优化的诊疗方案，避免由于疏忽大意而导致的医疗差错、事故，保障人民身心健康和生命安全。其次护理语言要审慎，由于护理服务对象的特殊性，护士必须学习和善于使用恰当的语言与病人沟通，避免语言不慎造成对病人的伤害或引起不必要的误解，有利于良好医患关系的建立。

2. 胆识

（1）含义：医护人员在病人面临风险和难题而自己可以有所作为也必须有所作为的时候，能为病人预见到风险，敢于承担风险，并善于化解风险。胆识的深层本质是关心病人和尊重科学。

（2）内容：在临床实践中，尤其是面对某些特殊病人时，胆识无不具有突出的价值。勇气应以见识为基础，见识则因勇气而显现自身价值。胆识可以帮助护士把握住有效抢救危、重、急、险病人的时机；可以帮助护士在病人损伤不可避免时，做出争取最大善果和最小恶果的合理选择；可以帮助护士尽快对疑难病症及时做出正确诊断和处理。

（3）首诊负责：医护人员缺乏胆识，缺乏责任心，就会以种种借口推托，尤其是危、重、急、险病人，因而往往造成严重后果。为防止此类现象发生，从管理上实行首诊负责制是一种有效的他律机制。首诊负责，要求首诊医生和医院必须做到：急诊急救病人优先；敢于负责，必须负责，除本院确无该专科或病情允许时可以转院外，必须就地诊治和抢救；凡遇急救病人，依病情需要，可先行抢救，再补办有关手续和交款事宜；借故推诿或者不千方百计创造急救条件者，追究当事者、领导人责任。

医疗审慎与胆识相辅相成。审慎的严密和谨慎绝不意味着犹豫不决，优柔寡断。医护人员的胆识是要求医护人员在关键时刻要敢于承担风险，善于做出果断决策的勇气。这样的胆识是要以广博的知识、丰富的经验，周密的思考，科学的判断为依据。正所谓“胆越大心越细。”

（四）良心与荣誉

1. 良心

（1）含义：良心是道德责任的自我意识，是人们在履行对他人、对社会的义务过程中，对自己行为应负道德责任的自我意识。医德良心是医务人员在履行医德义务过程中对自己所负道德责任的主观认识和评价能力。它把道德情感、观念、意志、信念在个人意识中有机统一，形成护士内心的道德活动机制。费尔巴哈说：“良心是自己审判自己的法官。”它使一定医德原则和规范的外在要求转变为护士内心深处的自我意识，形成稳定的道德信念和强烈的道德情感，由他律转化为自律。护理道德良心的实质是自律。焕发出护士对病人发自内心的道德良知，无论在什么条件下，都要求自己忠实于病人，忠诚于职业，决不做违反医德义务、有损病人利益的事。

（2）内容：医德良心是护士不可缺少的道德情感，其作用贯穿于医务人员行为的始终。在行为之前检查选择自己行为的动机，良心不允许自己的行为违背自己所接受的道德观念，良心会根据道德义务的要求，对行为动机进行自我检查，对符合道德要求的动机给予肯定，对不符合道德要求的动机加以否定，不论有无社会监督，护士都能做出正确的决定，选择自己对社会和病人应履行的行为。

行为过程中良心发挥监督调整作用。护士在医疗活动过程中，良心在对符合伦理原则，规范的情感、信念和行为总是给予内心的支持和肯定；对不符合医德要求的欲念或冲动则给予批评、制止，并及时纠正，从而避免不良行为发生，能使医务人员保持高尚的品德。

行为之后良心对行为的后果和影响做出评价。当护士的行为给病人带来健康和幸福时，内心感到安慰和满意，精神上感到舒畅和喜悦；当护士的行为给带来不幸和痛苦时，良心就会受到谴责，感到内疚、悔恨、惭愧。护士正是在良心的作用下自觉反省、校正自己的行为，从而改正缺点和失误，不断提高自己的道德境界。

2. 荣誉

（1）含义：荣誉是护士理性上自尊的表现，在社会层面表征着对护士道德行为及其价值的肯定和褒奖。医学道德荣誉包括两个方面：一是人们和社会对护士高尚的行为予以肯定；二是护士个人对自己的肯定性评价以及对社会肯定性评价的自我认同，表现为因履行道德职责受到褒奖而产生的自我赞赏。这两方面是相互联系和相互影响的。

（2）医学道德荣誉中的矛盾

1）荣誉感与虚荣心的矛盾：这是主体内在的一对基本矛盾。荣誉感以集体主义为基础，由知耻心、自尊心与进取意识、竞争意识等整合而形成，表现为对自我追求的价值肯定和对自我行为的正确认识，具有浓厚的科学理性，执著，达观。虚荣心则以个人主义为基础，为荣誉而求荣誉，常以弄虚作假、阿谀奉承等恶劣手段满足个人追求，具有强烈的情绪色彩，易逝，狭隘。荣誉感是不可缺少的，虚荣心是应该克服的。

2）职业荣誉与个人荣誉的矛盾：这是行为主体中群体与个人的一对基本矛盾。一般说来，职业荣誉与个人荣誉相辅相成，水涨船高。但二者并非完全同一。

3）社会荣誉与自我褒贬的矛盾：这是荣誉评价中的一对基本矛盾。一般说来，社会评价是构成荣誉的直接客观基础。自我评价，或表现为对社会褒奖的认同或是纯粹的自我品评。真实的荣誉则应是这两种评价的统一。现实中，社会评价与自我评价也会出现种种不协调。如果两种评价不一致，看哪一个符合实际和人民健康利益，符合者接受，不合者拒绝，注意防止单纯以医者或病人的是非为是非的片面做法。

（3）正确对待名誉：名誉是荣誉问题的焦点，也是它的突出表征。护士应该树立正确的名誉观：重视名誉、追求名誉，表明医务人员具有职业荣誉感和个人自尊心，同时也符合社会的要求。护士的名誉永远同医术、医德、创造、贡献相随。如果离开医学事业单纯去追求名誉，名誉就变得虚伪，就毫无价值；求名有道，从获得名誉，再到保持名誉，都必须确立正当目的，选择正当手段。

本章小结

通过本章护理伦理学的规范体系的学习，了解护理伦理学的基本理论观点，深入理解掌握护理伦理学的基本原则和具体原则，严格遵守护士的职业伦理规范，以护理伦理学基本理论为指导，以护理伦理学原则为标准，把护理伦理学的权利与义务、情感与理智、审慎与胆识、良心与荣誉范畴的思想落实到护理实践中，努力提高医德素质。

（冯　巍）

练 习 题

一、选择题

A1 型题

1. 护理理论基本原则中的自主原则要求护士（　　）。
A. 建立信任，帮助病人确认健康问题，自主决定
B. 对于缺乏或丧失自主能力的病人，护士必须尊重家属、监护人的选择权利
C. 重视病人愿望，不给病人带来精神上的任何伤害
D. 尊重和满足病人的正当愿望和合理要求
E. 坚决维护病人的愿望和决定

2. 下列权利中最能具体体现病人自主权的是（　　）。
A. 生命健康权
B. 知情同意权和知情选择权
C. 隐私保护权
D. 监督医疗护理的权利
E. 采取何种治疗方案的权利

3. 对病人自主与医生做主之间关系的最正确的理解是（　　）。
A. 病人自主与医生做主是对立的
B. 病人自主与医生做主是不对立的
C. 强调病人自主，也充分看到医生做主的存在价值
D. 强调医生决定，兼顾病人自主
E. 强调病人自主，目的在于减轻医生的责任

4. 保持诊室内一医一患，是遵循了（　　）门诊护理伦理要求。
A. 尊重病人，保护隐私
B. 维护公正，合理安排
C. 尊重病人，注重心理护理
D. 团结协作，互相监督
E. 诚实守信，保守医密

5. 治疗要获得病人的知情同意，其实质是（　　）。
A. 尊重病人自主性
B. 尊重病人社会地位
C. 尊重病人人格尊严
D. 病人不会做出错误决定
E. 病人提出的要求总是合理的

A2 型题

6. 某中年男病人因心脏病发作被送到急诊室，症状及检查结果均明确提示心肌梗死。病人很清醒，但拒绝住院，坚持要回家。此时护士应该（　　）。

A. 尊重病人自主权，自己无任何责任，同意他回家

B. 尊重病人自主权，但应尽力劝导病人住院，无效时办好相关手续

C. 尊重病人自主权，但应尽力劝导病人住院，无效时行使干涉权

D. 行使医生自主权，为治病救人，强行把病人留在医院

E. 行使家长权，为治病救人强行把病人留在医院

7. 某肝癌病人病情已到晚期处于极度痛苦之中，自认为是肝硬化，寄希望于治疗，病情进展和疼痛发作时，多次要求医生给予明确说法和治疗措施。此时，医务人员最佳的伦理选择应该是（　　）。

A. 正确对待保密与讲真话的关系，经家属同意后告知实情，重点减轻病痛

B. 恪守保密原则，继续隐瞒病情，直至病人病死

C. 遵循病人的自主原则，全面满足病人要求

D. 依据知情同意原则，应该告知病人所有信息

E. 依据有利原则，劝导病人试用一些民间土方

8. 某青年女病人因患左侧乳腺癌住院行根治术。术中同时为右侧乳房一个不明显硬节也作了常规的冰冻病理切片，结果提示：右侧乳房小肿块部分癌变。此时，医生的最佳伦理选择是（　　）。

A. 依人道原则，立即行右乳大部分切除术

B. 依救死扶伤原则，立即行右乳大部分切除术

C. 依有利原则，立即行右乳根治术

D. 依知情同意原则，立即行右乳根治术

E. 依知情同意原则，立即行右乳大部分切除术

9. 一位 3 岁病儿患急性菌痢住进医院，经治疗本已好转，即将出院。其父母觉得小儿虚弱，要求输血。碍于情面，医生同意了。可护士为了快点交班，提议给予静脉推注输血。当时病儿哭闹，医护齐动手给他输血过程中，病儿突发心搏骤停死亡。此案例中护士的伦理过错是（　　）。

A. 无知，无原则，违背了有利病人的原则

B. 无知，无原则，违背了人道主义原则

C. 曲解家属自主权，违反操作规程，违背了有利病人

D. 曲解家属自主权，违反操作规程，违背了不伤害病人的原则

E. 曲解家属自主权，违反操作规程，违背了人道主义原则

10. 某老人，因其生理功能的衰退，疾病增多，情绪不稳定、护士在给老年人进行护理中，应符合护理道德的要求，不包括（　　）。

A. 尊重老年人，服务周到

B. 细心观察病人，加强巡视

C. 尊重老年病人的自主权

D. 尊重老年人的健康权利要求，完全满足患病老年人的一切要求

E. 注重老年病人的心理保健

11. 一位年轻的未婚女子因子宫出血过多住院。病人诉子宫出血与她的月经有关，去年就发生几次。医生按照其主诉实行相应的治疗。一位正在妇科实习的护士和病人很谈得来，成为无话不谈的好朋友。在一次聊天中谈及病情时，病人说自己是因为服用流产药物而造成的出血不止，并要求这位护士为她保密。根据上述描述，实习护士应该（　　）。

A. 遵守保密原则，不将病人真情告诉医生

B. 因为不会威胁到病人的生命，所以应该保密

C. 拒绝为她保密的要求

D. 为了病人的治疗，应该说服病人将真实情况告诉医生，但一定要为病人保密

E. 了解病因、病史是医生的事，与护士无关，所以应尊重病人的决定

A3 型题（12~13 题共用题干）

病人，女，32 岁，在得知自己被确诊为乳腺癌早期时，忍不住躺在病床上失声痛哭。这时护士问："你现在觉得怎么样？"但病人一直低头不语，不愿意和护士沟通。之后的几天内，病人情绪很低落，常为一些小事伤心哭泣。

12. 当护士试图和病人沟通时，目前影响护患沟通的核心问题是病人的（　　）。

A. 个性　B. 情绪　C. 能力　D. 态度　E. 生活背景

13. 当病人因沮丧而哭泣时，护士不恰当的沟通行为是（　　）。

A. 制止她哭泣，告诉她要坚强面对

B. 坐在她身边，轻轻递给她纸巾

C. 轻轻地握住她的手，默默陪伴她

D. 在她停止哭泣时，鼓励她说出悲伤的原因

E. 当她表示想独自一人安静一会儿时，为她提供一个适当的环境

二、思考题

1. 护理伦理学的基本规范包括哪些内容？

2. 如何化解自主原则、不伤害原则、行善原则以及公正原则间的冲突？

3. 审慎与胆识的含义、内容及在医疗实践工作中的作用？

第五章　护理关系伦理

学习目标

1. 掌握　护理关系、护患冲突、护患关系的概念；护患关系的内容及模式；护患冲突的类型及改善方法。

2. 熟悉　护患双方的权利与义务；护患关系的伦理规范；护士与社会公共关系处理的伦理。

3. 了解　护际关系伦理规范；护士的社会地位与责任。

护理关系是指在医疗护理实践中，同护理有直接联系的人与人之间的交往关系，它包括护士与病人、护士之间、护士与其他医务人员以及护士与社会的关系。这几方面的关系有着不同的具体内容：护患关系主要是服务与被服务的关系；护际关系（护士之间、护士与其他医务人员）以平等协作、团结互助、互相监督为主；护士与社会的关系是在新的医学模式背景下，客观要求护士履行社会义务和承担社会道德责任而产生的护理关系。这些关系处理的好坏直接影响和制约着护理工作的开展和护理质量的提高。

第一节　护患关系伦理

护患关系是护理实践中形成的护士与病人、保健对象之间的人际关系，是护士需要面对的最重要的人际关系。在以人的健康为中心的整体护理中，护患关系是所有护理人际关系中的关键和核心，因而认识护患关系的特征，明晰护患双方的权利与义务，探究影响护患关系和谐的因素，科学地制定调节护患关系的伦理规范，既是护理伦理学的重要课题，也是护士提高道德素质的重要方面。

案例 5-1

病人李某，女，32 岁，因胃溃疡住某医院消化内科，经治疗后病情好转，行动自如。医生认为可出院，但没开具出院证明。病人尚拖欠医院部分费用，但执意立即出院，回家。护士便将其衣物、证件没收，要求结清费用且等医生开具出院证明，方可离院。护士的行为引起病人的强烈不满，发生护患纠纷。护士认为，这样做的理由是执行医院的管理规定，更主要的为了病人的生命健康安全。

在此案例中，护士的行为是否适当？不同人对护患双方行为的对错认定不一，护士与病人具有的权利和应承担的义务有哪些？

一、护患双方的权利与义务

（一）护士的权利和义务

1. 护士的权利

是指护士在从事护理工作中应享有的权力和利益。它可以分为护士的执业权和自身权利两个方面。

(1) 护士的执业权：即护士从事护理工作，履行护理职责的权利。

1) 护理决策权：在注册的执业范围内，护士有权利根据病人的情况进行必要的问诊、查体，选择恰当的护理方案帮助病人恢复健康；有权依据病情、疫情的需要进行疾病调查等。这是护士从事执业活动应当享有的基本权利，是维护和保证病人医疗护理权利实现的需要。

2) 继续教育权：现代社会和科学技术不断发展，要求护士及时更新知识，调整知识结构，不断提高道德修养和业务水平，这既是护士的权利，也是护士的义务。

3) 履行职责权：护士有获得疾病诊疗、护理相关信息的权利和其他与履行护理职责相关的权利，可以对医疗卫生机构和卫生主管部门的工作提出意见和建议。

(2) 护士的自身权利

1) 经济待遇权：护士执业，有按照国家有关规定获取工资报酬、享受福利待遇、参加社会保险的权利，任何单位或者个人不得克扣护士工资，降低或者取消护士福利等待遇。

2) 安全执业权：是指护士在执业时有权要求在安全和具有功能性设备的环境下工作，以保证自身及其他护士的安全与健康。护士有获得与其所从事的护理工作相适应的卫生防护、医疗保健服务的权利。护士的执业活动和医疗秩序受法律的保护，护士在职业活动中，人格尊严、人身安全不受侵犯。一切扰乱医疗秩序、谩骂或殴打护士的行为都是违法行为，应当受到社会舆论的谴责和法律的制裁。侵犯护士人格尊严、人身安全，造成损害的，必须依法承担法律责任。

3) 获得表彰、奖励权：国务院有关部门对在护理工作中作出杰出贡献的护士，应当授予全国卫生系统先进工作者荣誉称号或者颁发白求恩奖章。

2. 护士的义务

即护士对病人、他人、集体和社会承担的道德责任，也是病人、他人、集体和社会对护士在医疗活动中的各种行为的基本要求。

(1) 遵守法律法规及技术操作规范：护士在执业中应当遵守法律、法规、规章和诊疗技术规范的规定。这是护士在诊疗服务中的最主要的义务，同时也是护士向医疗机构履行的最基本职责。

(2) 为病人保守医疗秘密和隐私：在护理执业中，护士应尊重病人的宗教信仰、风俗习惯和价值观并保护病人的隐私。这既是一种职业道德层面的要求，也是法定义务的要求。

(3) 抢救病人：《医疗机构管理条例》规定："医疗机构对危重病人应当立即抢救。"因此，护士在执业活动中，发现病人病情危急，应当立即通知医师；在紧急情况下为抢救垂危病人生命，应当先行实施必要的紧急救护。

(4) 正确查对、执行医嘱：在护理工作中，若发现医嘱违反法律、法规或者诊疗技术规范规定的，应当及时向开具医嘱的医师提出质疑或反对；必要时，可向该医师所在科室的负责人或者医疗卫生机构负责医疗服务管理的人员报告。

(5) 满足公众的卫生需求：护士在执业过程中应努力提高自身的专业素养，以增进人类健康，预防疾病，恢复健康和减轻病人痛苦为己任，不断满足民众的健康需求。尤强调护士有义务参与公共卫生和疾病预防控制工作。

(二) 病人的权利和义务

1. 病人的权利

是指病人在诊疗护理中应享有的权利和必须保障的利益。依据国际相应约定和我国法律规定,病人的权利包括下列主要内容:

(1) 平等的医疗权:是指病人有权享有同样良好的医疗保健服务和基本的、合理的医疗卫生资源。当人的生命受到疾病的折磨时,病人有解除病痛,要求医疗照顾的权利。任何医护人员和医疗机构都不得拒绝病人的求医要求。因人类生存的权利是平等的,因而医疗保健享有权也是平等的,对待病人应该一视同仁。

(2) 免除一定社会责任权:疾病都将或多或少地影响机体的正常生理功能,从而使病人承担社会责任和义务的某方面能力丧失或减弱。因此,获得相应医疗机构文书证明的病人,有权根据病情的实际情况(残疾程度和预后情况),暂时或长期、主动或被动地免除如服兵役、高空或坑道作业、献血等社会责任和义务。同时还应享有休息时间和各种福利保障。

(3) 疾病认知权:是指病人拥有对自己所患疾病的相关信息的了解和认知的权利,除了意识不清或昏迷状态外。这些信息包括病人所患疾病的诊断、性质、严重程度、治疗及预后的情况。在不损害病人利益和不影响治疗效果的前提下,医护人员应提供有关疾病信息。

(4) 知情同意权:是指在临床过程中,医护人员为病人做出诊断和治疗方案后,应当向病人提供包括诊断结论、治疗决策、病情预后以及诊治费用等方面的真实、充分的信息,尤其是诊疗方案的性质、作用、依据、损伤、风险以及不可预测的意外情况,使病人或其家属经过深思熟虑,自主地做出选择,并以相应的方式表达其接受或者拒绝此种诊疗方案的意愿和承诺。

(5) 身体所有权:是指病人对自身正常和非正常的整体及其肢体、器官、组织、基因等都拥有所有权及支配权。身体所有权不仅是病人生前享有的,其死后也是不容侵犯的。

(6) 隐私保护权:是指病人享有的私人信息和私人生活依法受到保护,不被他人非法侵犯、知悉、搜集、利用和公开的一种人格权。护士的职业特点决定了其可以了解病人的一些隐私(包括家族和个人病史,婚姻家庭,某些疾病、病史、生理缺陷、特殊经历和遭遇等)和有关健康情况。因此,病人有权要求护士为之保密,维护自己的隐私不受到侵害。

(7) 经济索赔权:在医疗活动中,若医护人员因违反规章制度、诊疗护理常规等出现失职行为或技术过失,从而直接导致病人人身损害或财产损失,病人及其家属有权要求有关人员或部门承担法律责任,并有权提出经济赔偿请求。依据《民法典》,"第一千一百七十九条　侵害他人造成人身损害的,应当赔偿医疗费、护理费、交通费、营养费、住院伙食补助费等为治疗和康复支出的合理费用,以及因误工减少的收入。造成残疾的,还应当赔偿辅助器具费和残疾赔偿金;造成死亡的,还应当赔偿丧葬费和死亡赔偿金。"

2. 病人的义务

权利和义务是相对的,病人在享受权利的同时,也应负起应尽的义务,对自身健康和他人、社会负责。

(1) 配合医疗护理的义务:病人患病后,有责任和义务接受医疗护理,与医护工作者合作,共同治疗疾病,恢复健康。病人有义务向医护人员如实陈述病史、病情,在同意治疗方案后,应执行医嘱,配合治疗。若因患方的错误陈述或不与医方配合导致诊疗失误,医方不承担民事责任。《医疗事故处理条例》规定:"因患方原因延误诊疗导致不良后果的,不属医疗事故。”

(2) 遵守医院规章制度、尊重医护人员的义务：医院的各项规章制度是为了发挥医院职能，保障正常的诊疗秩序，提高医疗质量，如就诊须知、入院须知、探视制度等都对病人和家属提出了要求。

(3) 维护医院秩序的义务：医院是救死扶伤、实行人道主义的公共场所，医院需要保持一定的秩序。病人应自觉维护医院秩序，包括清洁、安静、保证正常的医疗活动以及不损坏医院财产。

(4) 支付医护费用的义务：医疗卫生事业不是纯粹的福利性事业，医疗护理的诊疗活动是有偿服务，需要病人有义务按规定支付相应的费用。

(5) 保持和恢复健康的义务：在医疗活动中，护士有责任帮助病人恢复健康和保持健康，但对个人的健康保持需要病人积极参与，才能使其维持在最佳的健康状况。病人有责任选择合理的生活方式，摒弃不良生活习惯，避免疾病的困扰，保持和促进健康。

二、护患关系的内容与模式

护患关系可分为技术关系和非技术关系两个方面，护理活动的完成是通过护患之间技术方面和非技术方面的交往实现的。

（一）技术关系及其模式

护患技术关系是指护患双方在护理技术实践中的行为关系，反映护患双方对护理技术本身的认识和态度。护患技术关系模式是以医患技术关系模式为基础而形成的。1956 年美国学者萨斯（T. Szasz）和荷伦德（M. Hollender）提出了医患技术关系中存在的三种不同模式：主动-被动型、指导-合作型、共同参与型，这些模式同样适用于护患关系。在此基础上，1980 年美国史密斯（Sheri Smith）教授提出，护患关系的技术关系模式同样分为三种类型：代理母亲模式、护士-技师模式和约定-临床医师模式，这一模式已被越来越多的医学界所接受。

1. 代理母亲模式

这是一种古老的、目前仍然存在的护患关系模式。在这种模式中，护士充当像母亲一样的家长式角色，对病人负有最基本的责任。同时，出于对病人健康的关心，可以对病人的行为进行干涉，如同母亲出于对子女幸福的关心而干涉一样。在这一模式中，护士履行了对病人的职责，给病人带来了幸福，护士是主动的，病人是被动的，这在一定程度上体现了护士的价值。但是，这种模式忽视了病人的主动性，有时会发生护士与病人自主性、价值观的冲突，而使护患关系难以维持。

2. 护士-技师模式

在这种模式中，护士站在道德中立的立场充当为病人提供技术帮助的角色，涉及病人利益的判断和决定由病人本人作出，护患之间是一种帮助与被帮助的关系。护士仅客观地应用有关知识和技术为病人提供科学的护理和指导，并不干涉病人有关治疗与康复的决定，体现了对病人价值观和自主性的尊重。但这种模式也有一定的缺陷，即当病人缺乏医学知识和理智而作出不当的判断和决定时，护士不能给予及时的指导，会损害病人的利益。

3. 约定-临床医师模式

这是一种非法律性的关于护患双方责任与利益的约定。在这种约定中,病人被提供特定的护理,护士则有向病人提供这种护理的职责。在这种关系中,病人具有控制与自己有关的各种护理措施的权利,作出有利于本人治疗与健康的决定;而护士则是向病人提供已被其选择的护理,护士的行为受限于病人的允许和同意。这种模式是以病人的"自我决定"为基础,既强调了病人的权利,又不否定护士自身的价值,故被认为是一种最能体现护患双方价值的理想模式。

(二) 非技术关系及其内容

非技术关系是指护患之间除护理技术关系以外在社会、伦理、心理、经济、文化等方面的关系。如道德关系、价值关系、文化关系、利益关系、法律关系等。

1. 道德关系

道德关系是非技术关系中最重要的内容,在具体内容上远比法律关系要广泛,而且要求上也更加严格。由于护患双方所处的地位及利益、道德修养、文化水平等不同,在对待护理技术活动及行为方式的理解、要求上存在着一定差距,护患双方会产生各种不同的矛盾。为了协调关系,护患双方必须按照一定的道德原则和规范约束自己的行为,建立一种和谐的道德关系。

2. 利益关系

利益关系是指护患双方在互相关心的基础上发生的物质利益和精神利益的关系,利益关系是双向的。护理人员通过自己的技术服务和劳动获得报酬,如工资、奖金等,同时护理人员的劳动解除了病人的疾病痛苦,而实现了自我价值;病人支付规定的医疗费用,得到医疗服务,治愈疾病,恢复健康,重返社会,同样满足了其物质和精神的需求。

3. 法律关系

在护理活动中,护患双方都受到法律的保护和约束,依法享有权利和履行义务。一方面,护士的护理资格必须得到法律的认可,必须在法律规定的范围内工作,护士违法要追究护士的法律责任。另一方面,病人享有医疗和护理权利,其各种权利也受到国家法律的保护;反之,病人或家属侵犯护士的权益、辱骂殴打护士、破坏扰乱医院秩序等违法行为,同样要受到法律的制裁。

4. 价值关系

是指以护理活动为中介的体现护患双方各自社会价值的关系。护士运用所学知识和技能为病人提供优质护理服务,解除病痛、恢复健康,体现了护士对病人及社会的责任和贡献,实现了护士的价值。而病人恢复了健康重返工作岗位后,对他人和社会做出了贡献,实现了个人的社会价值。

5. 文化关系

由于护患双方在文化修养、风俗习惯、宗教信仰等方面存在差异,双方在道德行为上的表现有所不同,彼此之间的相互尊重尤为重要。需要强调的是护士在诊疗活动中,应该尊重病人的宗教信仰和习俗,这对建立良好的护患关系十分重要。

三、护患冲突及改善方法

（一）护患冲突的概念

1. 冲突

是指个体与个体之间、个体与群体之间存在的互不相容、互相排斥的一种矛盾的表现形式。

2. 护患冲突

泛指医疗实践中护患双方在诊疗护理过程中，为了自身利益，对某些医疗行为、办法、态度及后果等存在认识、理解上的分歧，以致发生争执或对抗。护患冲突的核心问题是利益冲突。

（二）护患冲突的类型

1. 根据指向利益分类

根据冲突指向利益的不同，护患冲突可区分为医疗冲突和非医疗冲突。前者为护患双方围绕病人生命健康权与医疗护理行为而形成的冲突。除医疗冲突外的冲突，均称为非医疗冲突。

2. 根据医务人员有无过失分类

根据医务人员有无过失，护患冲突可以分为有过失的医疗冲突和无过失的医疗冲突。按照对病人造成不良后果程度的不同，有过失的医疗冲突又分为医疗过错和医疗事故。无过失的医疗冲突包括由患方不与医方配合治疗、意外事件、并发症等原因所引发的医疗冲突。

3. 根据冲突的表现形式和激化程度分类

依据此标准，可将护患冲突分为非纠纷性冲突与纠纷性冲突两类。非纠纷性冲突指尚处于情感、心理、观念阶段而没有任何行为表现的医患冲突。纠纷性冲突是护患双方期望冲突、观念冲突、价值冲突、利益冲突等潜在冲突形式的外显化，是已经发生了的冲突。

（三）护患冲突的改善方法

1. 加强责任心，培养慎独精神

在医疗护理工作中，护士与病人密切接触，护士的一言一行都直接影响着护患之间的关系。因此，护士要以饱满的精神，规范的职业礼仪，熟练的操作技能，高度的责任心和慎独精神，认真执行各项规章制度，做好三查八对，为建立良好的护患关系奠定基础。

2. 增强服务意识，提高服务质量

临床实践工作中，护士应清晰定位角色，以高度的责任心，热情、真诚地为病人服务；想病人之所需，把关心、帮助送给病人，以消除潜在的护患冲突。

3. 合理医疗收费，提高收费透明度

“看病难、看病贵”是现今社会的关注热点之一，也是护患冲突的一常见原因。因此，在临床工作中，坚决杜绝滥收费，实行每日费用清单制度，并由病人或家属认可签字后发给病人保存。对于病人提出的费用问题，护士应给予及时、耐心的解答，避免不必要的纠纷产生。

4. 履行告知义务，加强沟通交流

医疗和护理是一种高风险的职业，应加强事先告知的义务，让病人同意、接受相关医疗措施，并予以配合。护士在执行各种操作、检查前，要征得病人的同意，并履行签字手续，这既是尊重病人的权利，也是护士的自我保护需要，更是避免护患冲突的必要措施之一。

5. 注重继续教育，提高专业技术水平

在对病人的诊疗活动中，护士是与病人接触最多的人，面对病人的各种提问，若无法给予正确回答，会导致病人对护士的不信任，易产生护患冲突。因此，医疗卫生机构应为护士提供各种进修、学习、经验交流的机会，促使护士不断提升自身素质，提高病人的满意度。

6. 学习法律知识，增强法律意识

作为临床护士，除熟练掌握专业知识和专业技能外，还要学习相关法律知识，依法履行护理职责，只有这样才能使护患双方的权益共赢，避免因违规、违纪造成的护患冲突。

7. 加强管理，提高护理质量

根据各专科的特点，按照医院分级管理制度，科学设定护士的编制，配备学历、职称、技术水平等结构合理的护士团队，满足临床护理的人力需求，确保护理质量的提高，满足病人的治疗、护理及心理需求，为创建和谐的医患关系和护患关系创造条件。

四、护患关系的伦理规范

（一）热爱专业，精益求精

热爱护理专业，对技术精益求精是搞好护患关系的基础。护士只有热爱本职工作，才能把自己的精力用于护理工作，为护理工作做出贡献。因此，护士不仅需要扎实的护理基本知识、理论和技能，而且需要吸取相关学科的知识和技能，不断进取，使护理技术精益求精。

（二）举止端庄，态度热情

护士的举止、态度都会影响与病人的接触和交流，从而影响护患关系。在诊疗活动中护士应衣着整洁，谈吐文雅，动作轻快，遇事冷静，这有利于建立良好的护患关系；护士应同情、关心和体贴病人，诚恳和蔼地对待病人，使病人产生亲切感和温暖感，以促进良好护患关系的建立。

（三）尊重病人，一视同仁

尊重病人，一视同仁，指尊重病人的生命价值、人格和权利，对所有病人平等对待。

（四）语言贴切，保守秘密

护士要善于使用通俗性语言、礼貌性语言、安慰性语言、解释性语言、鼓励性语言等，同时注意体态语言的运用。要避免简单、粗鲁、生硬、讽刺、谩骂性语言等，否则会恶化护患关系，甚至发生纠纷。保守秘密符合病人的利益，是护士应该恪守的道德要求。

（五）认真负责，任劳任怨

认真负责、任劳任怨体现出护士对病人的高度责任感和事业心。护理工作不仅是智力和体力紧张的技术工作，而且包含着大量繁杂、琐碎的服务工作。因此，护士要不计个人的得失，不辞辛苦、不厌其烦、不怕脏累，任劳任怨地做好各项工作。

(六) 廉洁奉公，遵纪守法

廉洁奉公、遵纪守法是护理的传统美德，也是护士自律的道德要求和道德品质，对建立良好的护患关系有现实意义。廉洁奉公要求护士维护和促进人民的健康，清廉，不贪私利。遵纪守法是指护士要遵守国家法令、法律和卫生法规，要遵守医院的规章制度和职业纪律。

第二节 护际关系伦理

护际关系伦理是指在护理实践中形成的，规范、调整护士之间、护士与医生之间、护士与医技人员、护士与医院行政、后勤人员之间关系的道德原则与行为规范的总和。护际之间和谐的关系，有助于提高各项工作效益，有利于建立良好的护患关系，也有利于发挥医院的整体效应。

一、护士之间的伦理规范

(一) 相互尊重，互相学习

护士之间应相互尊重，相互学习。尤其上下级护士之间是领导与被领导关系，领导应该严于律己，以身作则，关心下级；被领导者应该尊重上级，服从领导。

(二) 团结协作，相互关心

护士之间虽有明确分工，但更需要彼此间的相互配合与协作，来完成各项任务。特别是在现代责任制护理实践中，对一个病人的护理往往需要同一专业的多个护士，甚至不同科室的护士相互配合才能完成。当遇有突发事件如抢救危重病人时，要求护士不计较个人得失，秉持“病人第一”的原则，主动团结协作，奋力去完成抢救任务。同时，还应相互关心，相互帮助，使整个护理团队处于和谐、有序状态，从而不断地提升护理质量，更好地为病人服务。

二、护医之间的伦理规范

根据现代护理工作在临床工作中的地位与作用，医护关系的基本模式应为并列-互补型。根据这种基本模式，护士与医生的合作伦理规范应包含以下三个方面：

(一) 相互尊重与信任

医护之间要尊重信任，双方要充分认识对方的职责和作用，承认双方工作的独立性和专业性，支持对方的工作。在诊疗过程中，医生要重视、信任并尊重护士的建议。同时，护士要尊重和信任医生，主动协助医生工作，认真地、能动地执行医嘱。

(二) 相互制约与监督

医护双方为了共同维护病人的利益，防止医疗事故的发生，必须相互制约、彼此监督。

护士不是机械地执行医嘱，而应当能动地执行医嘱，一旦出现问题，本着对病人负责的态度，善意地给医生指出。同样，医生对护士不佳的服务态度，应给予善意地批评和帮助。在医疗过程中，医护双方不应对差错事故遮掩、逃避，对违反规章制度和搞不正之风的人和事等应该给予批评指正。

（三）平等与团结协作

医护之间的关系是“并列–互补”的平等关系。医生的主要责任是做出正确的诊断和采取恰当的治疗手段；护士的主要责任是能动地执行医嘱，做好基础护理、专科护理与心理护理。医生和护士的工作从本质上是平等的，只是侧重有所不同，要共同对病人负责。医护之间在完成医疗任务过程中，除各自职责外，应当相互交流协作，密切配合互补。

三、护士与其他医务人员之间的伦理规范

在护理人际关系中，除护患关系、医护关系外，在临床护理实践过程中还存在护士与药师、检验师、技工等同事之间的关系等。他们在临床工作中分工合作，共同为病人服务，应该遵守以下伦理规范。

（一）护士与医技科室人员关系伦理

1. 互相尊重，平等对待

护士与医技科室工作人员的关系是平等、互助、协作的关系。随着医学科学技术的迅猛发展，临床科室对医技科室的依赖程度在逐年增加。护士要了解医技科室的工作内容、特点、规律和要求，端正认识，与医技科室人员相互沟通、相互尊重，共同为病人的健康服务。

2. 团结互助，合作共事

护士与医技科室人员有较多的工作接触，需要合作共事。如送检标本、核对检查结果、领取药品、协助病人做特殊检查，护士都需要医技科室工作人员的合作和支持。因此，护士与医技科室人员应在相互尊重的基础上，以病人利益为中心团结协作，提高医疗护理工作质量，尽可能减少医疗差错事故。

（二）护士与医院行政管理、后勤人员关系伦理

1. 支持行政管理人员

医院各类行政管理人员都要自觉树立为临床医护人员服务的思想，既要对医护工作者予以约束、管理，又要维护其正当权利和合法利益。同时，医护人员也要切实树立大局意识，自觉尊重行政管理人员，做到服从领导，听从指挥。

2. 尊重后勤工作人员

后勤工作是医院工作的重要组成部分，负责对物资、仪器设备、生活设施的供应和维修，是护理工作正常进行和提高护理质量的保证，是医院正常运行必不可少的环节。因此，后勤人员要树立为医护工作者服务的理念，以一切为了病人的思想激励自己努力做好本职工作。同时，医护人员也要充分尊重后勤人员，珍惜并爱护其劳动成果。

第三节　护士与社会公共关系的伦理

随着科学技术的发展、社会的进步和医学模式的转变，护理逐渐走向社会化工作的范围不断扩大，护理工作与社会公共利益愈加密切，因此，护士与社会公共关系的伦理也需加强。

一、护士的社会地位与责任

护理工作在整个医疗工作中占有重要地位，在医疗卫生事业中日益发挥着重要作用。所谓“三分治疗，七分护理”，说明了护理工作的重要性。在社会公共卫生服务中，护士承担如下责任：

1. 预防保健

护士不仅要承担护理工作，还承担着社会预防保健责任。护士的服务对象不仅包括病人，还包括健康人群，特别是妇女、儿童和老人。护理工作不仅重视对病人的护理，还要重视疾病的预防，重视群体的卫生保健。护士要热情宣传普及卫生知识，提高全民的自我保健、自我护理能力。

2. 提高人口质量和生命质量

这是护士的重要社会责任之一，它要求护士为广大民众提供医学咨询、健康咨询及医疗服务，积极参加提高人类遗传素质、优生和计划免疫工作，重视老年人的保健及疾病的防治，重视老年人的养老服务，积极为提高人口质量和生命质量服务。

3. 社会现场急救

当有重大灾害、意外事故发生，大型传染病暴发流行时，护士要听从指挥，即刻赶赴灾难现场，尽力抢救，履行其社会责任。特别是传染病的防治，一旦发现传染病要本着对社会和群体负责的精神，迅速向有关部门上报，并在自己力所能及的范围内，果断地采取隔离措施、控制传播的措施，避免疾病蔓延而危害社会。

二、护士与社会公共关系处理的伦理要求

（一）面向社会，热情服务

护士向个人、家庭及社区提供的健康服务，是维护居民健康的第一道防线。由于居民的职业、文化水平、生活方式、道德水平以及对保健工作的认识不同，这就要求护士进行卫生科普和预防疾病的宣传教育时，要做到一视同仁、文明礼貌，做好疾病的社会调查，满腔热情地为服务对象提供服务，为增进社会群体健康贡献自己的力量。

（二）不畏艰难，全力以赴

社区预防保健护理以预防为主，产生效益的周期长。因此，护士要脚踏实地、任劳任怨地做好本职工作，主动参与，服务周到。对于重大灾害救护的紧急任务，护士必须发扬救死扶伤的人道主义精神，不畏艰难，在抢救现场全力以赴地进行救治、转移和护理伤员，尽最大努力减少不必要的伤亡，认真履行护士的社会责任。

（三）坚持原则，秉公办事

在社会工作中，护士应坚持维护社会整体利益的原则，不能为了少数个别人的利益而损害社会整体利益。同时，要以认真、严谨的科学态度，恪守操作规程和各项规章制度。卫生保健宣传要科学且生动易懂，注重实效；暴发疫情的处理要及时、果断；参与卫生监督、卫生执法任务要遵纪守法，秉公执法，不徇私情。

（四）钻研业务，精益求精

护理工作的特点之一是综合性服务，要求护士具备多学科知识的理论和技能。因此，护士应刻苦钻研业务，不断拓宽知识面、改善知识结构，对技术精益求精。

本章小结

护理关系的处理直接影响和制约着护理工作的开展及质量。护生只有在学习、了解了护患双方的权利和义务，尊重对方的权利，承担应有义务，才能提升自身综合素质，协调好护际、护医、护士与其他医技人员的关系，团结协作，为营造和谐护患关系奠定基础，共同为病人的健康服务。

（杨　娟）

练习题

一、选择题

A1 型题

1. 下列属于侵犯病人隐私权的是(　　)。
A. 未经病人同意对其体检时让医学生观摩
B. 对疑难病例进行科室内讨论
C. 在征得病人同意下将其资料用于科研
D. 在病人病历上标注病人有传染性疾病
E. 对患有梅毒的病人询问其性生活史

2. 护士在从事护理工作时，首要义务是(　　)。
A. 维护病人的利益　　B. 维护护士的利益　　C. 维护医生的利益
D. 维护医院的利益　　E. 维护医院的声誉

3. 以下不是病人义务的是(　　)。
A. 如实提供病情和有关信息
B. 避免将疾病传播他人
C. 尊重医师和他们的劳动
D. 不可以拒绝医学科研试验
E. 在医师指导下对治疗作出负责的决定并与医师合作执行

A2 型题

4. 病人，女，30 岁，因“婚后 3 年，未避孕。未孕”诊断为“不孕症”而入院，入院后，在进行妇科检查时，发现病人伴有艾滋病，护士便将此信息告知了科室护士，并告诉了同病房的其他病人，该护士的行为属于(　　)。

A. 渎职行为

B. 侵犯病人的隐私权

C. 侵犯病人的同意权

D. 侵犯病人的生命健康权

E. 侵犯病人的知情权

5. 某肝癌病人病情已到晚期，处于极度痛苦中，自认为是肝硬化，寄希望于治疗，病情进展和疼痛发作时，多次要求医生给予明确说法和治疗措施。此时，护士最佳的伦理选择应该是(　　)。

A. 正确对待保密与讲真话的关系，经家属同意后告知实情，重点减轻病痛

B. 恪守保密原则，继续隐瞒病情，直至病人死亡

C. 遵循病人自主原则，全面满足病人要求

D. 依据知情同意原则，应该告知病人所有信息

E. 依据有利原则，劝导病人试用一些民间土方

A3 型题(6~7 题共用题干)

产妇剖宫产后要求出院，医生同意其出院但未开具出院医嘱。该产妇家属表示先带走产妇及孩子回家，明天来医院结账。而护士考虑到住院费用没有结清，有漏账风险，故没有同意家属的要求，但家属不听护士的劝阻并准备离开。这时，护士借口为孩子洗浴把孩子抱走了，产妇知情后大哭。

6. 该护士的行为违反了(　　)。

A. 自主原则　　B. 不伤害原则　　C. 公正原则　　D. 行善原则　　E. 公平原则

7. 该家属的行为没有履行(　　)。

A. 积极配合医疗护理的义务

B. 自觉遵守医院规章制度的义务

C. 自觉维护医院秩序的义务

D. 保持和恢复健康的义务

E. 公民的义务

二、思考题

患儿李某，女，4 岁，因误服 5ml 的炉甘石洗剂到某医院急诊。急诊医生准备用 25% 硫酸镁 20ml 导泻，但将口服写成静脉注射。治疗护士拿到处方后，产生疑问："25% 硫酸镁能静脉注射吗？"似乎不可能，但又拿不准。又想："反正是医嘱，执行医嘱是护士的职责。"于是，将 25% 硫酸镁 20ml 给病人静脉注射，致使患儿死于高血镁导致的呼吸麻痹。在这起案例中，护士是否违背了护医合作的道德原则？谈谈你是如何理解护医关系的？

第六章　临床护理伦理

学习目标

1. 掌握　基础护理、整体护理、心理护理、特殊病人及不同护理岗位的护理伦理规范。

2. 熟悉　基础护理、整体护理、心理护理、特殊病人及不同护理岗位的护理伦理要求。

3. 了解　基础护理、整体护理、心理护理、特殊病人及不同护理岗位的工作特点。

临床护理工作是医院工作的重要组成部分，临床护理工作水平直接影响医院的卫生服务质量，关系到病人的切身利益。要成为一名合格的护士，不仅应该具备娴熟的专业技术，还要有良好的道德修养，这样才能为病人提供专业化、人性化的高质量护理服务。因此，护士必须重视职业道德修养，以高度的责任感和事业心去做好临床护理工作。本章规范了基础护理、整体护理、心理护理的伦理要求，并针对不同类型的病人及不同护理岗位的护理特点提出相应的伦理要求。

第一节　基础护理、整体护理与心理护理伦理

一、基础护理伦理

基础护理是为病人提供基本的生活需要和治疗需要的基本理论、基本知识和基本技能的一门学科。基础护理是各专科护理的基础，其质量的好坏直接关系到临床治疗与护理工作的顺利进行和病人的康复。作为一名护士，要了解基础护理工作的特点、要求、意义，并严格遵守基础护理工作中的伦理规范。

（一）基础护理的特点

1. 周期性与时序性

基础护理工作一般具有周期性的特点，并且在时间的安排上有明确的规定。如病人的晨、晚间护理，生命体征的测量，药品的发放、注射、静脉输液等都需要按时完成，周而复始地循序运转，并配合医生及其他医务人员的工作，以保证医院各项工作有条不紊地进行。

2. 整体性与连续性

基础护理工作的整体性，一方面体现在在生物-心理-社会医学模式背景下，要求护士要为病人提供生理、心理、社会等全方位的整体护理服务。另一方面体现在基础护理工作与医疗工作是不可分的整体，因此，医护之间、护士之间、护士与其他医技科室的人员之间，需要相互协调、彼此配合，工作质量才能得以保证。基础护理工作的连续性表现为基础护理工作需要昼夜 24 小时连续工作，为病人提供不间断的护理服务，做到换班不停岗。

3. 科学性与艺术性

基础护理工作的内容虽然琐碎、平凡，但各项工作都以科学理论为依据。如给药、静脉输液时都有严格的操作规程，护士会根据自己的知识、病人的需要及病人不同的疾病特点提供相应的护理措施等，提供个性化的护理服务以满足病人不同的需要，以促进病人的康复，这都体现了基础护理的科学性与艺术性。

（二）基础护理的伦理规范

1. 提高认识，乐于奉献

国家卫生部2010年提出“优质护理服务示范工程”，要求夯实基础服务，全面提高临床护理水平，足以体现基础护理工作的重要性。基础护理工作平凡而琐碎，护士应认识到基础护理工作在保障病人生命健康上的重要作用。护士在执行基础护理工作时，应秉承尊重生命，无私奉献的工作理念，做到一切以病人的需要为基础，任劳任怨，为病人提供全面、人性化的优质护理服务，以实际行动维护“白衣天使”的称号。

2. 相互尊重，团结协作

在基础护理工作中，护士必须与其他医务人员团结协作、密切配合完成各项医疗护理工作，保障病人的治疗效果与医疗安全。这就要求护士要与其他医务人员协调一致，相互尊重，相互理解，相互支持，密切配合，共同促进病人恢复健康。

3. 认真负责，杜绝事故

基础护理工作是常规性、重复性的工作，却与病人的生命安全密切相关，护士应严格遵守护理操作规程，认真执行“三查八对”制度，时刻关注病人生理、心理变化，为病人创造一个安全、舒适的医疗环境，审慎的对待每一项工作，预防和杜绝任何差错事故的发生。

4. 钻研业务，完善自我

随着医学、护理学的发展及人们对健康需求的不断提高，基础护理的知识及技能也在不断地更新和完善。护士应不断的加强学习，钻研业务，完善自身的知识结构，及时掌握基础护理的新知识、新技术，并将新的知识技术应用到临床护理工作中，为病人提供更安全、有效的护理措施，全面提高护理质量。

二、整体护理伦理

整体护理是一种新兴的护理工作模式，是以病人为中心，以现代护理观为指导，以护理程序为基础框架，并且把护理程序系统化地运用到临床护理和护理管理中的工作模式。整体护理的目标是根据人的生理、心理、社会、文化、精神等多方面的需要，为人提供全方位护理服务。

（一）整体护理的特点

1. 整体性

整体护理以人为中心，以护理程序为理论框架，要求护士对病人全面负责，为病人提供身体、心理、社会等方面的全方位整体化护理服务。

2. 全面性

人是由生理、心理、社会等方面组成的有机整体，护士在工作中应满足病人的一切合理需要，为病人提供连续的全方位的护理服务，促进病人的康复，使病人达到最佳健康水平。

3. 专业性

在整体护理模式的指导下，护士自主工作，独立对病人的病情进行评估，做出护理诊断，制定相应的护理计划和护理措施，最后根据护理效果进行护理评价，工作的每一个环节都体现了护士工作的独立性和专业性。

（二）整体护理的伦理规范

1. 尊重病人，高度自觉

整体护理强调以病人为中心，这就要求护士要处处为病人着想，尊重病人，将病人的需要和利益放在第一位。首先，尊重病人就必须尊重病人的生命，认真评估病人的病情，及时发现问题、解决问题，维持和促进病人恢复健康。其次，尊重病人体现在尊重病人的自主权，在为病人提供整体护理服务过程中，护士应根据病人的具体情况，在不违反原则的条件下，为病人提供准确、适量的医疗护理信息，让病人参与护理计划和护理措施的制定和执行，充分调动病人对康复的积极性，提高病人恢复健康的信心。最后，尊重病人还表现为尊重病人的家属，尽可能听取病人家属的合理建议或意见，共同促进病人健康。此外，主动、自觉的工作是提高护理质量的关键，护士只有具备高度的自觉性，处处严格要求自己，积极热情的投入到工作中，才能够圆满地完成护理工作。

2. 刻苦钻研，不断进取

整体护理对护士的综合素质要求较高，护士不仅要具备常规的专业素质，还要有独立的思维能力与工作能力。首先，护士必须能够独立对病人的病情进行评估，作出正确的护理诊断，制定护理计划、护理措施，并根据护理效果和病人的反馈对护理效果做出评价。第二，护士需要掌握多方面的知识，如管理学、心理学、社会学、伦理学、教育学、人际沟通学、美学等多门知识，只有具备这些相关人文学科的知识，才能满足护理工作的需要。第三，整体护理要求护士能够做到因人施护，对不同疾病、不同类型的人群给予个性化的护理措施，更好地为病人提供护理服务。一名护士要具备以上素质和能力就必须不断学习、刻苦钻研，不断进取，这样才能成为一名真正合格的护士。

三、心理护理伦理

心理护理是指在护理过程中，护士以心理学的理论为指导，通过语言、行为、表情、态度和姿势等去影响或改变病人的心理状态和行为，以减轻病人的痛苦，帮助其建立起有利于治疗和康复的最佳心理状态，使病人配合治疗，安心住院，促进疾病的好转和康复。

（一）心理护理的特点

心理护理的目的是根据人的心理活动的发生、发展和变化，探索和掌握人的心理规律，在治疗和护理中实施有效的心理护理，使病人配合治疗，促进病人的康复。心理护理与一般的护理活动不同，心理护理的任务不是一般的护理操作服务，而是根据病人现存的或潜在的心理需要，通过护患之间的语言和非语言沟通交流为病人实施心理护理，帮助病人消除顾虑，调整心态，打开心结，促进疾病的恢复。

（二）心理护理的伦理规范

1. 尊重病人，严守秘密

为病人实施心理护理必须要以良好的护患关系为基础，和谐的护患关系有利于病人放松心情，袒露心声，如实的诉说自己面临的心理困扰。尊重病人是建立良好护患关系的前提，更是护士应当遵守的伦理规范。尊重病人体现在在心理护理的过程中，护士要设身处地地站在病人的角度去感受病人的心理体验，不批评指责病人，不打断病人的诉说，尊重病人的人生观、价值观,不用自己的价值观评判或影响病人的心理感受。另外,尊重病人必须为病人保守秘密,在对病人进行心理护理的过程中,涉及病人的任何信息都应该保密,有些隐私甚至病人的亲人都不知情,因此,护士必须做到诚信,为病人严守秘密,否则会造成信任危机,不但心理护理难以进行,甚至会引起法律纠纷,承担法律责任。

2. 真诚体贴,同情关爱

护士与病人之间真诚相待、相互信任是实施心理护理的前提和基础。护士只有对病人真诚相待,病人才能把自己的心理困境和心理需要告诉护士。病人患病后多数会出现焦虑、恐惧、抑郁等不良的负面情绪,护士要理解病人的心理感受,给予理解、关爱、同情和无条件的关怀和适当的安抚,并进行及时的心理疏导,及时有效的解决病人的心理问题。

3. 工作认真,热爱护理

护理工作是平凡而伟大的职业,从事护理工作要有高度的责任心、爱心和事业心。只有热爱护理工作,具备高尚的道德情操,才能认真工作,把自己的全部精力献给护理事业,护士如果缺乏事业心、责任心,就无法胜任护理工作。

第二节　特殊病人的护理伦理

特殊病人护理是指对各种特殊病人如妇产科病人、儿童、老人、传染病病人、精神病病人等的护理。由于护理对象的特殊性,护士不仅要遵守一般的护理伦理规范,还要遵守一些特殊的护理伦理要求。

一、妇产科护理伦理

妇产科护理是为妇女健康提供服务的专科护理。由于妇产科病人生理、心理、病理的特殊性,导致妇产科护理工作难度大、要求高、责任重。了解妇产科病人的特点及伦理要求,有助于为妇产科病人提供更加全面、人性化的护理服务,对促进病人的康复具有重要意义。

(一) 妇产科护理的特点

1. 护理对象的特殊性

妇产科护理的对象既要面对病人(妇女、孕妇、产妇等),还要兼顾到对胎儿及新生儿的影响,如在用药过程中,不但要考虑对母亲的治疗效果和不良反应,还要考虑对胎儿或婴儿健康的影响。另外,妇产科护理对象的症状、治疗及护理方法常涉及一些隐私问题,妇产科护士工作中应该注意予以保密。

2. 护理对象心理的特殊性

妇产科病人多数是患有女性特有疾病的妇女或孕产妇,往往涉及病人的隐私,由此病人会出现一些特殊的心理变化,如害羞、忧虑、压抑、恐惧心理等,且容易出现情绪波动。因此,护士要了解病人病情及心理变化,与病人进行有效的沟通,及时调整护理方案,为病人提供合适的护理服务。

3. 护理责任重大

妇产科护理不仅关系到妇女的身心健康,而且关系到子孙后代的健康成长。若孕期健康护理不当,轻则可能导致孕妇患病,胎儿发育不良,重则可能导致胎儿智力低下甚至发生畸形危及妇女或胎儿的生命,给家庭带来不幸,给社会带来负担。因此,妇产科护士工作责任重大。

4. 护理内容广泛性

妇产科护理工作内容广泛,护士不仅为患病妇女、胎儿、婴幼儿提供护理服务,还要对健康妇女进行健康宣教。护理活动不仅关系到妇女性器官正常或异常的生理、病理变化,以及妊娠过程的生理、病理变化,也涉及服务对象的婚姻、家庭等问题,还包括计划生育、优生优育、堕胎等社会诸多的伦理问题,甚至还涉及国家的政策、法律法规等。因此,妇产科护理内容广泛,涉及面广,影响大。

(二)妇产科护理的伦理要求

1. 尊重病人,保护隐私

妇产科病人都是女性,情绪易波动,忍耐性低。因此,护士要主动关心病人,言行要有礼貌,尤其要注重尊重病人。首先尊重病人就要尊重病人的隐私,由于妇产科病人的特殊性,在对隐私部位检查或执行护理操作时,要关好门窗、拉上窗帘,请无关人员回避,男性护士为病人进行护理时,应有女护士或家属在场,避免误会。另外,护理过程中应该注意尊重病人对医疗护理措施的自主选择权,如避孕方法的选择、分娩方式的选择等,在不影响病人生命安全的前提下,尊重病人的决定。总之,护士应尊重病人,关心病人的病痛,对病人出现的生理、心理问题给予及时的治疗和护理,增加病人对疾病恢复的信心和对医务人员的信任感。

2. 工作认真,任劳任怨

妇产科的护士必须系统地掌握妇产科疾病的特点及妇产科的护理操作技术。妇产科护理质量的好坏,不仅关系到病人本人的生命安全,还涉及下一代的身心健康,这就要求护士必须具有高度的责任感和同情心,时刻保持积极主动和认真负责的态度,同时具备丰富的临床经验、扎实的专业理论知识和熟练的操作技能,及时有效的处理病人出现的各种问题。本着同情、理解的职业态度,以不怕脏、不怕累、任劳任怨的职业情感对待病人,兢兢业业的做好妇产科护理工作。

3. 谨言慎行,态度诚恳

妇科病人的病变部位较为特殊,使相当一部分女性出于羞涩心理拒绝就诊而延误诊断治疗,尤其一些特殊病人如未婚先孕、性传播疾病等会产生羞愧心理,不愿他人知情。这些女性多以自责、焦虑不安的心理来到医院就诊,害怕周围人和医护人员的训斥和嘲笑。医护人员应该了解病人的这种心理特点,工作中注意尊重病人,谨言慎行,帮助病人消除恐惧心理,做好各方面的护理工作。

4. 关心体贴,心理疏导

由于妇产科疾病的特殊性,护士进行护理操作时,动作要轻柔,随时与病人沟通,及时告知病人疾病的相关信息,对病人出现的心理问题给予及时的心理疏导,缓解病人忧虑、紧张的情绪,使治疗和护理达到最佳效果。

二、儿科护理伦理

儿科的服务对象是从新生儿到 14 岁的病人。他们的生理、心理等方面与成人有诸多不同之处,在护理上也有其独特之处。护士应结合儿科病人的特点,恪守职业道德,做好儿科护理工作。

(一) 儿科护理的特点

1. 护理工作的紧迫性

儿童处于生长发育期,新陈代谢旺盛,免疫力低下,易感染疾病。临床表现具有发病急,病情变化快等特点,极易在短时间内发生器官衰竭,甚至死亡等严重情况,所以儿科医护工作具有紧迫性,护士需积极配合医生尽快作出诊断,及时采取安全有效的治疗护理措施,防止病情的恶化和并发症的发生。

2. 护理工作难度大

(1) 由于儿童语言表达能力和理解能力差,大多数儿童不能准确的诉说病情,护士一般只能通过家长间接了解病史、症状、体征等才能获得儿童的疾病信息,可靠性差,给医疗和护理工作带来一定的困难。

(2) 儿童控制能力差,不能主动配合病史采集、体格检查、治疗和护理。执行护理操作时多需要家长的协作,给护理工作带来诸多不便。

(3) 儿童身体发育不完善,对护理操作的耐受力差,致使护理手段的选择范围缩小,操作难度增大。此外,由于病儿抵抗力低,易并发感染,增加了护理工作的风险和难度。

3. 护患关系的特殊性

儿科病人年龄的特殊性,决定了护患关系的特殊性。护士即是直接的护理者,又是患儿的代言人,也是家长的教育者,更是康复的指导者,有时甚至承担姐姐或母亲的角色。因此,在儿科护理中,由于儿童、护士及儿童家长处于不同的关系和地位,使护患关系显得更加复杂和特殊。

(二) 儿科护理的伦理要求

1. 观察细致,精心照料

儿童正处于生长发育期,免疫力低下,易感染疾病,而且发病急,病情变化快,患儿不能用语言准确表达病情,这就要求儿科护士要经常巡视病房,细心观察患儿的病情变化,发现异常要认真分析,做出判断,及时向医生提供病情变化的信息,并配合医生采取安全有效的救治措施,以免延误病情。患儿身心未成熟,自我保护能力差,依赖性强,需要特别的保护与照顾。护士应根据患儿病情变化和生理、心理需求给予患儿更多的关心、照料,与患儿和家属建立良好的护患关系,以便积极配合治疗,促进患儿尽快恢复健康。

2. 技术娴熟,精益求精

护理对象的特殊性决定了儿科护理工作专业性强、难度大的特点。这就要求儿科护士技术要娴熟精湛,操作中严格执行各项护理操作规程,减少对患儿的创伤及疼痛,并应采取积极有效的措施保护患儿的安全,取得患儿和家属的信任,促进患儿的尽快康复。

3. 心理护理,态度和蔼

患儿住院后,不可避免的产生烦躁、恐惧等心理,表现为焦虑不安、哭闹、拒食、不服药、不配合治疗等情况。因此,护士要有耐心安抚患儿的不良情绪,仔细观察患儿的心理变化,尽量满足患儿的心理需要帮助患儿尽快熟悉环境,接受并配合治疗。

4. 理解家属,加强沟通

儿科护士要充分理解患儿家长的心情。孩子生病住院,家长心情焦虑、紧张,因诊疗护理过程给孩子带来痛苦而心疼。作为护士，应体谅患儿家长的心情，要耐心向他们介绍病情及诊疗过程，多做安慰解释工作，指导家属落实疾病的预防和护理措施，争取他们的积极配合，共同促进患儿的康复。

三、老年科护理伦理

老年期是人生的特殊时期，在这一时期，随着年龄的增长，老年人身体功能的逐渐衰退，免疫力的降低，易患各种疾病，使老年科护理工作任务更加艰巨，因此，对护士提出了更高的道德要求。

（一）老年科的护理特点

1. 护理任务重、难度大

老年人由于身体各器官功能逐渐衰退，自理能力、适应能力、反应能力等均有不同程度的下降。而且老年病人一般同时患有多种疾病，且大多是慢性病，如糖尿病、高血压、心脏病等，使老年人在患病后，呈现患病时间长、病情易反复发作、易感染、病情变化快、疗效差等特点，这均增加了治疗和护理的难度，导致护理任务重、难度大。因此，护士一定要掌握老年人的生理、心理特点及发病规律等，除给予其常规治疗护理外，还要对老年人进行多角度、全方位的悉心护理，及时实施有效的护理，保证护理质量，这是做好老年护理工作的基本伦理要求。

2. 心理护理的重要性

老年人随着各种生理功能逐渐衰退，在生病住院后，更容易出现各种负面情绪，如悲观、失望、焦虑、恐惧、抑郁和孤独等心理反应。有些老年人经常向护士询问病情、治疗、护理、用药、预后等问题，护士要耐心的给予解释、安慰和鼓励，并采取有效的应对措施，尽可能解除他们的疑虑，促进老年病人恢复健康。

（二）老年科护理的伦理要求

1. 尊敬老人，尽职尽责

尊老、敬老是中华民族的传统美德。老年人对家庭和社会都做出了巨大贡献，理应受到社会和人们的尊重和敬爱。首先，护士要尊重老年人的人格、尊严，称呼得体、言行有礼貌，理解老人出现的各种心理反应和负面情绪，并给予及时的心理疏导和劝慰。其次，要注意尊重老年病人的知情同意权、隐私权、对医疗护理的选择权等，尽力为其争取各种伦理和法律权利，使每个工作环节都能体现尊老、敬老、爱老的传统精神，使老人对护士产生安全感、信任感，主动配合医疗护理，促进老人尽快恢复健康。

2. 有效沟通，真诚关怀

老年病人由于生理、心理等特点，容易产生各种不良的心理和情绪反应。此外，由于老年病人大多长期或反复住院，受各种疾病的折磨，常对自己的病情产生焦虑、恐惧等心理变化，从而加重自身的不安全感和孤独感。护士应及时主动的与老人沟通、耐心倾听，帮助老人调试不良的心理状态，要多站在老年人的角度思考问题，给予老人理解、关心，只有这样才能做到真正的关爱老人。

3. 工作认真，观察细致

老年人反应慢、感觉迟钝、病情发展快，并发症多。因此，护士应不断提高专科护理水平和伦理道德修养,掌握老年人的生理、病理特点,工作认真细致,熟练掌握各项护理技术操作和相关知识,细心观察老人病情变化,及时发现异常的症状、体征,有问题随时报告医生,配合医生及时处理。

四、传染科护理伦理

传染病是指病原微生物(细菌、病毒、立克次体和原虫等)引起的,能在人与人、动物与动物或人与动物之间传播的一类疾病。传染病性质的特殊性决定了护理传染病病人特殊的护理道德。

(一)传染科护理的特点

1. 消毒隔离制度严格

传染科是各类传染病集中的场所,每一个传染科病人都是传染病源。为控制传染源,切断传染途径,保护易感人群,护士应严格执行消毒隔离制度,按操作规程进行护理。首先,对病人的衣物、生活用品、分泌物、排泄物以及使用过的仪器、设备进行彻底消毒,防止通过污物传播。另外,严格探视管理制度,不允许住院隔离病人互串病房,互相借用物品,防止交叉感染。

2. 心理护理任务重

传染科病人心理错综复杂,常出现焦虑、抑郁、孤独、烦躁不安等负面情绪。如急性期病人,因发病急骤,在缺乏思想准备的情况下进入隔离病房,产生焦虑情绪;慢性病人,因疾病迁延不愈、病程过长、恢复缓慢而悲观失望。护士要及时与病人进行有效的沟通,疏导其不良情绪,帮助病人消除思想顾虑和心理负担,增强病人战胜疾病的信心,使病人以最佳的心理状态接受治疗和护理,促使病人尽快康复,回归家庭、社会。

3. 社会责任大

传染科护士的社会责任重大。在传染科病人的护理中,护士不仅要对病人负责,也要对他人及整个社会人群负责。如果护士不负责任,不严格执行消毒隔离制度,造成疾病的传播,甚至在一定条件下引起传染病的暴发流行,将会造成危害社会人群的严重后果。护士要有社会大局意识和高度的责任感,发现重大疫情应立即采取有效措施进行处理,并及时报告,在最短时间内控制疫情,防止进一步扩散。因此,社会责任大是传染科护理的重要特点。

(二)传染科护理的伦理要求

1. 爱岗敬业,勇于奉献

在传染病护理的过程中,传染科的护士每天都要接触病人,被感染的机会多,在抢救危重病人或爆发性疫情出现时,更可能危及自身。这就需要护士要有奉献精神、爱岗敬业、恪守职业道德规范,树立以人为本,一切为病人服务的理念,面对困难危险,勇于奉献,战斗在治疗护理的第一线。如在抗击非典期间,许多护士不顾个人安危,全身心地投入到治疗和护理中,甚至献出了自己宝贵的生命,显示出了大无畏的奉献精神,用行动塑造了白衣天使的光辉形象。

2. 尊重病人,保护隐私

传染科病人心理状况复杂,承受巨大的社会压力和心理压力。有的病人还要承受升学、就业及人际交往等方面的歧视，而出现焦虑、恐惧、抑郁、自卑、无助等心理变化，护士应设身处地为病人着想，理解病人的各种心理负担和负面情绪，充分体谅他们，尊重他们的人格和尊严，帮助病人缓解不良情绪，使病人以良好的心态接受治疗和护理，达到尽快康复的目的。此外，护士应注意保护病人的隐私，不将病人的患病原因及诊断告诉他人，但对于危害公众健康的传染病，护士应遵守相关的规章制度，及时上报，防止疾病或疫情的传播。

3. 预防为主，服务社会

国家对防治传染病提出“预防为主”的方针，经过多年的努力使很多传染病得到控制，传染病已不再是威胁人类健康的主要疾病。但也有些传染病发病率呈上升趋势，对个人和社会造成极大危害，因此，国家对传染病的防控要求高，作为护士应利用各种途径进行宣传教育，提高人们的预防保健意识，防止传染病的发生和传播，确保广大人民群众的健康。

五、精神科护理伦理

精神疾病又称精神障碍，是由于大脑机能活动发生紊乱，导致认知、情感、行为、意志等精神活动不同程度障碍，产生精神症状，具有一定的严重程度，并且达到足够的频度或持续时间，使病人的社会生活，个人生活能力受到损害，造成主观痛苦的一种疾病状态。据不完全统计，目前在我国有心理问题的人数有2亿至3亿人，患有精神疾病的人数已超过1600万人。如何对待精神科病人既是医疗问题，也是涉及医学伦理道德的特殊问题。护士必须以高度的责任心和事业心做好精神科病人的护理工作。

（一）精神科护理的特点

1. 人道性

在漫长的科学文化落后历史时期，精神疾病被认为是荒诞莫测的古怪现象，精神病病人被视为“鬼魂附体”而遭受歧视、侮辱、虐待。病人常常被戴上枷锁和铁链，关押在阴暗潮湿的牢笼里或抛进大水桶里，或绑在特制的铁圈上在水里转动等，进行驱鬼治疗及酷刑治疗。随着物质文明和科学技术的发展，人们对精神病病人态度开始发生改变。尤其18世纪法国大革命后，法国精神病学家比奈尔首先提出解除精神病人身上的枷锁，以人道主义精神对待精神病病人，此举可称为精神病学上的第一次革命，促使精神病学进入医学科学的门槛。19世纪后期，俄国的柯萨可夫主张精神病院应采取合乎人道主义精神的护理方法。即使如此，现在社会上仍存在着残余的旧观念，对精神病病人有恐惧心理，作为护士应该正确认识精神疾病是一种生理性疾病，精神病人比其他病人更加痛苦和不幸，更需要全社会的尊重和关爱。护士应该给予精神病病人人性化关怀，尊重他们，使病人主动接受治疗，增强生活的信心和勇气。

2. 自觉性

急性或严重的精神科病人，由于精神活动失常，不能正确认识客观事物，有些病人可能由于意识障碍而出现幻觉和错觉，对周围事物及现象的判断不够准确。因此，病人不能对医护人员的工作给予监督和评价，这就要求护士自觉履行职责，自觉主动地为病人提供护理服务。有的精神病病人生活不能自理或者由于受疾病影响而不能主动自理，护士要主动关心、照顾他们的生活，如给病人喂饭、洗澡、理发、剪指甲等，自觉为病人提供人性化的整体护理服务。

3. 安全性

精神病病人由于精神、行为异常，尤其是处于急性发作期的病人，某些行为往往具有攻击性和危险性。例如有的病人受“钟情妄想”的支配，表现出对异性医护人员的追求；有的病人受幻觉、妄想的支配而出现自伤、伤人、毁物等行为。医护人员要理智地对待精神病病人，严格遵守规章制度，掌握病人的病情及心理变化，与病人建立良好的护患关系，加强巡查及安全管理，将安全意识贯穿于整个护理活动过程中，警惕不安全因素，即使对恢复期的病人也不能放松警惕，密切观察病情，防止病情反复，谨防自伤、伤人等意外发生。

（二）精神科护理的伦理要求

1. 尊重病人

尊重精神病病人的人格和尊严是护士应当遵循的最重要的伦理道德规范。在 1977 年第六届世界精神病学大会一致通过的《夏威夷宣言》中指出：把精神错乱的人作为一个人来尊重，是我们最高的道德责任和医疗义务。精神科病人由于思维紊乱，常出现言行举止异常，严重者丧失理智和自控能力。护士应该正确认识精神疾病所造成的异常行为，不能出现任何歧视、讥讽、虐待等行为，应当充分理解、关心病人，尊重病人的尊严和人格，正确对待精神科病人提出的问题和要求，满足病人的合理需求，为病人提供良好的治疗和护理环境，在治疗护理过程中如果出现因治疗或护理带来的严重副作用，应立即停止操作。整个护理过程中注意保障病人的生命权、健康权，促进病人的康复。

2. 保护隐私

精神病人病情复杂，可能与个人经历、家庭背景、社会环境等其他因素有关，护士在护理病人的过程中会了解病人的隐私，护士对病人的隐私有保密的义务，不能和无关人员谈论或随意提供病人病情的相关资料。如果违反保密原则，会伤害病人的自尊心，影响治疗效果，甚至产生严重的不良后果。

3. 恪守慎独

精神科病人思维紊乱，精神活动失常，有时不能正确地反映客观事物，自我保护意识差，甚至出现意识障碍，不能对护士的工作给予恰当的评价。精神科护士应恪守慎独，无论有无监督，护士都要严格按照规范程序自觉、主动、定时、准确地完成治疗护理任务。自觉遵守护理规章制度，绝不能因为病人无监督能力而弄虚作假、工作马虎、敷衍塞责。应认真履行道德义务，尽职尽责，给病人创造安全可靠的康复环境。

4. 保证安全

精神科病人护理异常复杂，有的病人缺乏自控能力，可能有暴力倾向；有的病人缺乏自我保护能力，无法识别危险情境；有的病人有自伤、自杀倾向等，导致精神科护理难度较大，保证病人的安全成为精神科护理的重点。如给药时要严格执行三查八对，并亲自送药到口，检查病人确已服药后方可离开，以免病人积存药物，服用过量抗精神病药物自杀。对处于约束期限制行动的病人，应使用保护垫，加强巡视，定时放松等保护措施，以防因保护性约束而造成局部擦伤、瘀伤甚至骨折。为防范意外的伤害性事故的发生，保证病人的生命安全，护士要按时巡视病房，严守岗位职责，特别是对于有自伤、自杀企图及伤人毁物行为的病人应加强监护，严格按照病房的安全制度进行管理，及时发现病情变化，尽早干预，防止意外的发生。

案例 6-1

某日,某大学生因参加火场救火受伤,喉头水肿,呼吸困难而到某县医院急诊科就医。当时,急诊科值班大夫因家中有急事临时回家处理,值班护士急忙打电话到值班大夫家中,值班大夫答家中的事情很快就处理完,处理完就返回医院,让值班护士先给病人进行处理。值班护士想给病人予以吸氧处理,但发现急诊室氧气瓶阀门无法打开,只得到别的科室去借,此时病人已经十分危险,等到氧气瓶借到,值班大夫赶回,病人已经不治身亡。

请分析此案例中医院及医护人员违反了哪些急诊道德要求?

第三节 不同护理岗位的护理伦理

门诊、急诊是医院面向社会的窗口,也是医院工作的第一线,病人对医院的了解往往是通过门诊、急诊工作开始的。门诊、急诊护士工作质量的好坏直接影响病人的生命安全和医院在病人心中的形象。因此,门诊、急诊护士必须提供优质护理服务,使病人得到及时的就诊和治疗,为医院树立良好的形象。

一、门诊护理伦理

(一)门诊护理的工作特点

1. 日常管理任务重

门诊是医院病人最集中的地方,一些大医院日门诊数量可达到上万人,形成门诊拥挤、嘈杂的环境特点。初诊病人对医院环境不熟悉,都希望尽快就诊得到有效的治疗,为保证病人有序的就诊,护士要做好分诊、检诊、巡诊,确保分科准确,秩序井然,并做好引导病人化验、取药、检查、注射等处置工作。相比其他护理岗位,门诊护理工作更加繁重。

2. 预防交叉感染难度大

门诊病人流量大、病种复杂、空气污浊、传染病病人混杂其中。因此,门诊是预防常见病、多发病的窗口。由于病人就诊前难以进行有效鉴别和隔离,且就诊病人本身抵抗力弱,更容易发生交叉感染,使门诊预防感染工作难度较大。

3. 针对性强

门诊是各类病人汇集的地方,不仅病种复杂,病情轻重不同,病人各方面的素质也不同,这就要求护士应根据病人的病情、病种及病人的个人体征提供有针对性的护理服务。

4. 护患矛盾多

门诊病人多、流量大,病人往往不能及时就医,容易产生焦虑、烦躁等心理反应,医务人员如果态度冷漠、语言生硬、服务不周,很容易引发护患冲突。所以,作为门诊的护士,应该热情、耐心解释的有关病人就诊的相关信息,做好指导工作,避免发生冲突,促使医疗诊治工作顺利进行。

(二)门诊护理的道德规范

1. 热情服务,一视同仁

门诊病人数量多、环境嘈杂,病人受到病痛的折磨和环境的影响,心情焦虑,容易出现情绪的波动。因此,护士接待病人时要做到:①对病人言语礼貌,态度热情,以缓解病人紧张、焦虑的情绪;②理解病人的各种需求,耐心解答病人的疑问;③对病人做到一视同仁,合理安排就诊顺序,增加病人对护士的信任感,为医院树立良好的形象。

2. 尊重病人,保护隐私

护士要处理好护患关系,必须尊重病人。尊重病人包括尊重病人的人格、尊严、权利、隐私等,不论病人贫富、职位高低、患什么疾病,护士都应该给予尊重,没有任何歧视,平等对待。另外,在就诊过程中,涉及病人隐私时,护士要注意给予保护,为病人提供一个安全的治疗与护理环境。

3. 团结协作,审慎严谨

门诊有医生、护士、医技人员、管理和后勤人员等,护士要与其他人员和睦相处,通力合作,为病人提供一个安静、舒适的就诊环境。由于门诊病人多、环境复杂,护士工作应认真严谨,一丝不苟,避免差错事故的发生。

4. 美化环境,提高效率

创造一个环境优美、安静舒适的就医环境、可以使病人心情愉悦,使医务人员提高工作效率,提高诊疗效果。护士应配合相关部门使门诊环境整洁、规范、安静舒适,提高门诊医疗与护理质量。

二、急诊护理伦理

急诊是医院的重要部门,是医院诊治急重症病人的场所,多数急诊病人的病情危急、复杂。因此,医院的急诊工作具有突发性强、时间性强、群体协作性强和风险大等特点。作为急诊的护士不仅应具有丰富的急救知识和熟练的抢救技术,而且还必须具备高尚的护理道德品质。

(一)急诊护理的特点

1. 随机性强

急诊病人的就诊时间、人数、病种及病情等均难以预料,随机性较大。这就要求急诊科护士必须提高警惕,常备不懈,具有良好的应变能力,随时做好抢救病人的准备。

2. 时间性强

对于急诊病人来讲"时间就是生命",赢得抢救时间,就有获得生命的希望。急诊科护士必须争分夺秒、全力以赴,在最短时间内做出准确的判断,并给予有效的救治措施,全力挽救病人的生命。

3. 主动性、协作性强

急诊病人发病急、病情复杂、病情变化快,往往多个系统、多个器官同时发生创伤或病变,需要多学科、多专业的医务人员协同抢救。因此,急诊护士应具有机敏的鉴别力,根据病人的病情及时通知有关科室的医生进行抢救。同时,在医生未到达之前,护士必须严密观察病人的病情变化,为医生诊治提供依据。对于病情十分紧急的病人,护士需要主动先予以处置以免延误病情,丧失抢救机会。

(二)急诊护理的伦理规范

1. 争分夺秒,全力以赴

在急诊工作中,病人病情危重,抢救必须分秒必争。急诊护士要牢固地树立"时间就是生命"和"抢救就是命令"的工作理念。争分夺秒要体现在行动上,尽可能争取抢救时间,因为有些病人赢得了时间就保住了生命,拖延时间可能导致残疾甚至丧失生命。因此,急诊护士要做到急病人之所急,尽量缩短从接诊到抢救的时间,配合医生全力以赴地进行抢救。要做到这一点,平时必须做好一切准备,坚守岗位,一旦接诊病人,能够立刻投入到抢救中,应付各种复杂的情况发生,保证病人的成功抢救。

2. 技术精湛,常备不懈

急诊科护士必须具备扎实的基本功及急救技术,这就要求急诊科护士要不断学习、掌握最新的急救护理知识、技能,能迅速、准确的完成各项护理操作,配合医生抢救病人的生命。此外,急诊科护士牢固树立"时间就是生命"的急诊救治观念,养成严谨、细致、敏捷、果断的工作作风,坚守工作岗位,履行岗位职责,在工作中做到不放松任何一个抢救环节,不错过任何一个抢救时机,认真仔细、集中精力、审慎安全地做好每项抢救工作。

3. 团结协作,密切配合

急诊病人的抢救成功,是医护人员齐心协力、相互协作的结果。在医护配合上,急诊科护士要充分发挥积极、主动精神,不怕苦、不怕累,为医生抢救创造条件。在抢救过程中,密切配合医生,做到相互理解、相互支持,共同承担抢救病人的工作。

4. 深切同情,周到服务

急诊病人发病急、病情复杂,病人及家属对发病缺乏思想准备,容易出现紧张、焦虑、恐惧等心理变化。因此,急诊护士要同情、理解病人和家属的焦急与痛苦,并给予亲切的关怀和帮助,为病人及家属提供周到的服务。

三、急危重症护理伦理

急危重病人是指病情紧急且病情严重,随时可能发生生命危险的各种病人。急危重病人的抢救在医学领域中占有重要地位,它已成为一门独立的医学学科。对急危重症病人能否做到及时、准确、有效地抢救,不仅关系到病人的生命安危,也是医院管理水平和医院医务人员整体医疗护理素质、技术水平、临床经验丰富与否、技术操作是否熟练的硬性指标,同时亦是考验一个医护人员救死扶伤,实行医学人道主义的道德标准。急危重病人的抢救的特殊性决定了急危重病人护理的特殊性,其护理具有以下特点。

(一) 急危重症护理的特点

1. 护理任务艰巨

急危重症病人病情紧急、变化快,需要护士迅速投入抢救;急危重症病人病情危险、复杂,需要处理的问题比普通病人多,有的病人痛苦不堪、神志不清且生活不能自理,不仅护理工作量大,而且病人配合医护工作较困难,致使护理工作难度加大;急危重症病人和家属比一般病人存在更多的心理问题和顾虑,需要医护人员进行及时的心理疏导;以上都体现了护理急危重症病人任务的艰巨性。

2. 护士素质要求高

急危重症病人病情复杂,病情变化快,抢救护理任务艰巨,要求护士必须具备全面的业务素质、良好的身心素质、丰富的临床护理与抢救经验,以及较高的职业道德修养。急危重症病人、家属与医护之间冲突事件日益增多,而冲突主要是由于急危重病人家属不理解医护人员工作或医护人员与家属沟通不良所导致,这就要求护士应该具备较好的沟通技能,避免或减少医患冲突的发生。如果护士各方面素质达不到要求,就不能担负起急危重病人的抢救护理工作,勉强担任不仅难以完成护理任务,甚至可能发生意想不到的严重后果。因此,急危重症科室护士需要具备全面和较高的综合素质。

3. 护理伦理难题多

急危重症病人病情严重,病情紧急、复杂,如心脑血管意外、各种中毒、严重创伤等,有些病人可能处于昏迷或垂死状态,有些病人活动受限或丧失活动能力,不能按部就班进行各种检查确定诊断,只能重点询问和检查后即投入抢救,抢救过程中由于病情危重复杂或稍有疏忽,病人容易发生合并症甚至死亡,使医务人员承担道义甚至法律上的责任。由于危重病人的特点,在护理中还会遇到一些伦理难题,如履行人道主义与经济利益的矛盾;讲真话与保护性医疗的矛盾;知情同意与保护病人利益的矛盾;卫生资源分配与病人实际需要的矛盾;病人拒绝治疗与维持病人生命的矛盾;安乐死与现行法律的矛盾等。因此,急危重症科护士需要面临很多伦理难题。

(二) 急危重症护理的伦理规范

根据急危重病症人抢救及护理的特点,护士应遵守以下护理伦理要求:

1. 严密观察,临危不乱

急危重症病人病情紧急、随机性大,发病时间和病情无法预测,所以急危重症科室的护士要密切观察病人的病情变化(如口唇青紫、呼吸困难、血压下降、心律失常等),一旦出现突发情况,护士要头脑冷静、临危不乱,做出正确的判断,及时向医生报告病情,配合医生予以处理,快速地投入到抢救工作中,全力以赴的抢救病人的生命。

2. 技术精湛,精益求精

急危重病人的病情危重,使用的仪器多是高科技设备,如人工呼吸机、心电监护仪、人工心脏除颤起搏器等,护士要熟练地掌握各种抢救仪器的使用,并对仪器做好定期检查维修,使其保持良好的运行状态,发现问题应及时排除故障,以免贻误抢救时机。此外,急危重病人的病情涉及多个学科,这就要求护士必须具有孜孜不倦的学习精神,不断学习各种新知识、新技术、新业务,提高个体的综合素质,做好急危重症病人的抢救护理工作。

3. 体贴病人,理解家属

急危重病人面临突如其来的生命威胁或躯体的伤残缺乏心理准备或心理负担重,往往会出现紧张、焦虑、恐惧等心理变化。家属也多有忧虑、急躁的表现,有时可能对护士无端指责,甚至出现无理取闹的情况。护士要设身处地的体会病人的身心痛苦,理解病人及其家属的心理变化,冷静对待,宽容病人、家属的行为,做到热情服务,耐心回答病人及家属的疑问,做好心理护理工作,建立和谐、信任的护患关系,为病人创造良好的抢救环境。

4. 审慎慎独,团结协作

审慎是护士在行为之前的周密思考与行为过程中的小心谨慎。哲学家伊壁鸠鲁说过:"最大的善乃是审慎,一切美德乃由它产生"。急危重症病人病症杂、痛苦多、顾虑重,这就要求护士一定要细致谨慎,严格做好三查八对工作,严格遵守操作规程。急危重病人抢救护理工作大多数在无人监督的情况下进行,护理是否全面、专业,用药是否及时、准确,病人及家属很难了解,全靠医护人员的"慎独"修养。因此,护士必须提高"慎独"修养的自觉性,在无人监督或者单独工作时,自觉地履行原则和规范,积极主动地救治病人,为病人提供全面的护理服务。

急危重病人病情复杂，常累及多个系统的脏器，需要不同专科的医护人员共同协作，这就需要护士之间及与其他医务人员之间要团结协作，相互尊重，相互学习，相互沟通，密切配合，齐心协力的保证病人的医疗护理计划准确、及时的实施，使救治获得成功。

5. 珍爱生命，救死扶伤

急危重症病人病情危重复杂，突发情况多，意外随时可能发生。护士对病人应具有高度负责的精神，重视人类生命的价值。急危重症病人把自己的生命寄希望于医护人员，在这生命相托的关系中，护士必须意识到自己应该对病人的生命、安全、健康负责，把病人的生命和需要放在第一位，发扬医学救死扶伤的精神，只要有一线希望就应全力以赴的抢救，不能因怕承担风险、责任而消极地等待医嘱下达后才投入抢救，在有利于病人康复的前提下，果断地采取积极的治疗和抢救措施，全力以赴的抢救病人的生命。

（三）急危重症护理的伦理难题

1. 高新监护设备应用的伦理难题

现代医院的急危重病人监护广泛应用大量高技术监护设备，如各种监测心电、呼吸、血压、体温及氧饱和度等多功能监护仪、呼吸机以及各种输液泵等先进仪器的，对急危重症病人的救治起了重要作用，工作效率显著提高，医护人员的体力劳动明显减轻。然而，任何新生事物都有其另一方面的矛盾，正因为如此，高技术监护设备的应用也引发了一系列护理伦理道德问题。①监护费用增加挑战医疗的公平性。由于大量监护仪器的使用，监护费用也日益增长，使病人不能完全根据病情的需要决定住监护室时间的长短，一些经济困难的病人因为无力承担昂贵的监护费用被迫提前离开监护病室，使医疗的公平性受到质疑，激化了医患矛盾；②高新监护设备的应用导致护患关系冷漠。大量高技术监护设备的应用，在一定程度上减轻了护士的工作量，提高了病人的安全性，使监护人员很容易通过计算机终端遥控监测病人的病情变化，获得关于病人的生理指标等数据信息。虽然减轻了护士的工作负担，但减少了护患之间的直接接触，使部分护士过分依赖仪器，不利于护患沟通及整体护理的实施。

2. 经济效益与医学伦理要求之间的矛盾

当今的社会经济环境下，各行各业都以经济利益为自己的追求目标，但卫生行业是一个特殊的行业，在获得经济效益的同时，更应该注重获得社会效益。在现有的医疗环境下，经常会遇到经济利益和社会利益、医学伦理之间的矛盾和冲突，频繁的出现“不交钱不治病”，“推诿危重病人”，甚至“为经济利益，放弃无主病人的救治”的现象。这些现象的发生违背了医护人员“救死扶伤”的根本原则，更加有悖于医学伦理的道德要求。但在现实生活中，遇到危重病人不能负担昂贵的抢救费用时，医院应该做出怎样的选择呢？放弃治疗显然是不道德的，也不符合医护人员救死扶伤的精神，在医学伦理学的角度当然应选择实施有效的救治措施，尽最大的努力去挽救每一个生命，但谁来支付所需要的费用呢？医疗卫生部门不是慈善组织，在政府经费投入不足的背景下，很难承载这一重任，但面对急危重症病人又不得不及时救治，二者有时很难兼顾，这也是目前难于解决的医学伦理学难题。

3. 危重症病人救治中何时终止抢救的道德困境

在危重病人抢救中，什么时候应该终止抢救，这涉及死亡的判断标准。自古以来，死亡一直有一个比较恒定的标准，即传统的心肺死亡判断标准，各国的临床医学、法学和社会传统观念都是根据这种心肺死亡标准来宣告、判定人的死亡。然而，随着医学技术的进步，医疗水平的提高,新的死亡判断标准—“脑死亡”标准应运而生。从医学的角度看,脑死亡判断标准比传统的心肺死亡判断标准更加科学、客观。但我国对死亡的判定至今还一直沿用传统的心肺死亡判断标准。这使得对于一个脑死亡而其心肺功能仍可依靠仪器维持的病人来说我们就要不惜一切代价的救治,但在目前医疗卫生资源十分匮乏的情况下,对于没有存活希望的危重病人进行不惜一切代价的救治是否真的符合伦理道德要求?护士是应当劝说家属放弃救治还是劝说家属继续治疗?在什么条件下才可以放弃继续救治?等等,这些问题需要我们深思。

四、手术护理伦理

手术治疗是临床上广泛采用的重要手段和有效措施。与其他治疗方法相比,手术治疗具有疗效迅速、不易复发等优点,但同时作为一种侵入性治疗手段,具有不可避免的损伤性、较大的风险性、失误的不可逆性、较强的协作性等特点。护士作为手术室医务人员的一员,虽不是手术的决策者和直接执行者,但在手术前准备、手术中配合及手术后的护理中均发挥着重要的作用。护士的道德思想、道德观念和道德品质会对手术治疗效果产生重要影响。因此,在手术的不同阶段对护士提出了不同的道德要求。

(一) 手术前的护理伦理规范

手术前护理是指从病人入院到手术开始前的护理过程。手术前护理是保证手术顺利进行的基础,护士要协助医生和病人做好手术的知情同意,并做好术前的生理、心理准备工作。护士在术前护理中应遵循以下伦理要求:

1. 调节心理,消除顾虑

手术确定后病人心情往往很不平静,既盼望尽快手术来解脱疾病的痛苦和压力,又惧怕手术带来的疼痛和损伤而出现一系列的心理反应,表现为焦虑、恐惧、烦躁、紧张不安等行为。因此,护士应主动地关心、体谅病人,耐心细致地做好心理护理,通过介绍手术相关的知识,耐心解答病人的提问,消除病人的顾虑;还可以指导病人做肢体的放松训练以及分散注意力等方法,消除病人紧张的情绪,使病人以乐观、稳定的情绪和平静的态度接受手术。

2. 权衡利弊,熟悉方案

相对于药物等保守治疗方式,手术具有损伤性和风险性的特点,给病人带来诸如疤痕、疼痛、功能减退、器官缺损、形体变异等变化,加上可能出现的一些意外或失误等风险,医护人员决定是否手术时要慎重、客观、科学。医方要全面权衡,充分比较手术治疗与保守治疗之间、创伤代价与治疗效果之间的利弊,充分考虑病人对手术创伤的耐受程度,考虑病人付出各种代价后得到的治疗效果是否能够满意等。虽然手术治疗的选择是医生工作的范畴,但不只是医生的工作。在医生决定手术前,护士应为医生提供病人信息,协助医生判断是否应该为病人实施手术。在决定手术后,护士应充分了解手术方案,协助医生做术前准备和健康教育,并协助医生做好病人知情同意工作。

3. 知情同意,手续完备

《医疗机构管理条例》第三十三条规定“医疗机构施行手术、特殊检查或者特殊治疗时,必须征得病人同意,并应当取得其家属或者关系人同意并签字;无法取得病人意见时,应当取得家属或者关系人同意并签字;无法取得病人意见又无家属或者关系人在场,或者遇到其他特殊情况时，经治医师应当提出医疗处置方案，在取得医疗机构负责人或者被授权负责人员的批准后实施。"《医院工作制度》中也有明确要求"施行手术前必须向病员家属、或单位签字同意（体表手术可以不签字），紧急手术来不及征求家属或机关同意时，也由主治医师签字，经科主任或院长、业务副院长批准执行。"这明确表示了医疗机构在为病人施行手术时有向病人及其家属说明的义务，时刻明白病人及其家属有权知道自己的病情及手术的风险性，并有权决定同意或不同意施行手术。

知情同意中的"知情"是指知道事实真相，手术前病人的知情应包括手术的目的、原因、过程、成功率、可能发生的危险与并发症等，病人充分了解后才能签署知情同意书。所以，知情是病人的权力，详细告诉病人手术的相关情况是医务人员的义务。护士应主动询问病人对手术的了解程度，倘若发现病人不充分了解手术的相关信息时，应通知医师，请医生亲自向病人说明以澄清疑点并取得病人的同意。所以，在术前的知情同意工作中，护士的职责是确定病人是否了解真实的信息及同意接受手术。医护人员只有充分运用知情同意原则，完备手术治疗应具备的手续，才能切实维护病人利益，保证手术顺利进行。

4. 严格查对，认真负责

手术前严格执行查对制度不仅是对病人负责的基本表现，也是手术护理伦理的基本要求。病房护士在病人术前应做到"八查"：即查对病人姓名、性别、科室、手术诊断、手术名称、手术部位、血型、物品准备。病房护士送病人到手术室时，应认真与手术室护士进行交接班，配合手术室护士再次详细查对病人的手术相关资料。手术室护士认真核对后，按照手术安排将病人送入正确的手术间。病房护士与手术室护士认真交接班及严格执行查对制度是防止手术错误的第一道防线，护士应以高度的责任心严肃认真地对待，防止差错事故的发生。

（二）手术中的护理伦理规范

手术中的护理是指手术开始至手术结束的护理过程。手术中护理的配合是保证手术顺利进行的重要环节，这对护理技术和护理道德提出了更高的要求。在手术中护士应遵循以下伦理要求：

1. 保持肃静，安抚病人

安全、肃静的手术环境是保证手术顺利进行的重要前提，是手术中护理伦理要求的重要内容。在手术中，护士要走路轻、说话轻，并禁止无关人员进入手术室，医护人员要避免谈论与手术无关的话题，对病人的病情不随意议论或窃窃私语，尤其对矫形、烧伤、妇科及乳房整形手术等病人，更要注意言辞勿损伤病人自尊心，注意保持手术室的严肃和安静。尽量使用专业术语与其他医务人员进行交流，以免引起病人的不安。此外，手术室陌生的环境容易使病人产生紧张、焦虑、不安等情绪，护士应理解、关心病人，语言要温和，动作要轻柔，耐心地指导和帮助病人配合手术。病人按照手术要求暴露躯体时，往往感到羞怯，肢体的固定也使其感到害怕，护士不仅要做好保暖工作，还应理解病人并解释清楚，保护病人的自尊心。手术过程中护士应密切观察病情和尽量满足病人的需求，使病人在温暖的关心中度过手术。

2. 操作熟练，敬业慎独

手术室工作的每一个细节都与病人的生命息息相关，任何的疏忽和处理不当都会给病人造成无可挽救的损失。手术中护士要严格遵守无菌操作规程，并督促检查进入手术室人员认真执行；抢救药品要准备齐整，位置固定、标签清晰；各种手术器械、电器设备等都要认真检查，确保功能完善和安全运转；准备的氧气要充足且贮氧容器不漏气；保持手术室清洁，温度和湿度适中。在手术过程中，护士要全神贯注，做到认真负责、一丝不苟。器械护士在手术台上与医师密切配合，做到技术熟练、反应敏捷、沉着冷静、耐心细致，传递器械要眼明手快、准确无误；体腔关闭缝合前器械护士和巡回护士要共同清点核对手术器械敷料等，防止手术钳、刀、剪、针、纱布遗留在病人体内，不可粗心大意，这是防止手术事故的重要措施。手术标本按照规定及时送检，手术切除的组织或器官等征求病人同意后进行处理。手术室的很多护理工作需要护士单独处理和完成，例如器械护士手的消毒是否合格，手术台上物品是否始终保持无菌，巡回护士是否认真观察病人；器械物品是否按规定保养等等。所以敬业慎独在手术室护理工作中十分重要，手术室护士应培养慎独意识，慎独意识所产生的慎独行为是做好手术室护理工作的关键，这样护士才能自觉维护病人利益、严格执行各项规章制度、一丝不苟地工作才能保质保量地完成手术，提高手术室的工作质量。

3. 团结协作，任劳任怨

手术是手术医生、麻醉师、器械护士、巡回护士等共同完成的一项协作技术活动。护士要从病人利益出发，一切服从手术全局的需要，树立一切为病人的服务理念，尊重其他医务人员并相互理解、相互支持、密切配合，若有一方配合不好，都将直接导致手术失败，轻则增加病人痛苦，重则危及病人生命。手术中一旦出现差错事故，应该实事求是，不推卸责任，勇于承担责任，也不得包庇隐瞒，应及时采取补救措施，把给病人造成的损害降到最低点。此外，手术是细致、辛苦的工作，通常一般手术的时间需要 3~5 小时，有时甚至需要 7~8 小时或更长时间，这要求医护人员要具有良好的身体素质和吃苦耐劳精神，才能够保持充沛的精力，承担起长时间的手术配合工作。

4. 理解家属，耐心解疑

病人家属往往对病人的手术进展情况十分关切，急于了解，这是人之常情。护士应该理解家属心情，面对家属的询问不可冷语相对，应保持和蔼的态度，耐心回答家属提出的问题，并给予必要的解释，以解除他们的忧虑和不安。手术过程中及时向家属通报手术进展情况，如果手术进展顺利，应主动告慰家属，手术不顺利时与家属保持联系，不仅要安慰他们，更要取得他们的理解和支持。当然对家属提出的违背技术常规的要求，护士应给以拒绝并进行解释。

（三）手术后的护理伦理规范

手术后护理是指从手术结束后到病人出院期间的护理。手术结束并不意味着手术治疗的终结，手术后的病人更需要护士的关心和照顾，手术后护理对病人的恢复和预防并发症的发生起着重要的作用。在术后护理中，护士应遵循以下伦理要求：

1. 严密观察，防范意外

护士在手术病人回到病房前做好术后护理准备，应预先换好床单被褥、准备好必要的药品和器械。病人回到病房后，护士要和相关医务人员在床边认真交接班，了解病人的手术过程，术中病人的生命体征变化、伤口渗血情况、各种导管是否畅通等，让护理病人安心休养。同时，要认真执行术后医嘱，按照护理常规要求严密监测病人术后的病情，特别应注意呼吸道有无梗阻、窒息，伤口有无渗血，脉搏、血压是否正常，有无休克、内出血等，一旦发现病情变化，及时报告医生并配合处理。在病人自理能力恢复前，护士应为病人做好基础护理，促进病人的舒适和康复，预防并发症的发生，使病人顺利地度过术后阶段。

2. 减少痛苦，促进康复

手术后，病人由于伤口疼痛和饮食活动受限以及插管等治疗措施感到痛苦，有的病人因手术失去某些生理功能而产生焦虑、悲伤等心理问题，护士应理解病人的心情，主动关心和体贴病人，给予及时的心理疏导，做好心理护理工作。还要从每个环节上减轻病人的痛苦，如及时镇痛，帮助病人翻身以及鼓励病人早日下床活动，防止肠粘连、褥疮、肌肉萎缩等并发症的发生，促进病人术后的康复。

3. 健康教育，充分告知

手术后护士应教会病人有关配合治疗护理的知识和技能，在病情允许的情况下鼓励病人自我护理，护士要积极协助病人逐渐恢复自理能力。例如，手术后第一次下床，护士讲解早期下床活动对术后恢复的重要性，鼓励并协助病人下床活动，并随时观察病人的情况，一旦出现病情变化要及时处理。出院前护士要告诉病人有关康复的知识、复诊的时间、日常的注意事项，包括药物服用的注意事项、身体锻炼的注意事项等，这是护士对工作认真负责的表现，同时也是护士高尚职业道德的体现。

第四节　器官移植中的护理伦理

器官移植技术从20世纪50年代开始应用于临床，经过多年的发展，器官移植已经成为目前临床上治疗晚期脏器衰竭病人的有效手段，挽救了无数人的生命，器官移植被誉为“21世纪医学之巅”。我国的器官移植技术已经达到世界先进水平，但这项技术自诞生之日起就引发了广泛的伦理争论，作为直接参与者，医护人员在器官移植中应该遵循一定的伦理道德规范。

一、器官移植的概述

（一）器官移植的概念

器官移植是用正常的、健康的器官置换受者体内已衰竭的或丧失功能的器官，以治疗疾病，延续生命的一项高新医学技术。广义的器官移植不仅包括心、肝、肾、胰、肺等实质器官的移植及其联合移植，还包括骨髓、角膜、胰腺、甲状旁腺等组织、细胞移植。根据移植用器官的供者和受者的关系，器官移植可分为自体移植、同质移植，同种移植和异种移植。自体移植是指捐献器官的供者和接受器官的受者同为一个人的移植。同质移植是指供者与受者虽非同一人，但供者、受者是拥有完全相同遗传素质的同卵双生子的移植。人与人之间的移植称为同种异体移植。不同种的动物间移植称为异种移植。

（二）器官移植的发展

用移植器官治疗脏器疾病，是人类久远的梦想。早在《列子》中就有神医扁鹊为人换心脏以治疗疾病的故事。欧洲文艺复兴时期，也有想像移植肢体的油画。18世纪，西方学者开始做组织或器官移植的动物实验。

1954年，世界首例器官移植手术获得成功—同卵双生兄弟间的肾脏移植。这是移植医学史上首次获得长期有功能存活的病例，开创了器官移植的新时代。20世纪60年代，医学界陆续开展了人类各种同种器官移植，包括肝、肺、脾、胰腺、心脏、小肠、胰岛等移植。1978年，新一代免疫抑制剂环孢素问世，使临床同种移植的疗效迅速提高。20世纪90年代以后，移植学实现突破性进展。存活率、移植数量、开展器官移植的单位大幅增长，使器官移植日益成为常规手术。

我国器官移植外科的发展始于20世纪50年代。1960年我国第一例肾脏移植手术获得成功。截至2005年我国器官移植总量仅次于美国，位居世界第二位，我国的器官移植技术已达到世界先进水平。

（三）器官移植的伦理意义

1. 挽救病人的生命，促进医学的发展

器官移植为晚期脏器衰竭病人提供了生的希望，挽救了成千上万人的生命。可以说，器官移植的开展是医学技术的重大突破，也是人类医学史跨越性进步和辉煌成就，该项技术的发展带动了其他相关临床技术的进步。

2. 彰显医学人道主义精神

人死不能复生，但死后可以将躯体器官捐献给他人，救助那些饱受病痛折磨的病人，充分体现了舍己救人、无私奉献的人道主义精神，有助于弘扬社会正能量，增强人与人之间互助的优良传统。

（四）器官移植的伦理原则

1. 自愿与知情同意原则

自愿和知情同意是人体器官移植的基本原则。自愿应建立于充分知情的基础上，并且不受任何威胁利诱的外在强迫性压力。在我国，公民享有捐献或不捐献自己身体器官的权利。任何人不得利诱、欺骗、强迫他人捐献器官。从事人体器官移植的医疗机构及医护人员摘取活体器官前，应向活体器官捐献人说明摘取器官的手术风险、术后注意事项、可能出现的并发症等相关信息，让捐献者充分知情同意，并与器官捐献人签署知情同意书。

2. 安全与有利原则

器官移植应充分考虑对受体、供体双方的安全性和有效性，努力防止对供体和受体可能造成的伤害，最大限度地保护受体、供体和供体家属的利益。对于活体器官采摘，只能考虑成对或者是代偿能力极强的器官组织；未成年的家庭成员不能成为器官的供体；移植胎儿器官，要注意维护妇女权益；对于尸体器官捐献，要注意保护家庭利益。总之，要对风险与受益的比例进行权衡，使受益远远超过可能造成的伤害，即利要大于弊。

3. 公平与公正原则

目前，器官移植存在严重的供需失衡。所以在分配可移植器官时要特别注意公平、公正。器官分配时，病人的排序应坚持医学标准和社会学标准，审慎地选择每一个受体，使有限的器官得到最佳的利用，挽救病人的生命。

4. 非商品化原则

器官移植是人类医学上的进步，是一种互救行为，体现高尚的人道主义精神。器官买卖，将人体变为商品是对人类尊严的亵渎和侮辱，是人类文明的倒退，也不符合人类社会道德和人权法则，严重损害了人类的价值观。人体器官不是法律上的物，不具有财产性，不能进行交易，对于买卖人体器官的行为不但违背了医学人道主义精神，而且已构成犯罪会受到法律的制裁，非商品化原则是器官移植的重要原则。

5. 互助原则

社会要大力提倡并宣传器官捐献的意义和价值，并建立有效机制，鼓励捐献器官。推崇互助原则，更新人们的观念，使人们认识到捐献自己或亲人的器官，帮助那些需要移植器官的病人，是自己或亲人在他人生命中的延续，是对身体的更高层次的关注和珍爱。

二、器官移植中的主要伦理问题

（一）器官移植中供体的伦理问题

目前，器官移植供体、受体供需失衡。移植供体的器官来源不足，远不能满足移植的需求。移植供体的稀缺不仅成为医学专家研究的课题，更引发了诸多的社会伦理问题。目前，器官移植的供体来源主要包括：活体器官、尸体器官、胎儿器官、异种器官和人工器官等，对于不同类型的供体，其伦理问题也不相同。

1. 尸体器官供体的伦理问题

尸体器官是指从已经死亡的人体身上摘取的器官。尸体器官是目前进行器官移植的主要供体来源，尸体器官采集与使用引起了一些伦理争论，使器官移植陷入伦理困境。

（1）尸体器官采集涉及死亡的标准问题：由于被移植的器官必须是从刚刚死亡的人体上摘除的新鲜器官，所以死亡标准的确定很关键。如果按照传统的死亡标准，即以心脏停止跳动为死亡时间，然后再从死者身上摘取器官，器官会由于缺氧、缺血时间过长和细胞自溶，导致被移植器官因丧失生理机能而不再适宜移植或移植成活率低。对于器官移植而言，脑死亡而心肺功能未丧失的尸体是器官移植的最佳供体，但在世界多数国家包括我国在内临床上仍用心肺死亡判断标准判定人的死亡，人们无法将一个仍然有呼吸、心跳的个体看成是尸体，更不能接受在这样的人身体上摘取器官。即使在通过“脑死亡”立法的国家，尸体器官采集仍会引起社会舆论的非议和死者家属强烈的情感冲突，因为人们无法在心中承认“脑死亡”判断标准，这种观念阻碍了“脑死亡”尸体供体的移植。

（2）尸体器官采集与传统观念的冲突：我国受传统文化的影响，诸如“身体发肤，受之父母，不可损毁”“生要完肤，死要全尸”的观念在人们心中根深蒂固，认为捐献逝者器官是不孝不义之举，人们无论在感情上还是观念上都无法接受遗体捐献。据不完全统计，我国第一例器官捐献至 2009 年 5 月，全国仅有 106 例器官捐献，而根据美国器官获取和移植网络统计，仅 2009 年上半年，就有 2304 例器官捐献，可以说我国的传统观念在一定程度上阻碍了器官移植的开展。

（3）死刑犯的尸体器官的伦理争议：死刑犯的尸体曾经是器官移植供体的主要来源，对于死刑犯这一特殊群体的器官能否用于移植一直存在伦理争议。尽管利用死刑犯的器官移植有争议，但世界上仍有不少国家和地区都在利用死刑犯的器官进行器官移植。支持者认为，这有助于缓解器官供应不足的矛盾，挽救急需器官移植的人，这也是“让死刑犯死后奉献一份爱心，赎回他们的罪行。”但反对者认为，死刑犯也是人，即使法律剥夺了其生命权，未必意味着剥夺其民事权，他们同样有知情同意的权利，利用死刑犯的器官是不道德的。

1984 年，我国最高人民法院、最高人民检察院、公安部、司法部、卫生部、民政部颁布了《关于利用死刑罪犯尸体或尸体器官的暂行规定》，规定以下几种情况可供利用；无人收殓或家属拒绝收殓，罪犯自愿将尸体交医疗单位使用（需签名）；经家属同意捐献的死刑罪犯尸体或尸体器官可供给医疗卫生单位使用。曾经以这种方式获取器官是我国器官移植供体的主要来源途经。目前，我国已明确规定，自 2015 年 1 月 1 日起，我国全面停止使用死囚器官作为移植供体来源。但如果死囚愿意捐献器官赎罪，应该鼓励。

（4）尸体器官采集的主要方式

1）自愿捐献：是由死者生前或于死者死后由其近亲家属自愿将死者的遗体器官捐献给他人。自愿捐献是各国器官捐献的首选方式，是基于供体无私奉献的精神。

2）推定同意：推定同意是指当死者生前没有明确反对死后捐献器官时，可视为其同意，主要包括亲属推定和法律推定两种方式。亲属推定即死者生前没有表示不捐献器官，在其死后，医务人员必须在其亲属不反对的情况下，才可以从尸体上采集器官或组织，如韩国、日本、韩国、新加坡等所实施的就是亲属推定。法律推定是指如果死者生前没有明确表示死后不愿捐献其器官，法律授权医务人员在其死后可以摘取其器官，不考虑死者亲属的愿望，如法国、比利时、瑞士等所实施的就是法律推定。推定同意存在着亲属或国家是否有权代表死者的意愿？是否存在侵犯死者知情同意权的问题。

2. 活体器官供体的伦理问题

（1）活体器官捐献的伦理问题：活体器官移植目前在许多国家都已开展，我国也有多例报道。活体器官移植较之于尸体器官移植，有更高的存活率。但是由于活体器官的采集涉及另一个个体的健康、乃至生命，因而存在更为尖锐的伦理争议。一方认为，活体器官捐献为受体带来了生的希望，提供了更高的生存概率，移植效果值得肯定，是造福人类的利他行为，在不危害自己生命及降低生活质量的前提下，实行活体器官捐献是符合伦理学要求的，是一种高尚的道德行为，值得提倡。另一方则认为活体器官采集必然给捐献人造成一定程度上的健康损害，甚至可能危及人的预期寿命，对其未来生活造成影响。大量移植中心报告指出，供肾者在切除一侧肾后可能出现严重并发症。据报道，迄今已有 20% 的供肾者死于单肾切除。捐献人的生命健康受到威胁，这种行为是否符合伦理要求？

（2）活体器官捐献的伦理原则

1）供者自愿：供者自愿是活体器官捐献最重要的伦理原则，无论摘除供体身上一般或重要的脏器，均会对供体造成一定程度的伤害。因此，器官捐献必须是供者自愿的选择，不能有任何的利诱、胁迫。

2）对供者的伤害应限制在一定范围内：活体捐献的器官必须是成对的或者是代偿能力极强的部分器官，如肾、皮肤、骨髓、肠或肝脏等。即使移去一侧也不影响供者原有的生理功能，不会危及供者的生命。如人的心脏是人独一无二的器官，若来源于活体等于是杀一人救一人，这显然是不符合伦理原则的。所以只能是成对健康器官或者是代偿能力极强的部分器官，才可进行活体捐献。

3）得大于失：接受移植者的得益和供者的损失应有恰当的比例，活体捐献最基本的伦理原则是不能危及供者的生命，对其未来生活不致造成大的影响，即得大于失。只有符合以上伦理原则，活体移植才可以进行。

3. 胎儿器官的伦理问题

利用引产死胎或严重畸形儿的器官、组织作为供体在近年有迅速发展的趋势，因其在器官移植上有着特殊的优点：胎儿组织抗原弱、排斥反应小，成功的可能性大，并且能扩大器官供体来源。医学界将人流产胎儿的某些组织或器官移植到病人身上治疗某些疾病，如帕金森病、糖尿病、再生障碍性贫血等，这些方面已取得了很大的进展。但关于胎儿组织器官的采集也存在伦理争议。争执的焦点在于人类胚胎是否是“人”的定义问题。

反对胎儿作为器官移植供体来源的人认为，胎儿具有人的生命的权利，而剥夺他（她）生命的权利就是不道德的。而且更有甚者，一些妇女可能出于经济原因而有意流产出卖胎儿，怀孕的目的就是为了流产胎儿，其结果可能导致流产泛滥，使妇女和胎儿的健康受到极大的威胁。梵蒂冈教皇保罗二世就曾对访问意大利的美国总统布什说："一定不要给那些进行胚胎干细胞研究的科学家拨款，因为他们毁灭生命，破坏伦理。"德国前总统约翰内斯·劳也对利用胚胎进行研究鲜明地表示反对，认为"人类不应追求进步而不惜一切代价"，"人类的尊严高于经济利益"。

支持者认为，早期的胚胎（14 天内）谈不上尊重的问题，因为这时候的胚胎还不是人的生命，而解除千万个癌症病人和需要器官移植的人的痛苦，挽救生命，才是对人类生命的最高尊重。

我国尚未对利用胎儿组织器官移植做出明确的规定，但 2003 年 12 月颁布的《人胚胎干细胞研究伦理指导原则》中的相关规定可资参考。如"原则"第 5 条规定："用于研究的人胚胎干细胞只能通过下列方式获得：体外受精时多余的配子或囊胚；自然或自愿选择流产的胎儿细胞；体细胞核移植技术所获得的囊胚和单性分裂囊胚；自愿捐献的生殖细胞。"第七条规定：" 禁止买卖人类配子、受精卵、胚胎或胎儿组织。"

4. 异种器官移植的伦理问题

近年来，随着移植免疫学、基因工程学、免疫抑制疗法的划时代进步，异种器官移植被看成了缓解同种器官移植供体极度短缺的有效方法。不过，异种器官移植是否可以成为人类器官移植供体来源的有效解决途径？尽管异种器官移植对于解决同种异体器官移植来源缺乏，缓解供求矛盾具有一定的意义。但随着人们对有关人类生存和保健的社会环境和心理因素的关注，异种移植引发的伦理问题也日益凸显。除了异种移植使会动物传染病和人类遗传性变异传染病的风险可能增加，以及这些疾病可能传播给他人的几率提高，还会对大自然提出贸然的挑战—将动物器官移植给人类是否违反了自然法则？

5. 器官商品化问题

在供体来源十分有限的情形下，移植器官供体的供需失衡催生了本不该有的行业—器官买卖。在现实生活中，由于利益驱动，确实会吸引一部分人提供器官，但由此可能引发的道德、法律问题却使我们不寒而栗。

支持者认为，器官商品化有利于扩大器官供体来源，缓和器官"供小于求"的矛盾，使更多等待器官移植的病人获得新生；器官属于人体的一部分，个体享有对身体器官的所有权和支配权，可以进行买卖；器官买卖双方或为生存、或为经济，只是各取所需，不应禁止。

然而更多人强烈谴责器官的买卖行为。人们认为，首先，由于出售器官的人要么为贫穷所迫，要么为暴力所迫，均难以做到充分的知情同意。其次，在器官交易中，受体无法充分了解所购器官的安全性，导致器官质量难以保证。再次，允许器官买卖，会导致通过损害人的健康、残害生命等极度非人道的暴力手段获利等犯罪行为出现。人们认为将人体组织和器官视为商品，正是奴隶制度、封建制度等野蛮法律文化在现代社会中的残余。如果法律允许出售自身器官，也就打开了器官商品化之门，将会引发种种犯罪和社会恶果。

美国国会于 1984 年通过的《全国器官移植法》中明文规定禁止购买器官移植所用的人体器官。1989 年第 42 届世界卫生大会通过了决议，防止购买和销售人体器官。我国从不允许将活体或者死者器官作为商品。早在 1984 年，最高法院、最高检察院、公安部、司法部、卫生部、民政部出台了《关于利用死刑罪犯尸体或尸体器官的暂行规定》，这是国内第一部关于器官移植的规章，其要旨也是无偿、自愿捐献器官的原则，反对器官的买卖。

（二）器官移植中受体的伦理问题

由于器官供体的供不应求，在有合适的器官供体时，谁可以优先得到器官？由谁来做出决定？在没有法律规定前，医护人员在器官移植受体的选择时通常采用两项标准：

1. 医学标准

它取决于医学科学和医护人员技能所达到的水平。这些标准可由具备有关知识和经验的医护人员加以判断和设定。它涉及适应证和禁忌证等医学标准。例如，目前对于肾移植唯一的适应证是药物所不能治疗的肾衰竭，禁忌证是活动性感染和不可控制的肿瘤。

2. 社会标准

即根据年龄、社会价值和个人的应付能力（包括病人配合治疗的能力、经济支付能力和社会应付能力）等社会因素加以判断。大多数器官移植中心的排列次序是：医学标准、个人和社会的应付能力及病人对他周围人的重要性。不过，由于社会标准在实践中容易引发社会公正问题，仍容易遭人诟病。

《深圳经济特区人体器官捐献移植条例》对受体选择问题进行了有价值的探索。“条例”第16条中规定：“病人享有平等获得人体器官移植的权利。病人接受移植的顺序由市红十字会按照申请登记的时间先后确定。只有当前一名备选病人不适合接受该人体器官移植时，方可选择后一顺序的备选病人。是否适合接受人体器官移植，应当遵循公认的医学标准。近亲属中有已经捐献人体器官的病人，在接受人体器官移植时享有优先权。同时享有优先权的病人由市红十字会根据申请登记的时间先后确定顺序。”这条法规既包含医学标准，又体现了公平公正的伦理原则和社会主义的道德标准，值得借鉴参考。

三、医务人员在器官移植中的伦理要求

器官移植作为一项特殊的医疗服务，尚存有众多伦理争议。而医务人员在器官移植过程中具有的不容置疑的技术权威地位。因此，在法律尚未完善的时候如何行使好自己的职责，医护人员应该对自己提出更为严格的道德要求。

1. 关心病人健康，坚持人道主义为先

医务人员应将病人的健康和福祉永远作为第一考虑，严格遵守医学标准，审慎选择受体。注意避免那些为医学研究而开展移植手术等超越人道主义的功利主义思想。更要摒弃那种以医学科研为名，为谋取个人私利而进行的任何背离医学目的器官移植手术，损害病人健康。

2. 审慎选择供体，保护供者利益与健康

对于医务人员而言，活体供者也是病人，因而有义务做到使供者充分知情，并充分考虑供者失去部分组织或器官后并不影响其正常的生理功能，对其健康没有威胁。对受、供双方的利益要进行仔细权衡。保护供体、受体双方的利益。

3. 坚持公正原则，避免差别对待病人

可供移植的器官是十分珍贵的资源，能胜任的医院设备及医务人员也很有限。所以进行器官移植就更加要求医务人员坚持公平公正原则，对病人一视同仁，让每一位病人享受平等的权利，避免按照病人身份、地位及经济状况等区别对待病人。应按照病人在医疗机构的登记顺序进行移植手术，只有在受者与供者在生理上无法兼容，或器官不适合时，才可以将名单上的第二位病人提前。

4. 恪守职业道德,防止器官移植犯罪

器官移植是一项高难度的手术,需要数额巨大的手术费用。有些医护人员为了获取非法收入而不惜通过不法途径摘取他人器官,甚至强制采摘他人的器官以进行器官移植。利用自己的专业知识非法采集、供应和走私人体器官,不仅严重背离医务人员的职业道德,而且将会受到法律的制裁。所以,医护人员应恪守职业道德,认真履行救死扶伤的责任。

本章小结

本章内容主要对基础护理、整体护理、心理护理和特殊病人如妇产科、儿科、老年科病人、精神病人及不同护理岗位的护理特点、伦理要求以及特殊伦理问题等进行了详细的阐述。由于病人在性别、年龄、疾病发生发展规律、心理状态等方面有着明显的差异,导致其产生的伦理问题相对复杂,使护士在执行护理活动时,需根据护理对象的不同情况给予特别护理。为达到上述目标及满足现代护理学发展的需求,也为全面落实“以病人为中心”的护理宗旨,要求护士强化专业知识和具备精湛的操作技能,同时护士要严格遵循护理道德规范,了解护理工作中存在的伦理问题,做到准确、及时、有效、安全地完成各项治疗护理工作,以促进病人的健康发展。

(王明丽)

练习题

一、选择题

A1 型题

1. 针对器官短缺现象,器官来源最值得提倡的途径是(　　)。

A. 克隆器官　B. 胎儿器官　C. 器官买卖
D. 自愿捐献　E. 尸体捐赠

2. 下面不属于器官移植应遵循的伦理原则是(　　)。

A. 病人健康第一　B. 有利原则　C. 知情同意
D. 公平、公正原则　E. 商业化原则

3. 多数急诊病人是综合病,多发伤、复合伤、病情复杂,病情涉及多学科,多专业,急诊科室间,专业间(　　)密切配合十分重要。

A. 团队协作　B. 果断审慎　C. 主动服务
D. 合理安排　E. 恪守慎独

4. 护士在没人监督自己行为时,也仍然做到洁身自好,严格按照操作规程为病人提供护理服务,这是遵循特殊护理中的(　　)道德要求。

A. 尊重病人,保守秘密
B. 不辞辛苦,任劳任怨
C. 正直无私,恪守慎独
D. 严肃认真,一丝不苟
E. 严肃认真,果断审慎

5. 精神科护理伦理规范不包括(　　)。

A. 尊重病人　B. 任劳任怨　C. 恪守慎独
D. 保护隐私　E. 保证安全

6. 急诊护理的伦理规范不包括(　　)。
A. 态度和蔼,正直无私　　B. 争分夺秒、全力以赴
C. 技术精湛,常备不懈　　D. 团结协作,密切配合
E. 深切同情,周到服务
7. 手术中的护理伦理规范不包括(　　)。
A. 保持肃静,安抚病人　　B. 操作熟练,敬业慎独
C. 团结协作,任劳任怨　　D. 理解家属,耐心解疑
E. 知情同意,手续完备
8. 器官移植相关标准中,涉及卫生资源分配的伦理问题的社会标准是(　　)。
A. 病人的文化程度　　B. 病人的经济状况　　C. 病人的人际关系
D. 病人的社会价值　　E. 病人的年龄
9. 基础护理的特点不包括(　　)。
A. 专业性　　B. 周期性　　C. 时序性
D. 科学性　　E. 连续性

A2 型题

10. 病人女性,51 岁,发热、头痛 1 天,医生要为她做腰穿检查,有恐惧感。从伦理要求考虑,临床应向病人做的主要工作是(　　)。
A. 要得要病人知情同意
B. 告知做腰穿的必要性
C. 告知做腰穿时的注意事项
D. 因诊断需要,先动员,后检查
E. 动员家属做病人思想工作

A3 型题(11～12 题共用题干)

病人王某,男,76 岁,离休干部。因与家人争吵过度激愤而突然昏迷迅速送至某医院急诊。经医生检查仅有不规则的微弱心跳,瞳孔对光反应、角膜反射均已迟钝或消失,血压 200/150mmHg,大小便失禁,面色通红,口角歪斜,诊断为脑出血(脑溢血)、中风昏迷。经三天两夜抢救,病人仍昏迷不醒,且自主呼吸困难,各种反射几乎消失。面对病人,是否继续抢救?医护人员和家属有不同看法和意见:医生 A 说:"只要病人有一口气就要尽职尽责,履行人道主义的义务,"医生 B 说:"病情这么重,又是高龄,抢救仅是对家属的安慰。"医生 C 说:"即使抢救过来,生活也不能自理,对家属和社会都是一个沉重的负担。"

但是,病人长女说:"老人苦了大半辈子,好不容易才有几年的好日子,若能抢救成功再过上几年好日子,做儿女的也是个安慰。"表示不惜一切代价地抢救,尽到孝心。儿子说:"有希望抢救过来固然很好,如果确实没有希望,也不必不惜一切代价地抢救。"并对医护人员抢救工作是否尽职尽责提出一些疑异。

11. 作为医务人员,面对这种状况,应作出的选择是(　　)。
A. 不顾一切抢救　　B. 放弃抢救　　C. 尊重家属的意愿
D. 为病人实施安乐死　　E. 以上做法都不对
12. 急危重症护理的伦理规范,不包括(　　)。
A. 严密观察,临危不乱　　B. 技术精湛,精益求精　　C. 体贴关怀,任劳任怨
D. 审慎慎独,团结协作　　E. 态度温和,工作认真

二、思考题

1. 简述基础护理和整体护理的伦理要求。
2. 简述急危重症病人护理的伦理要求。
3. 护士从事手术前护理工作应该遵循哪些伦理规范?
4. 人体器官移植应该遵循什么伦理原则?

第七章　社区卫生保健护理伦理

学习目标

1. 掌握　突发公共卫生事件应急护理的伦理要求；护士在处理突发公共卫生事件中的责任；社区护理的伦理要求。

2. 熟悉　突发公共卫生事件的概念；社区护理的概念。

3. 了解　突发公共卫生事件的分类、特点；社区护理的特点。

随着医学模式的转变及现代护理学科的发展，护士与社会之间的联系越来越紧密，护理工作正走出医院，面向全社会。同时，随着现代护理的重新定义及护理职责范围的扩大，护士不仅对病人负责，还必须向个人、家庭、社区和社会提供全方位的健康服务。探讨突发公共卫生事件的应急处理、社区护理伦理道德问题，有助于提升护理质量，增加病人满意度，更好地为全人类的健康服务。

第一节　突发公共卫生事件的应急护理的伦理道德

近年来，世界范围内出现了一系列重大的危机，如炭疽危机、SARS 暴发、禽流感、甲型 H1N1 流感流行及印度洋地震海啸等，这些突发公共卫生事件对社会的稳定和经济发展带来巨大影响。我国在 2003 年 SARS 暴发后，突发公共卫生事件受到前所未有的关注和重视。为了有效预防、及时控制和消除突发公共卫生事件的危害，保障公众的身体健康与生命安全，维护正常的社会秩序，2003 年 5 月，国务院颁发了《突发公共卫生事件应急条例》；2006 年 1 月，发布了《国家突发公共卫生事件总体应急预案》，标志着我国已初步建立起突发公共卫生事件应急管理机制。

一、突发公共卫生事件的概述

（一）突发公共卫生事件的概念

突发性公共卫生事件是指突然发生，造成或者可能造成社会公众健康严重损害的重大传染病疫情、群体性不明原因疾病、重大食物和职业中毒以及其他严重影响公众健康的事件。

该定义不仅仅指重大传染病疫情，群体性不明原因疾病、重大食物和职业中毒，其他严重影响公众健康的事件也属于突发性公共卫生事件的范畴。重大传染病的概念也不专指甲类传染病，乙类与丙类传染病暴发或多例死亡、罕见的或已消灭的传染病、临床及病原学特点与原有疾病特征明显异常的疾病、新出现传染病的疑似病例等均包含其中。

（二）突发公共卫生事件的分类

突发性公共卫生事件的分类方法有多种，从发生原因上来分，通常可分为：

1. 生物病原体所致疾病

主要指传染病（包括人畜共患传染病）、寄生虫病、地方病区域性流行、暴发流行或出现死亡；预防接种或预防服药后出现群体性异常反应；群体性医院感染等。传染病肆虐人类历史数千年,曾造成世界性巨大灾难,尽管科技进步发明了抗生素及疫苗等药物和生物制剂,使传染病有所控制,但是目前传染病的发病率仍占全世界每年总发病率的第一位,究其原因:①一些被控制的传染病如结核、疟疾等又死灰复燃,卷土重来;②一系列新传染病相继发现如艾滋病、埃博拉病等对人类构成严重威胁;③特别是第一、第二次世界大战期间和战后某些帝国主义国家,人为研制烈性传染病并用于军事战争,即生物战(或细菌战),给人类带来危害和恐慌。

2. 食物中毒事件

食物中毒是指人摄入了含有生物性、化学性有毒、有害物质后或把有毒有害物质当作食物摄入后所出现的非传染性的急性或亚急性疾病,属于食源性疾病的范畴。

3. 有毒、有害因素污染造成的群体中毒

这类公共卫生事件是污染所致,如水体污染、大气污染、放射污染等,波及范围极广。据统计,全世界每分钟有 28 人死于环境污染,每年有 1472 万人因此丧命。有毒、有害物质所致的污染危害较大,常常会对下一代造成危害,后果严重。

4. 自然灾害

自然灾害主要指地震、火山爆发、泥石流、台风、洪涝等的突然袭击,会在顷刻间造成大批生命财产的损失、生产停顿、物质短缺、灾民无家可归,几代人为之奋斗创造的和谐生存条件因灾害毁于一旦,几十年辛勤劳动成果付之东流,由此产生种种社会问题,并且还会带来诸多严重的公共卫生问题,而引发多种疾病,特别是传染性疾病的暴发流行。

5. 意外事故

煤矿瓦斯爆炸、飞机坠毁、空袭等重大生产安全事故让我们感到震惊,一些生活意外事故也在严重威胁着人们的安全。这类事件由于没有事前的准备和预兆,往往会造成巨大的经济损失和人员伤亡。

6. 不明原因引起的群体发病或死亡

这类事件由于系不明原因所致,通常危害较前几类严重。一方面,该类事件的原因不明,公众缺乏相应的防护和治疗知识,在控制上也有很大的难度。另一方面,日常缺乏针对该事件的特定的监测预警系统,使得该类事件一旦发生,常常造成严重的后果。

(三)突发公共卫生事件的特点

突发公共卫生事件应当具备以下几个特点:

1. 突发性

突发公共卫生事件是一种迫在眉睫的危险状态,事件在极短时间内突然暴发,其发生时间、事件规模、发展态势和影响程度常出乎意料。事件一旦发生,对居民生命安全和社会环境的破坏力大,波及范围广,如不及时采取应对措施,将会造成更大的危害和损失。虽然突发公共卫生事件突发且不易预测,但其发生与转归也具有一定的规律性。因此,在公共卫生工作中,各类监视、探测、分析极为重要,它可在事件暴发之前或发生初期给予及时预警,以阻止或减少危害。

2. 社会性

突发公共卫生事件所危及的对象,不是特定的个体,而是不特定的社会群体,因而具有社会群体性的特征。事件发生时在事件影响范围内的所有人都有可能受到伤害。

3. 多变与多元性

突发公共卫生事件无论是事件本身或是其所造成的伤害,在不同的情景中的表现形式各有不同,因事件的独特性而无规章可依据。即便同样的突发事件因发生的时间、地点、原因及变化的趋势的不同,其表现形式和结果也千变万化。另外,突发事件还可能衍生次生事件、二次事件。如地震、泥石流等自然灾害,往往会次生流行病的暴发流行。这也就决定了突发公共卫生事件具有多变与多元性的特点。

4. 严重性

突发公共卫生事件的危害不仅关系到公众健康和生命安全,导致疾病、损伤、死亡或残疾,且易引发社会恐慌,破坏正常生产、生活秩序,造成生态环境不同程度的破坏,甚至会阻碍社会经济的发展。如据世界卫生组织(WHO)最近发布的声明,始于 2014 年 2 月的埃博拉病毒暴发(EBOV)已造成 1048 人感染,1013 人丧生。这场疫情不仅死亡人数多,其暴发所造成的巨大经济损失也同样令人忧心,据世界银行估计,损失有可能达到 3 万亿美元,相当于全球 GDP 的 5%。

(四) 突发公共卫生事件应急护理的特点

突发公共卫生事件具有社会性、突发性、危害重和多变的特点,这决定了其应急护理有别于临床护理,具有如下特点:

1. 社会性广,群体性宽

突发公共卫生事件危及的对象是群体和社会,且事件影响面广,对人们的日常生活、工作秩序和社会稳定带来深远的负面影响,往往造成人们心理恐慌。如 2003 年暴发的非典型性肺炎,波及全球多个国家,据世界卫生组织的统计数字,截至 2003 年 8 月 7 日全球累计非典病例共 8422 例,涉及 32 个国家和地区,全球因非典死亡人数 919 人,病死率近 11%,给人们的生命和财产造成巨大损失。

2. 风险大

无论是自然灾害、安全事故、社会安全问题还是群体性不明原因疾病,护士都要第一时间奔赴现场,直接接触伤病者,给予及时、有效的救治。而现场环境恶劣、险情尚未排除,这都决定了工作的高风险性。如 2003 年暴发的 SARS,当时医护人员中感染 SARS 人数达到 1000 名左右,医护人员的感染人数约占 SARS 病人总数的 20%。据统计,SARS 死亡人数中 1/3 是战斗在第一线的医护人员。

3. 时间紧,责任重

因突发公共卫生事件具有突发性和多变、多元性的特点,导致事件发生后短时间内,出现大批量病情复杂、多样的伤病者,导致应急护理工作任务艰巨、责任重大。到达现场后,护士要协助医生抢救危重病人,密切观察伤病情的变化,做好各项基础和专科护理,并进一步核实现场情况,启动快速检测通道,紧急处理急危重症病人,控制险情进一步扩大,做到早发现、早报告、早隔离、早治疗,切断传播途径,防止扩散事件发生后,并根据情况及时上报。

4. 协作性强

突发公共卫生事件导致伤病者伤情复杂、多样,护士在对伤病者进行救治、护理的过程中需要与各类救护人员团结协作,以确保救治环节的连贯、顺畅。否则,将会对病人的生命安危和病情的转归带来不利的影响。

(五) 突发公共卫生事件中护士的责任

在突发公共卫生事件中,护士要承担起治病救人和保护公众健康的责任。具体责任包括以下几点：

1. 服从指挥

护士应当服从突发事件应急处理指挥部的统一指挥，互相配合，进行现场救治。

2. 现场救援

护士应遵守首诊责任制。第一时间对灾害或事故现场的伤病者提供医疗救护和现场救援，并书写详细、完整的病历记录；对需要转送的伤病者及时分流转运，并按照规定将病人及其病历记录的复印件转送至接诊的医疗机构。

3. 防止交叉感染

护士应采取卫生防护措施，防止交叉感染和污染，并配合医疗卫生机构对传染病病人密切接触者采取医学观察，必要时采取隔离措施。

4. 团结协作

传染病暴发流行时，护士应当组织力量，团结协作，群防群治，协助做好疫情信息的收集和报告、人员的分散隔离、公共卫生措施的落实工作等。

二、突发公共卫生事件应急护理的伦理要求

（一）爱岗敬业，勇于献身

突发卫生事件应急护理工作是在残酷、危险和艰苦的环境里进行的，有时甚至生命安全都受到威胁。这就要求护理人员应有高度的责任心和自我牺牲精神，始终把伤病员和广大人民群众的生命安危和伤痛折磨放在首位，勇于克服一切困难，敢于承担风险，充分利用自己的专业知识和技术，积极投身于突发公共卫生事件的急救工作中。任何背离护理人员崇高职业道德，贪生怕死，遗弃伤病员或人为延误救治行为都是不道德的。

（二）严谨认真，尊重科学

在突发公共卫生事件应急护理中，各级护理人员应具有高度的责任心和科学的态度，在整个救治和护理过程中，在任何环节，都不能有任何的松懈、怠慢、相互推诿、敷衍塞责的不道德行为和不负责任的现象发生。要本着对病人负责、对公众健康负责、对社会负责的态度，以科学严谨的态度处理好突发公共卫生事件。

在突发公共卫生事件的应急护理中，护士应秉持科学态度，充分发挥科学技术的作用，不遗余力地加强对检测手段、防治药物、防护设备以及疫苗、病原体的研究；同时要坚持实事求是，以科学的态度对待疫情、确定病源、采取预防措施，制定各种突发公共卫生事件的应急预案，建立健全突发公共卫生事件的预警系统，加强疾病预防控制和卫生监督监测机构的建设，提高检测和科学预测能力，强化公共卫生突发事件的预测预报能力。

（三）贯彻法规，服务社会

在突发公共卫生事件的紧急状态下，政府应利用法律手段来调整各种社会关系，稳定国家和社会秩序，保护公共利益和人民群众的生命安全，尽快恢复生活、生产和法律秩序。护士应认识到在突发公共卫生事件的紧急状态下，遵守、贯彻法治原则的重要性，应贯彻个人服从集体、集体服从社会的原则，遵守和支持政府执行《突发公共卫生事件应急条例》等紧急状态法律法规，将突发公共卫生事件造成的损害降到最低限度。

(四)密切配合,团结互助

突发公共卫生事件的处理是一项复杂的社会工程,需要多部门、多专业的相互支持、协作和共同处理。在处理公共卫生事件时,要大力弘扬万众一心、众志成城,团结互助、迎难而上、敢于胜利的民族精神。在汶川地震救援过程中,各级党政领导给予高度重视;广大医务工作者积极奔赴灾难现场,救死扶伤,无私奉献;社会各界以各种方式支援;全国各地相互支持,协同作战,一方有难,八方支援。

第二节 社区护理服务的伦理道德

一、社区卫生服务的概述

(一)社区护理的概念

社区护理是社区卫生服务工作中必不可少的一部分。美国公共卫生组织对社区护理的定义为:“社区护理是护理工作的一部分,它是护士应用护理及相关知识和技巧,解决社区、家庭及个人的健康问题或满足他们的健康需要”。根据我国社区卫生服务发展的特点,社区护理被定义为:综合应用护理学和公共卫生学的理论与技术,以社区为基础、以人群为对象、以服务为中心,将医疗、预防、保健、康复、健康教育、计划生育等融于护理学中,并以促进和维护人群健康为最终目的,提供连续性的、动态性的和综合的护理专业服务。

(二)社区护理的特点

1. 服务对象的群体性

社区护理服务对象是社区内的个人、家庭、团体与人群。社区护士的工作是针对整个社区人群实施连续、动态的健康服务。

2. 服务内容的广泛性

社区护理是为社区人群提供系统化整体护理和全方位、综合性的卫生保健服务。社区护理不仅注重病人疾病的治疗,更注重疾病的预防保健。它以疾病防治、妇幼保健、老年保健、青少年保健、心理卫生、计划生育、卫生法规教育等为主要内容,其服务群体涉及各个年龄段,各类人群,各种疾病,以上都体现了社区护理服务广泛性的特点。

3. 服务过程的连续性

社区护理要为社区内的每个人建立健康档案,提供从出生到死亡全过程的连续不断的护理服务。如社区护理给孕妇提供免费、定期的孕检及健康教育;孕妇在分娩后,社区护士要进行家庭访视指导正确育儿;在学龄前期、学龄期、青少年期、青春期、中年期,社区护士分别给予相应的生理、心理健康指导,指导其培养健康科学的生活方式;为老年人提供全方位的护理服务等。社区护理服务是连续的,贯穿人的一生。

4. 工作方式的自主性

社区护理的工作范围广,涉及内容多,对护士主动、独立处理问题的能力要求较高。一方面,社区护士要主动入户进行访视,收集服务对象的健康资料,找出服务对象的健康问题,予以解决;另一方面要主动协调多方关系,如与社区居民的关系、与政府部门的关系等,以便更好地做好预防、报价、康复等多层面的工作。

二、社区卫生服务的伦理要求

案例 7-1

程英是海淀区蓟门里社区卫生服务中心预防保健科的一名护士。她所在的社区卫生服务中心在麻疹疫苗强化免疫服务中，要为1300多名散居儿童和14所学校、托幼院所的孩子们在10天内完成接种任务。

第一站：沙河汽车站

清晨，还没到6点，程英就起床了。因为这次接种任务，程英周末必须在工作岗位上度过。7点20分，当程英赶到社区卫生服务中心。

记者看到，门口已经有心急的家长在排队等待接种了。

第二站：社区卫生服务中心

到了办公室，程英和同事们马不停蹄地忙开了。先是开窗通风，然后取疫苗、取冰排……不到8点，第一针已经打下去了。一上午的接种工作就这样开始了。“这两天打针感觉好轻松。”在打针的间隙去洗手间的路上，程英告诉记者，为了能通知到辖区内1300多名散居儿童前来接种，前些天他们保健科所有的医护人员都要给孩子的家长打电话。“一天至少打100多个电话，打到最后都觉得‘晕机’——晕电话机！”程英笑着说。

第三站：蓟门里幼儿园

吃过午餐，程英和同事们就开始准备下午的上门接种。一个小时后，120多名孩子的注射任务顺利完成。带队的社区卫生中心副主任刘雷帮记者算了算：两名护士平均每人一分钟打一针。

接种任务完成后，程英和李医生还在园内观察区观察了30分钟，“要看看孩子们是否出现不良反应。”

第四站：社区卫生服务中心

下午3点30分，程英赶回社区中心，工作仍在继续：登记人数、核对数量、打扫卫生、消毒……

下午5点，当程英结束一天的工作准备回家时，她有些伤感地对记者说，女儿的学校要求下午5点必须返校。即使路上不堵车，自己到家也要6点多了。“想给女儿做顿饭，至少要等两周以后了……”

当今社会，人们的健康观发生了重大变化，对健康需求不断提高，为满足人们对健康的需求，社区护士需要具备高度的责任感和无私奉献的精神才能承担起社区护理工作。

通过这个案例，你认为作为一名社区护士应具备哪些护理伦理、道德品质？

（一）社区护理的伦理问题

社区卫生服务可以使社区居民享受到便捷、有效、廉价的综合卫生服务。社区护理是促进和推进社区卫生服务的基本要素之一，也涉及服务、利益、人际等多种关系的调整，而且社区护士专业素质及专业认同感有待进一步提高,他们对社区护理的特殊性及特点不了解,对社区护理专业价值和专业信念的认识还存在一定的差距,因而缺乏责任心、自觉性和紧迫感,由此产生诸多的伦理道德问题。目前,社区护理伦理问题主要包括:

1. 工作的独立性与审慎品德之间的矛盾

社区护理的工作具有自主性的特点,它决定了社区护士的工作多要靠其独立自觉来完成。如通过各种方法来了解社区的特性,收集社区人群的互动、生活形态及物理环境等资料;对社区居民的访谈、家庭访视,对社区居民的健康状况进行评估,找出其存在的健康问题,制定健康护理方案;加强健康教育,预防疾病的发生等。而这些独立性很强的工作,全部是在非监督的情况下进行的。因此,这些工作的完成与否,完成质量如何,很少有人去监督,导致部分护士出现懒散的心态,势必对社区护理的质量产生影响,对社区居民健康带来危害。由此可见,"慎独"成为社区护士必须具备的工作作风与品德。每名社区护士都应当在思想上重视起来,坚持"慎独"精神,做好本职工作。面对千差万别的服务对象,做到一视同仁,在繁琐、具体、紧张的工作中保持冷静和耐心。

2. 社区护理工作中保护服务对象的隐私问题

在进行社区居民健康档案的建立和管理及其他社区护理的过程中,社区护士会接触到居民家庭和个人的健康资料,如患病史、家族史、身体缺陷、精神障碍、生育情况、家庭纠纷、不良生活习惯等,这些属于居民的隐私,社区护士应恪守职业道德,对这些信息进行保密,不能泄露。此外,社区护士要妥善保管个体及家庭的健康档案,不得随意任人阅读,更不能未经本人同意,随意公开。

3. 社区护士道德责任感缺失

社区护理的服务对象包括健康和非健康人群,其中健康人群是社区护理工作的重要组成部分,而健康人群往往对社区护理工作缺乏迫切感和渴求心理,也易被社区护理工作者忽略;加之,社区护理人员学历层次偏低,年龄结构偏大,责任心事业心不强;此外,社区护理工作具有滞后性,往往缺乏有效的监督机制,上述原因易造成社区护理人员道德责任感缺失。

(二)社区护理的伦理要求

1. 更新观念,提高素质

社区卫生护理服务体现了生物-心理-社会医学模式和整体护理理念。社区护士要做好工作,必须转变观念,树立预防为主、防治结合的思想和大卫生观,扭转以疾病护理为中心的思想,树立以健康为中心的护理理念。同时,社区卫生护理服务涉及面宽,服务内容多,需要独立面对和处理问题的机会也多,有时甚至需要护士超越护士角色承担更多的责任,这就要求护士全面提升自身的素质,满足社区护理工作的需要。

2. 礼貌待人,文明服务

社区护理工作是以社区人群的健康需求为导向,以维护和促进人的健康,提高生命质量与生活质量为目标的服务。社区护士应树立以人为本的服务意识、关心服务对象,一视同仁。在工作中,社区护士应礼貌待人、给服务对象提供文明服务,以利于建立良好的人际关系,增加服务对象对护士的信任度,促进社区和谐。

3. 尊重权利，钻研业务

社区居民在生活习惯、文化水平、道德修养方面各有不同，社区护士应尊重每位护理对象的人格，维护其正当权利，如提供服务时要告知护理对象相关信息，说明医疗护理的目的和利弊，尊重他们的自主权。社区护理内容的综合性要求护士要掌握多学科知识，如预防医学、临床医学、环境医学、心理学、伦理学和社会学等多方面知识。这就要求社区护士要与时俱进，不断提高自己的业务水平，以满足社区人群日益提高的护理需要。

4. 任劳任怨，乐于奉献

社区护理工作涉及面宽、比较琐碎，且工作效益滞后，较难得到社会的支持与人们的理解。这就要求护士具有任劳任怨、真诚奉献的精神，认真负责地做好每一项社区护理工作。

5. 自律慎独，优质服务

在社区护理工作中，护士经常需要单独入户进行家庭访视、收集健康资料和家庭护理等，这要求护士自我约束，做到"自律慎独"。同时能在具体、烦琐、紧张的工作中保持清醒的头脑，在每项护理工作中遵守严格具体的操作规范，为社区居民提供优质高效的卫生服务。

本章小结

伴随现代护理的学科的发展，护理职责范围的扩大，护理人员不仅对病人、疾病负责，且必须向个人、家庭、社区和社会提供全方位的健康服务。护生也将走入各类护理岗位。因此，护生只有掌握各类护理岗位所需的专业技能及知识，养成各岗位所特需的职业伦理道德，才能真正提升护理质量，增加满意度，更好地为全人类的健康服务。

（杨　娟）

练习题

一、选择题

A1 型题

1. 在突发公共卫生事件中护士所承担的责任描述错误的(　　)。

A. 护士应服从指挥

B. 立即对伤病者进行现场救护

C. 及时、详细、完整的记录病历

D. 诊疗中戴手套操作

E. 若发现肺结核病人及时上报

2. 下列做法错误的是(　　)。

A. 护士把一名从地震中救出的伤者送往医院后，把病历带回交给上级领导

B. 护士发现一名患埃博拉的病人，立即将其隔离

C. 在地震灾难现场，发现一名骨折病人，护士立即给予骨折固定

D. 护士应将从灾难现场救出的伤病者连同其病历一起转交给接收医院

E. 护士将从灾难现场救出的伤病者转送到医院后，向接诊护士交代病情

3. 社区护理的特点不包括(　　)。

A. 以健康为中心

B. 以人群为主体

C. 有较高的自主权和独立性

D. 与多部门合作提供综合服务

E. 个体以疾病为中心的治疗

A2 型题

4. 一名社区护士在进行健康资料收集中，发现该家庭是3口之家，爸爸、妈妈和5岁的儿子。经体检，发现爸爸患有艾滋病，5岁的儿子是艾滋病携带者。工作闲暇，护士与同事议论此事，恰巧被该家庭的邻居听见，导致孩子被幼儿园退学。请问该护士违反了(　　)原则。

A. 保护服务对象的隐私　　B. 礼貌待人、文明服务

C. 尊重权利，钻研业务　　D. 任劳任怨、乐于奉献

E. 自律慎独，优质服务

A3 型题(5~6 题共用题干)

2003年1月，广东省河源市、中山市发生两起家庭聚集性不明原因肺炎的病例。很多不具备收治条件的医院开始收治非典病人，由于防护不到位，交叉感染严重。

5. 因中山市疫区医护人员短缺，某医院抽调护士前去支援，但该护士拒绝，她违背了(　　)。

A. 恪守职责

B. 弘扬民族精神

C. 爱岗敬业

D. 敬业奉献，勇于献身

E. 遵守、贯彻法治原则

6. 前去疫区支援的护士，在火车站检测行人体温过程中，发现来自北京的李某体温高于39℃者，要求其隔离观察。该护士下列做法不当的是(　　)。

A. 在隔离中李某想念家人，要求探视。护士告知其只能窗外探看，不能入室探望

B. 李某因害怕隔离会被传染，拒绝隔离。护士直接强行将其隔离

C. 护士在李某隔离期间，不断地安慰李某，减少其焦虑

D. 护士与李某沟通解释，隔离的重要性，争取其配合

E. 经检查确认李某为非典病人，护士立即向上级部门报告

二、思考题

李先生在被狗咬后，到当地疾控中心购买5支狂犬疫苗和5支蒸馏水，之后到该疾控中心指定的某社区医院门诊注射。门诊的杨护士给李先生注射后，李先生将剩余的要带回家。第三天，李先生再次到社区医院准备注射第2支疫苗时发现，药盒里有5支疫苗，3支蒸馏水。原来在第1次注射时唐护士误将蒸馏水当疫苗使用了。你认为该社区护士在为病人服务时违背了什么伦理规范？该如何理解这些伦理规范？此案例对你有何启发。

第八章　生殖限制技术护理伦理

学习目标

1. 掌握　生殖限制技术的伦理原则；人类辅助生殖技术的护理伦理规范、伦理原则。

2. 熟悉　生殖限制技术、人类辅助生殖技术的概念及伦理问题；我国计划生育政策及其伦理规范。

3. 了解　生殖限制技术、人类辅助生殖技术的形式及社会价值。

生育是人类生活的重要组成部分，也是人类古老的文化现象。随着医学技术的进步，人类对自身生产和繁衍的控制能力越来越强。特别是现代生殖技术的开展，人类已经可以有能力有意识的控制自身繁衍的手段和途径。计划生育是我国的基本国策，也是关系到家庭幸福、国家富强的伟大事业，而计划生育必须依托生殖限制技术、优生技术和现代生殖技术。因此，正确评价生殖限制技术、现代生殖技术的社会伦理价值，明确相应的护理伦理规范，对于指导护士的工作，有重要意义。

第一节　生殖限制技术的护理伦理

生殖限制技术是控制人口数量和提高人口素质的有效途径，是落实计划生育基本国策的有效手段。它通过科学方法控制生育，有计划的生育子女，保护妇女的生育健康，为家庭创造了幸福。所以，了解生殖限制技术的相关知识，掌握生殖限制技术的护理伦理规范，对护士做好护理工作有重要意义。

一、生殖限制技术的概述

（一）生殖限制技术的概念

生殖限制技术是用生物、医学、社会和法律的有效手段，通过避免或终止妊娠等方法，干预人类的生殖过程。生育限制技术是生殖优生领域的一个特定概念，是对人的生育权利的限制。生殖限制技术的形式主要有避孕技术、人工流产技术、绝育技术三个方面。

（二）生殖限制技术的社会价值

1. 有利于改善生态环境，减轻社会负担

我国是世界第一人口大国，我国的人口占世界人口的22%，耕地面积仅占世界耕地面积的7%，人口总量的不断增长，使人口密度过大，人均资源不足，导致人们的生存环境不断恶化。实施生殖限制技术服务，对于合理开发、利用自然资源，维护生态平衡，改善生态环境有着重要的意义。所以，直到今天计划生育仍是我国的一项基本国策，实施计划生育是实现中华民族长治久安、为子孙后代造福的一项重要措施和保证。

2. 有利于改善人们生活水平，提高综合国力

实施生殖限制技术，控制人口的增长，有利于减轻人们的生活负担，改善人们的生存环境。正是由于我国有效地控制了人口的增长，缓解了人口对社会、资源、环境的压力，促使我国经济的迅速发展,综合国力也得到了提高。

(三) 生殖限制技术的伦理原则

1. 有利原则

生育控制的实施必须有利于当事人的身心健康,有利于促进家庭和谐和生活水平的提高,有利于社会的发展。护士应当遵守国家的相关政策,不得参与违反国家政策的或损害服务对象利益的各项活动。

2. 尊重原则

护士应尊重当事人的生殖自主权,帮助个人树立正确的生育观,使服务对象自愿接受控制生育的技术方法。对于婚外性行为而寻求帮助的当事人,护士不应歧视对待,做到对服务对象的一视同仁,热情服务。

3. 知情同意原则

对于接受生育控制的当事人,护士有义务告知服务对象生育控制措施的方法、风险等信息,并与服务对象签署知情同意书,方可实施相关的生殖限制技术服务。

4. 保密原则

生殖控制涉及个人的隐私,护士在提供技术服务过程中,要特别注意保护服务对象的隐私,不对无关人员提及,减少服务对象的后顾之忧。

二、生殖限制技术的形式及伦理问题

(一) 避孕及其伦理问题

避孕是以控制人口数量、提高人口质量或满足其他医学、非医学的理由为目的,用一定的技术和方法,防止怀孕的一系列措施的总称。它作为生育控制的主要手段之一发挥着不可替代的作用,同时也引发了长期的、广泛的伦理争论。

1. 宗教原因

宗教人士认为避孕使生育与性行为分离,如基督教、犹太教等宗教认为“婚姻与生育密不可分”,避孕切断了性与生育之间的神圣联系,因此是不道德的。

2. 社会原因

(1) 有学者认为,日臻完善的避孕技术会淡化婚姻与家庭、生育与性行为的相关性,有可能造成性关系和性行为的混乱。

(2) 反对避孕者认为,避孕还可能使人们放弃生育的义务而影响人类的繁衍生息。

(3) 一些科技人士对避孕技术手段的舒适性、可靠性存在质疑,担心避孕可能带来负面作用。而且一旦避孕技术被不正当使用,它可能成为强制剥夺某些人生育权利的手段。

(二) 人工流产及其伦理问题

流产是指妊娠不足 28 周前而终止者。流产发生于妊娠 12 周前者称早期流产,发生在妊娠 12 周至不足 28 周者称晚期流产。流产分为自然流产和人工流产,自然流产是自发的,因此不存在伦理争论。人工流产是指由孕妇或他人(通常是医生或助产士)有意施行堕胎,人为地结束妊娠。它包括治疗性人工流产和非治疗性人工流产两种类型。

治疗性人工流产是指由于孕妇患有某种疾病,继续妊娠可能危及孕妇的生命及健康而采取终止妊娠的方法，一般不会引起伦理争议。

非治疗性人工流产原因多种多样，有关人工流产的伦理争议也几乎都是围绕非治疗性人工流产。而非治疗性人工流产的伦理争议焦点是胚胎或胎儿是否是人的问题，在争论中逐渐形成了泾渭分明的两种观点：一种是以罗马天主教会为代表的“保守派”认为生命始于受孕，主张人的生命从受精卵形成就已经开始，胎儿就是人，应具有与已经出生的人一样的权利，人工流产是不道德的；另一种以自由派为代表的观点则认为胎儿还不是人，只不过是母腹中的一块组织，不具备独立于母体的权利，因此人工流产在伦理学上是可以接受的。

人工流产问题是涉及哲学、伦理学，甚至社会学和法学的问题，很难简单回答和轻率处理。因此，评价人工流产的伦理学价值应考虑其特定的职能和背景。

（三）绝育及其伦理问题

绝育一般是指采用手术方法，对女性输卵管或男性输精管进行切断、结扎、环夹、电凝，阻断精子和卵子相遇，以期达到永久避孕的目的。绝育在历史上曾经作为一种严厉的刑罚在诸多国家、民族和地区长期存在，给人们留下残忍、野蛮、极不人道的印象。随着现代生育控制观念的普及，计划生育理念的深入人心，相当一部分人自愿选择了绝育。

与避孕和人工流产相比，对绝育的伦理争议应该更为激烈，因为其对人们生殖权利的干涉更为深刻和彻底。但事实正好相反，对绝育的伦理争论远低于对避孕、人工流产的争论。当今世界，人们对自愿的、充分知情同意的绝育持肯定、支持的态度，将其视为一种对当事人、家庭、社会有益无害的独立选择。绝育面临的伦理困境只是在于对某些严重遗传性疾病病人（尤其是智力极其低下者）的非自愿性绝育是否符合伦理原则的问题。严重的遗传病通过生育遗传给子孙后代，一方面给父母、家庭造成沉重负担，另一方面不利于人口质量的提高。依据伦理学有利原则，通过社会干预并实施绝育，符合他们的利益。但实施时应注意两个问题：①科学确定严重遗传病的范围，对患有该病的病人一旦生育则可能带来的后果十分肯定；②对确实患有严重遗传病的病人，应对其生育行为予以劝阻，在劝阻无效时，不得强制实施绝育。

三、我国计划生育政策及伦理规范

（一）我国计划生育政策

计划生育是指对人口再生产过程进行有计划的调节和控制，做到有计划的生育子女。我国宪法明确规定“国家推行计划生育政策，夫妻双方有实行计划生育的任务”。我国计划生育政策倡导晚婚晚育、少生优生，在全国范围内控制人口数量，提高人口素质，实现人口的合理增长。我国的计划生育政策使人口的增长同经济和社会发展相适应，同资源利用、生态平衡和保护相协调。

（二）我国计划生育政策的伦理依据

1. 计划生育是人类进步的需要

人口与发展问题是全人类面临的共同挑战，是全球性的战略问题。随着人口的迅速膨胀，自然资源紧缺、耕地面积减少、生态环境恶化等难题逐步凸显，人类的生存面临着前所未有的危机。控制人口增长已经是全人类必须面对的重要问题。我国作为世界上第一人口大国，积极推行计划生育政策，经过不懈努力，人口快增长的势头已得到有效控制，使我国提前进入小康社会。马克思曾指出“社会条件只能适应一定数量的人口”，人类自身的生产必须与当时物质生产资料和社会经济发展相适应，因此我国实施计划生育政策符合全人类的利益。

2. 计划生育是社会发展的需要

人口多，耕地少，人均资源不足，经济文化相对落后，是我国的基本国情。人口增长过快与社会经济的发展之间、资源利用与环境的保护之间存在明显的矛盾，严重制约了我国经济和社会的发展，也造成就业、社会保障等诸多社会问题，影响人民生活水平和民族素质的提高。实施计划生育政策可以有效控制人口数量，提高人口质量，使人口数量和质量和谐发展，也可以缓解人与自然的矛盾，减轻就业压力、住房紧张、医疗费的短缺等社会难题，对我国社会的发展有积极的推动作用。

3. 计划生育是家庭幸福的需要

计划生育是一场移风易俗的社会变革，是关系到国家富强、民族繁荣、家庭幸福的根本大计。计划生育几乎涉及我国所有的家庭，与每个家庭利益息息相关。计划生育政策的实施促使我国公民的生育更加安全、科学，有利于减轻家庭经济负担，提高家庭生活水平，促进家庭幸福。

案例 8-1

原告：陈某，女，40 岁。

被告：汤某，男，42 岁。

陈某和汤某经人介绍相识，后登记结婚。婚后因多年不育，经医院检查，汤某无生育能力。2001 年初，经人介绍，二人找到某厂医务室一退休医师，实施人工授精手术三次。不久，陈某怀孕，于 2003 年 1 月生育一子。之后，双方常为生活琐事发生争吵，加上分居两地，致使夫妻关系紧张。陈某于 2012 年 3 月向杭州市某人民法院起诉。诉称：双方婚后感情不和，经常争吵，致使夫妻感情彻底破裂。要求与被告离婚；孩子由我抚养，被告承担孩子抚养费；在各自住处的财产归各自所有。汤某称：同意与原告离婚。孩子由我扶养教育，抚养费全部由我承担。若原告坚持要抚养孩子，则孩子的抚养费全部由原告承担，因孩子并非我所亲生，与我无血缘关系。原告做人工授精手术时，我虽在场，但并非同意，故我不应承担抚养费。财产分割同意原告意见。

请问男方汤某是否应该付给女方陈某抚养费？从伦理角度分析，谈谈你对该案件的观点。

第二节 人类辅助生殖技术的护理伦理

一、人类辅助生殖技术的概述

（一）人类辅助生殖技术的概念

人类辅助生殖技术是指运用现代医学技术和方法代替人类自然生殖过程的某一步或全部步骤，对配子、合子或胚胎进行人工操作，以达到受孕生育目的的技术。目前，人类辅助生殖技术包括:人工授精、体外受精和无性生殖。

(二) 人类辅助生殖技术的主要形式及伦理意义

1. 人工授精的概念及伦理意义

(1) 概念:人工授精技术是指用人工方式将精子注入排卵期女性的子宫颈管或子官腔内,以取代性交途径使其受孕生育的一种医学方法。这一技术主要是用来解决男性不育问题。人工授精根据精子的来源不同,可分为两种:一种是使用丈夫的精液授精,称为同源人工授精。主要适用于因生理或心理原因不能通过性交受精的男性,也适用于因宫颈免疫因素难以受精的女性;另一种是使用第三者精液人工授精,称为异源人工授精。适用于男性无精症或不适宜生育的男性遗传病病人等。

(2) 伦理意义:

1) 为男性不育症病人解决生育困难:据世界卫生组织统计报告,全世界育龄夫妇中有5%~15%是不育症病人,其中男性不育病人占1/3~1/2,而且有逐年增高的趋势。人工授精可以为那些无自然授精能力或精液异常,却又急切期盼孩子的夫妇带来了希望。

2) 为人类优生开辟新的科学途径:人工授精可以帮助那些患有遗传疾病(或遗传病基因携带者)的夫妇,尤其是丈夫患有严重遗传病的家庭培育出健康的后代。医学研究已经证明,如果夫妇都是隐性遗传病同一致病基因的携带者(杂合子),他们生育的孩子发生遗传病(纯合子)的概率为1/4;如果丈夫是某种显性遗传病的病人,他们生育病儿的概率则为1/2。而异源人工授精技术可以有意识选择优秀人类个体的精子进行人工授精,从而获得健康、理想的后代。

3) 为计划生育提供生殖保险:人工授精技术可以为男性绝育者提供生育保险,现代冷冻技术可以将男子一定量的精液安全地保存起来,万一遇有不测时便可取用冷冻的精子。这样,在推行男性绝育措施中,可以解除男性的后顾之忧,使计划生育政策有科学的保障。

2. 体外受精的概念及伦理意义

(1) 概念:是指从女性体内取出卵子,在器皿内培养后,与经技术处理过的精子在体外结合,继续培养至形成前胚胎时,再植入子宫内着床、发育成胎儿直至分娩的技术。

通过该技术诞生的婴儿俗称“试管婴儿”。该技术主要用于解决妇女因输卵管缺乏、阻塞、损伤等导致的不孕不育,也可用来解决男子精子缺少问题,还可使用供体卵解决妇女无卵或排卵功能障碍等问题。此外,体外受精与代孕结合,还可帮助子宫患有疾病或已切除不能妊娠而又想要子女的妇女解决生育问题。自世界上第一例试管婴儿布朗·路易丝1978年7月25日在英国诞生以来,体外受精技术在世界各国迅速发展。我国对体外受精的研究也已达到世界先进水平。1985年中国第一例试管婴儿诞生于台湾,1988年3月10日大陆首例试管婴儿在北京第三医院妇产科诞生。

(2) 伦理意义:

1) 为不孕症妇女带来了福音:体外受精把授精的过程转移到体外的试管中进行,切断了授精与输卵管的必然联系,彻底摆脱了输卵管对授精的控制。这使输卵管缺乏或损坏等生育无望的不育症妇女有了生育孩子的可能。

2) 为患有遗传病的妇女带来健康后代:对于患有严重遗传病又不愿领养别人孩子的妇女,可以采用体外受精,将丈夫的精子与供者的卵子在试管里结合后,再植入妻子的子宫内受孕,从而获得健康的血缘后代。

3）为男性少精症患者带来希望：社会中有大量男性患有少精症，他们往往很难自然受精，而体外受精时只需5千至1万个精子。因此，可以通过体外受精使精子与妻子的卵子结合，以帮助解决他们的生育困难。

3. 无性生殖及其伦理意义

无性生殖又称克隆繁殖，原是英文clone的音译，意为生物体通过无性繁殖形成的基因型完全相同的后代个体组成的种群。长期以来，人们认为高等动物的生殖必须采用有性生殖的方法，直到1996年英国科学家伊恩·维尔穆特博士用一个成年羊的体细胞成功的克隆出了一只小羊"多莉"，"多莉"的诞生向人们证实高等动物也能以无性生殖的方式产生后代，克隆技术被誉为20世纪最重大也最具争议的科学技术突破。这一突破带来的好处是显而易见的，利用这一技术可以复制优良家畜个体、挽救濒临灭绝的动物群体等，但也引发尖锐的伦理问题。多利的诞生意味着距"克隆人"的成功仅一步之遥，但其可能带来严重的后果。因此，第59届联合国大会批准了《联合国关于人的克隆宣言》，要求各国考虑禁止任何形式的克隆人。我国也明确表示"坚决反对克隆人"，国家卫计委也表明"医务人员不得实施生殖性克隆"。

二、人类辅助生殖技术的伦理问题

人类辅助生殖技术的开展，是人类自然生殖方式的突破，体现了科学技术的进步，给许多不孕不育家庭带来了生育的希望，使他们也有希望享受天伦之乐。但是人类辅助生殖技术突破了传统的生殖方式，改变了人类的生育行为和生育观念，给家庭、社会带来了巨大的冲击，引发了一系列的伦理问题。

（一）辅助生殖技术对传统婚姻关系的冲击

反对者认为人工授精把爱情的地位挤出生殖之外，势必会抑制夫妻感情的发展，切断生儿育女与婚姻的纽带，把生儿育女变成配种，把家庭的神圣殿堂变成生物学实验室，从而破坏了婚姻关系。那么应该如何看待这一问题？多数学者认为，人工授精对传统婚姻关系的冲击是客观的，因此要妥善处理。如果人工授精是在夫妇知情同意条件下进行的，而且供体与受体、供体与医生、供体与后代之间均采取互盲和保密等措施，人工授精则会促进婚姻关系更加密切，对社会也有益无损。因此，问题的关键是要在实践中采取切实有效的程序和措施，防止出现可能危及家庭和社会的事情。

（二）辅助生殖技术对传统血缘关系的冲击

随着异源人工授精与试管婴儿技术和胚胎移植技术的结合，使父母和子女间生物关系复杂化。如异源人工授精所生的孩子就有两个父亲：一个是供体，即提供一半遗传物质的父亲，亦称生物父亲；一个是养育父亲，亦称社会父亲。由此，异源人工授精在客观上造成了家庭血缘关系的复杂化。同时也自然提出了这样的问题，谁是真正的父亲？而试管婴儿技术所采用的精子和卵子以及植入子宫的多种可能性，决定了试管婴儿的父母身份更加复杂化。在辅助生殖技术的应用中，存在提供精子、卵子的被称为"遗传父亲""遗传母亲"，也有实际抚养教育孩子的"养育父亲""养育母亲"。前者可称为"生物父母"，后者可称为"社会父母"。然而，在法律意义上，通过合法辅助生殖技术出生的子女，其法律父母应为符合法律规定的、实际履行抚养教育义务的养育父亲和养育母亲。对于辅助生殖技术生育的子女，依据《民法典》，他们在法律上享有与婚生子女同等的法律地位。供精者对出生后的子女不享有法律权利，不得要求监护权和探视权。同时，关于供精记录和受精记录等相关信息，应按照法律规定采取严格的保密管理措施，以保护当事人的隐私和合法权益。并且，在婚姻登记前，涉及辅助生殖技术出生的子女一方，应当确保与婚姻缔结方无血缘关系，以维护婚姻的合法性和稳定性。

需要强调的是，我国法律明确禁止以任何形式买卖配子、合子、胚胎，医疗机构和医务人员不得实施任何形式的代孕技术。

（三）辅助生殖技术对传统家庭模式的冲击

辅助生殖技术使传统家庭模式受到挑战。在传统家庭模式中，生儿育女在夫妻关系内进行，而辅助生殖技术使生育可以脱离婚姻关系存在，造成家庭模式多元化。如多父母家庭、不婚单亲家庭、同性恋家庭，这不仅是对道德，也是对传统法律意义上家庭模式的冲击。

（四）精子、卵细胞、胚胎的商品化问题

随着冷冻精子技术的发展，世界上许多国家已经相继建立了人类的精子库、卵子库及胚胎库，可以说，这是人类进化史上的一大创举，对于解决不育症、优化人口素质、提供生殖保险等都是非常必要的。但随着人类辅助生殖技术的开展，精子、卵细胞及胚胎由于供需关系的存在出现了商品化的倾向。对于精子、卵细胞是否可以商品化的问题存在不同意见。

目前，大多数国家通过立法禁止精子、卵细胞及胚胎的商品化，如英国政府规定“医疗机构根据供体自愿和知情同意原则获取捐赠的精子、卵细胞，对捐赠者只能支付与医疗有关的花费”；澳大利亚政府明确表示“禁止出售精子、卵细胞与胚胎”；我国大陆地区也颁布相应条例禁止精子、卵细胞、胚胎的商品化。2001 年 2 月我国卫生部发布的《人类精子库管理办法》用法律的形式对精子库采取了限制措施：任何单位和个人不得以营利为目的进行精子的采集与提供活动；供精者应当是年龄在 22～45 周岁之间的健康男性，并要进行健康检查和严格筛选；供精者只能在一个人类精子库中供精；一个供精者的精子最多只能提供给 5 名妇女受孕。

三、人类辅助生殖技术的伦理原则

为了安全、有效、合理的实施人类辅助生殖技术，保障个人、家庭、社会的健康和利益，维护社会公益，国家卫计委制定了《实施人类辅助生殖技术的伦理原则》要求实施辅助生殖技术需要遵循以下伦理原则。

（一）有利原则

有利原则是一切医疗卫生工作都需要坚持的共同伦理原则，也是应用人类辅助生殖技术的基本原则。有利原则要求医务人员在实施辅助生殖技术过程中认真做到全面考虑病人的生理、病理、心理及社会需要，告诉病人目前可供选择的治疗手段、利弊及其所承担的风险，在病人充分知情的情况下选择最有利于病人的治疗方案。

（二）知情同意原则

人类辅助生殖技术必须在夫妇双方自愿同意并签署书面知情同意书后方可实施。如

医务人员对符合人类辅助生殖技术适应证的夫妇，须使其了解实施该技术的必要性、实施程序、可能承受的风险以及为降低这些风险所采取的措施、该机构稳定的成功率、每周期大致的总费用及进口、国产药物选择等与病人作出合理相关的实质性信息及其已出生的孩子随访的必要性，不可对病人有任何信息的隐瞒。

（三）有益于后代原则

人类辅助生殖技术的应用，不仅关系到夫妻双方的利益，而且关系到后代的利益，要求我们必须肩负起保护辅助生殖技术后代利益的责任。作为医护人员应该做到：

（1）医护人员有义务告知受者通过人类辅助生殖技术出生的后代与自然受孕分娩的后代享有同样的法律权利和义务，包括后代的继承权，受教育权、赡养父母的义务、父母离异时对孩子监护权的裁定等。

（2）医护人员有义务告知接受人类辅助生殖技术治疗的夫妇，他们通过对该技术出生的孩子（包括对有出生缺陷的孩子）负有伦理、道德和法律上的权利和义务。

（3）如果有证据表明实施人类辅助生殖技术将会对后代产生严重的生理、心理和社会损害，医务人员有义务停止该技术的实施。

（四）社会公益原则

人类辅助生殖技术的应用，不仅是为当事人及其家庭造福，而且应该利国利民，体现社会公益效应。为此，医护人员必须做到：

（1）严格贯彻国家人口和计划生育法律法规，不得对不符合国家人口和计划生育法规和条例规定的夫妇和单身妇女实施人类辅助生殖技术。

（2）医护人员不得实施生殖性克隆技术。

（3）医护人员不得将异种配子和胚胎用于人类辅助生殖技术。

（4）医护人员不得进行各种违反伦理、道德原则的配子和胚胎实验研究及临床工作。

（五）保密与互盲原则

人类辅助生殖技术有着特殊的敏感性，涉及当事人和相应后代的隐私，为此必须严格遵守保密原则、互盲原则，要求医护人员必须做到：

（1）凡使用供精实施的人类辅助生殖技术，供方与受方夫妇应保持互盲、供方与实施人类辅助生殖技术的医护人员应保持互盲、供方与后代保持互盲。

（2）医疗机构和医护人员对使用人类辅助生殖的所有参与者（如卵子捐赠者和受者）有实行匿名和保密的义务。

（3）医护人员有义务告知捐赠者不可查询受孕者及其后代的一切信息，并签署书面同意书。

（六）严防商业化原则

医疗机构和医护人员对要求实施人类辅助生殖技术的夫妇，要严格掌握适应证，不能受经济利益驱动而滥用人类辅助生殖技术；供精、供卵只能是以捐赠助人为目的，禁止买卖，但是可以给予捐赠者必要的误工、交通和医疗补偿。

(七)伦理监督原则

为确保以上原则的实施,实施人类辅助生殖技术的机构应建立生殖医学伦理委员会,并接受其指导和监督;生殖医学伦理委员会应由医学伦理学、心理学、社会学、法学、生殖医学、护理学专家和群众代表等组成;生殖医学伦理委员会应依据上述原则对人类辅助生殖技术的全过程和有关研究进行监督,开展生殖医学伦理宣传教育,并对实施中遇到的伦理问题进行审查、咨询、论证和建议,确保人类辅助生殖技术的应用符合上述伦理原则,真正造福子孙后代、造福社会。

本章小结

人类辅助生殖技术是生命科学领域的技术突破,从根本意义上改变了人类的自然生育方式,使人类生殖从性当中分离出来。辅助生殖技术使许多不孕不育者及遗传病病人获得了健康的后代,有利于促进家庭幸福和社会安定,但也给社会学界和法学界带来了挑战。计划生育政策是我国的一项基本国策,是关系到家庭幸福、民族繁荣、国家富强与社会进步的伟大事业。我国人口众多,实行计划生育有利于控制人口数量,提高人口质量。总之,现代医学科学技术已经提供了许多先进有效的技术手段来帮助人类有意识地控制人口数量和质量,但这些技术和手段在实际运用中还存在众多道德异议,引发了许多社会问题。因此,护理人员要保持清醒的认识,认真履行相应的伦理规范。

(王明丽)

练习题

一、选择题

A1 型题

1. 由于伦理方面的原因,目前尚未在人类身上成为现实的辅助生殖技术是(　　)。

A. 代孕技术　B. 同源人工授精　C. 异源人工授精　D. 体外受精　E. 无性生殖

2. 不属于人工辅助生殖技术带来的伦理问题是(　　)。

A. 精子、卵子、胚胎可否商品化

B. 谁应该是孩子的父母

C. 代孕技术是否可以应用

D. 有严重缺陷的新生儿能否实施安乐死

E. 非婚单身妇女可否使用相应技术生育孩子

3. 生殖限制技术的伦理原则不包括(　　)。

A. 有利原则　B. 尊重原则　C. 知情同意原则　D. 保密原则　E. 商品化原则

4. 人类辅助生殖技术的伦理原则不包括(　　)。

A. 有利原则　B. 商品化原则　C. 知情同意原则　D. 保密原则　E. 保护后代原则

5. 人工授精不适用于(　　)。

A. 男方无精症　B. 男方性功能障碍　C. 输卵管结扎术后　D. 男方有不良遗产因素

E. 女方有抗精子抗体

A2 型题

6. 李某,女性,30 岁,结婚三年未孕,检查发现女方正常,丈夫为无精子症,附睾睾丸穿刺未见精子,应建议(　　)。

A. 同源人工授精　　B. 试管婴儿　　C. 异源人工授精

D. 卵胞浆内单精子显微注射

E. 借腹生子

A3 型题(7~8 题共用题干)

女性,27 岁,结婚两年未孕,检查发现女方正常,男方为严重少精子症

7. 作为医师,您应该做建议(　　)。

A. 同源人工授精

B. 试管婴儿

C. 异源人工授精

D. 卵胞浆内单精子显微注射

E. 借腹生子

8. 男方若是无精子症,但附睾睾丸穿刺抽及见精子,应建议(　　)。

A. 同源人工授精

B. 试管婴儿

C. 异源人工授精

D. 卵胞浆内单精子显微注射

E. 借腹生子

二、思考题

1. 简述生殖限制技术的社会价值。
2. 人类辅助生殖技术的主要伦理问题有哪些?
3. 护士在参与人类辅助生殖技术过程中应坚持哪些伦理原则?

第九章　临终关怀与死亡护理伦理

学习目标

1. 掌握　临终关怀的概念、特点、伦理要求；死亡教育伦理。

2. 熟悉　脑死亡定义、标准；脑死亡标准的伦理意义；临终关怀的伦理意义。

3. 了解　临终关怀的现状、历史发展；死亡标准的演变；安乐死的含义、伦理争论、伦理意义。

生与死是人类生命发展的自然规律，有生就有死，这是不可更替的自然法则，死亡是生命过程的最后阶段，也是人生的必然归宿。开展死亡教育，宣传新的死亡标准，探讨安乐死、临终关怀等问题，使人们正确认识死亡，这既是医学研究的领域，也是伦理学必须重视的问题。对病人及其家属开展死亡教育，做好临终关怀服务工作，帮助病人安然走过人生的最后一程，是护理人员应该履行的道德义务。

第一节　临终关怀的伦理道德

一、临终关怀的概述

（一）临终关怀的概念

临终关怀又称善终服务、安宁照顾等，作为一种"特殊的服务"，目的在于向临终病人及其家属提供的一种全方位的照料，包括生理、心理、社会等方面，使临终病人的生命得到尊重，生活质量得到提高，家属的身心健康得到维护和增强，使病人在临终时能够无痛、安宁、舒适地走完人生的最后旅程。临终关怀是近代医学领域中新兴的一门边缘性交叉学科，是社会需求和人类文明发展的标志。

（二）临终关怀的历史发展

"临终关怀"一词译自英文 Hospice，Hospice 是由拉丁文"hospes"发展而来，Hospice 原意是"招待所""济贫院""小旅馆"的意思。中世纪的欧洲，教会为患病的朝圣者修建了"Hospice"，即庇护所。修道院的教士、修女，出于宗教旨意照顾长途跋涉的朝圣者或客商，无偿的为贫病者服务，在这些 Hospice 中，教士或修女给他们提供饮食，为他们治病。一部分人解除了饥渴或疾病的威胁重新踏上征程。而那些濒危的、受伤严重人的则在仁慈善良的宗教人士的照护下安详舒适地死去。当时的 Hospice 不是专门为临终病人服务的机构，只是客观的担当了照顾临终病人的角色。到 19 世纪，欧洲的交通得到改善，朝圣者或商旅对这些休息站的需要越来越少，Hospice 逐渐成为专门照顾末期病人的医疗机构。这为现代临终关怀事业的发展奠定了基础。

现代临终关怀的倡导者和创始人是英国的西塞莉·桑德斯博士。她原本是一名护士，在长期对濒死的老年病人的照料中，目睹病人经常饱受痛苦且满怀遗憾辞世，对此她深表同情。于是，怀着一颗慈爱之心和强烈的同情情感，桑德斯决心为临终病人创造一种舒适、安宁的环境与气氛进行善终服务以便病人安心地回归大自然。1967 年 7 月,桑德斯博士在英国伦敦东南方的希登汉创立了世界上第一所健全的临终关怀机构—“圣克里斯多佛临终关怀院”,此举被誉为“点燃了世界临终关怀运动的灯塔”,从此开创了崭新的临终关怀事业,也是现代意义上的临终关怀的开端。

现代医学上的临终关怀就是对那些濒死的、处于人生旅途最后一站的病人进行治疗和护理,使其以承受最少的痛苦度过生命的最后阶段。临终关怀的本质是对救治无望病人的照护,它不以延长病人的生存时间为目的,而以提高病人的临终生命质量为宗旨;出于对生命的尊重和敬畏,医护人员需要了解病人及家属在最后相处的几个月中,有什么有意义的需求,同时给予他们支持。所以,现代意义上的临终关怀不仅包括生理上的照料,同时还包括对临终者心理、社会等方面需要的满足。

(三) 临终关怀的现状

1. 国外临终关怀的发展现状

在圣克里斯多佛临终关怀院的影响下,临终关怀在英国首先得到发展。同时在世界也引起较大的反响。美国、日本、加拿大、法国等 60 多个国家和地区也相继开展了临终关怀服务和研究。世界著名的临终关怀机构有:成立于 1967 年的英国圣克里斯多佛临终关怀院;成立于 1975 年的加拿大皇家维多利亚安息护理病区;成立于 1984 年的日本淀川基督教医院附设临终关怀机构等。1974 年美国成立了第一所临终关怀院—新港临终关怀院,随后在 1982 年,美国国会颁布法令在医疗保险计划中加入临终关怀内容,这为病人提供了享受临终关怀服务的财政支持,同时也为美国临终关怀产业的发展奠定了基础。目前,在全球的 110 个国家中大约有 8000 个临终关怀和舒缓治疗机构。

2. 我国临终关怀发展的现状

临终关怀作为一种新兴的医疗保健服务项目和新兴学科,从传入至今已经有近 30 年的历史。近些年,临终关怀在我国逐渐引起社会的关注。1988 年 7 月,在美籍华人黄天中博士的支持和天津医学院崔以泰教授等专家学者的努力下,天津医学院成立了我国第一个临终关怀研究中心,并于 1990 年建立了临终关怀病房。1988 年,上海南汇县创建了我国第一家临终关怀医院—南汇护理院。目前,我国已有临终关怀机构约 100 多家,如上海的南汇护理院;北京的松堂关怀院;天津医科大学第二附属医院的“安宁病房”;长春市 208 医院的“肝癌病房”等。1992 年,继天津召开“首届东西方临终关怀研讨会”之后,山东烟台、广西桂林、云南昆明等地多次举办“全国临终关怀学术研讨会”。并于 1993 年成立了“中国心理卫生协会临终关怀专业委员会”,1996 年正式创办“临终关怀杂志”。发展至今,临终关怀在我国已初具规模并建立了各种临终关怀机构,目前临终关怀机构的主要类型有独立的临终关怀院、附设的临终关怀病房和家庭临终关怀照护等。相比于西方,我国的临终关怀发展比较缓慢,虽然国内已建立了各种类型的临终关怀机构,但也只局限于少数的大中城市且其容纳病人的数量有限,很多人心中仍然不能接受临终关怀的理念及行为,所以要想促进临终关怀的发展还有待人们观念的变革。

(四) 临终关怀的特点

1. 服务对象特殊

临终关怀的主要对象是临终病人,其中大部分是晚期癌症或患有类似疾病身心备受病痛折磨的病人，并且临终病人的家属也是临终关怀的服务对象，医护人员也要为临终病人家属的提供关怀服务。特别是在病人死亡后，要使病人家属能够尽快走出悲伤的心境，适应新的生活。

2. 服务目标特殊

临终关怀不同于普通的护理服务，临终关怀工作的目标不是为了延长病人的生命，而是为缓解病人的身心痛苦，为病人提供心理关怀和社会支持，提高病人的生活质量，维护病人的生命尊严和价值，让病人在生命的最后阶段安然、舒适、有尊严地走到生命的终点，也使病人家属得照护到精神上的支持。

3. 服务团队特殊

临终关怀团队不仅包括医护人员还包括营养师、宗教人员、社会志愿者等。临终关怀团队应团结协作，为病人及病人家属提供精神和感情上的支持，减轻他们的孤独和无助，为临终病人提供医疗、护理、心理咨询、社会支援、居丧照护和死亡教育等多学科、多方位的综合性服务。

二、临终关怀的伦理意义

（一）临终关怀是医学人道主义的集中体现

医学人道主义的核心内容就是尊重人的尊严与价值。当病人处于治疗无效的生命末期濒临死亡时，尤其需要得到人们和社会的尊重，临终关怀不以延长病人痛苦的生命为目标，而主要是满足临终病人和家属在生理、心理、社会等方面的需求，最大限度地帮助病人减轻痛苦，感受到自己生命的尊严，感受到自己生命的价值，平静、安然地离开人间，使逝者死而无憾，生者问心无愧，使病人充分体会到人道主义的温暖。

（二）临终关怀体现生命神圣论、生命质量论和生命价值论的统一

在人的生命晚期，能得到悉心细致的关怀照顾，维护了生命的神圣，能在舒适、无痛苦的状态下度过生命的最后阶段，有尊严的离开人世彰显了生命神圣、生命质量和生命价值的统一。

（三）临终关怀有助于节约卫生资源，树立现代医学观

临终关怀对临终病人采取姑息性的支持治疗，在一定程度上节约了卫生资源。目前在全世界范围内人口老龄化趋势日趋加快，我国预计到 21 世纪中期将会成为世界上老年人最多的国家，宣传和推广临终关怀服务，将会节约大量的卫生资源，使有限的资源得到更有价值的利用。同时临终关怀改变了传统医学对于生命的理念，让医护人员重新审视医学的本质及人类生命的意义，有利于树立全新的现代医学观，促进医学科学的发展。

（四）临终关怀符合社会道德和人类文明发展要求

临终问题是人类社会最为普遍的现实问题，也是不可回避的问题。随着老龄人口的迅速增长，晚期和临终病人在世界人口中的比例将日益增多。以我国为例，我国已经提前迈入老龄化社会，从计划生育、优生优育的人口政策和家庭结构简单化趋势可以预计无子女和配偶的孤独老人将增加，他们必将面临临终及护理问题，如何使老人们安详地度过临终

阶段，将是全社会面临的和必须解决的重要问题。自古以来，人类对死亡有着极度的恐惧。因此，为临终病人提供医疗照顾和心理支持，帮助他们认识生与死的意义，帮助他们减轻对死亡的恐惧，帮助临终病人家属从极度的悲痛中解脱出来，这是社会道德文明发展的必然。临终关怀顺应了医学模式转变的趋势，是社会卫生保健体系自我完善的必然要求，符合社会道德要求和人类自身生存发展的需要。

案例 9-1

病人李某，女，53 岁，确诊为肝癌晚期。家属担心李某承受不住打击，没有不告诉李某实情，并嘱咐医护人员也不要如实告知李某实情。但是，李某非常焦虑，向医护人员询问自己的病情状况，希望知道自己的病情，以便处理自己的一些事情，并且表示无论自己的病情如何，已经有了心理准备。

面对李某的要求，护士应该怎样做？

三、临终关怀的伦理要求

（一）尊重病人，维护权益

医护人员应注意维护和保持病人作为人的价值和尊严。在临终关怀护理中，护士不能认为临终病人只是等待死亡而没有意义的生命。《注册护士伦理法典》提出："当病人的生命不能再维持时，护士应通过减轻痛苦、维护尊严和宁静的死亡方式帮助病人达到完好状态"。1975 年美国国会制订了 16 项临终病人的权利，其中第一条就提出："临终病人享有任何生者的权利"，所以护士应该尊重和维护临终病人的权利和利益，如允许临终病人保留自己的生活方式，参与治疗、护理方案的决定，选择死亡的方式，保守病人的隐私等，为病人提供一个安静、舒适的环境，减少外界干扰，让病人安详、平静地离开人间。

（二）解除痛苦，安抚情绪

临终病人尤其是癌症晚期的病人，因长期遭受疾病的折磨，感到极度痛苦，精神崩溃，控制疼痛成为他们临终前的迫切要求。医护人员应尽最大努力去帮助病人解除躯体的痛苦，促进病人的舒适，为病人营造安静、舒适、温馨适宜的休养环境，提高病人临终生活质量。此外，对临终病人，医务人员应给予同情和帮助，缓解其不良情绪，为临终病人提供必要的心理支持。

（三）理解家属，心理支持

病人处于临终状态，病人家属会出现沮丧、抑郁、悲伤等心理反应，甚至出现过激情绪和行为，护士应给予理解和同情，关心和帮助他们解决一些实际问题。对临终病人家属提出的愿望尽力满足，如指导病人家属为病人做力所能及的护理工作，家属参与护理，对病人既是一种心理支持，也是一种情感关怀。一方面，病人可以得到家属的理解、关怀、爱抚，使病人和家属有充足的时间表达感情，让病人和家属都能得到满足而心中无憾；另一方面，家属亦可做好充分的心理准备，也能使他们在亲人离世前充分的尽到义务，对病人及其家属双方来讲，在心理上得到一定的慰藉，也可以提高临终病人的生活质量。病人过世后，护士要安抚劝慰家属，提供心理支持，用健康向上的精神感染病人家属，引导他们振作精神，早日摆脱不良心理的困扰。

第二节 死亡与安乐死的伦理道德

一、死亡标准的演变及伦理意义

（一）死亡标准的演变

自古以来，死亡一直有一个比较恒定的标准，即传统的心肺死亡判断标准。当呼吸、心跳停止时就意味着人的死亡，各国的临床医学、法学和社会传统观念都是根据这种心肺死亡标准来宣告、判定人的死亡。然而，随着时代的发展，科学技术的进步，医疗水平的不断提高，用传统的心肺死亡判断标准去判定人体的死亡在现实生活中却不断地遭遇质疑和困惑。世界各地曾发生多次已经被确定呼吸、心跳停止的"死人"复活事件。而且在目前的医疗水平下，临床医生也曾无数次将呼吸、心跳停止的"死人"抢救成功。尤其是近年来随着器官移植的开展，特别是在实施心肺移植手术时，可以暂时可逆地停止病人的呼吸和心跳，致使以往用传统的心肺死亡标准来判断人体的死亡受到了艰巨的挑战。在这种情况下，世界各国的医学、伦理学和法学家纷纷要求建立一种新的更具科学性和完整性的死亡概念和标准。这样一种新的死亡判断标准—"脑死亡"标准应运而生。

1959 年，法国学者 P. Mollaret 和 M. Goulon 在第 23 届国际神经学会上首次提出"昏迷过度"的概念，并开始使用"脑死亡"一词。这样结束了以心肺死亡作为唯一死亡判断标志的历史。1968 年，在第 22 届世界医学大会上，美国哈佛医学院脑死亡定义审查特别委员会提出了一项报告，正式要求否定传统的心肺死亡概念和标准，提出将"脑功能不可逆性丧失"作为新的死亡概念，同时制定了世界上第一个脑死亡诊断的四条标准。同是 1968 年，由世界卫生组织建立的国际医学科学组织委员会也提出脑死亡标准，其死亡标准和哈佛死亡标准基本相同。1971 年，美国提出脑干死亡就是脑死亡的概念。1976 年英国发表了脑死亡的诊断说明，将脑死亡定义为完全的不可逆性脑干功能消失，并于 1995 年提出脑干死亡标准。我国也在 1986 年提出了脑死亡的概念。

（二）脑死亡的定义及标准

目前在国际上通用的脑死亡是指原发于脑组织严重外伤或脑的原发性疾病，致使脑的功能不可逆转地停止，最终导致的人体死亡。

哈佛脑死亡诊断标准是：①深度昏迷，对外部刺激和内部需要无感知和无反应；②无自主的肌肉运动和自主呼吸；③各种反射消失；④脑电图电波平直。以上四项诊断标准在 24 小时内要求反复测试，结果无变化，并排除体温低于 32.2 ℃ 或刚服用过大剂量中枢抑制剂如巴比妥类药物等两种情况，即可宣布死亡。

（三）脑死亡标准的伦理意义

1. 有利于科学地判定人的死亡

从医学的角度看，脑死亡判断标准比传统的心肺死亡判断标准更加科学和客观。随着医学技术的发展，呼吸、心跳、血压等生命征象都可以通过一系列药物或先进的医疗设备予以维持甚至恢复，但是如果脑干发生结构性损伤破坏，以目前的医疗技术无论采取任何手段都是不能发生逆转的，最终都会导致人体的死亡。脑死亡后作为人的本质特征的意识和自我意识已经丧失，有意义的生命个体就不复存在了。因此，脑死亡与传统的心肺死亡标准相比，脑死亡标准更为科学，更加可靠。

2. 有利于维护死者的尊严

脑死亡病人意味着进入临床死亡，在家属的认同下，可以放弃徒劳无功的救治，能够使死者的身体保持完整，从而维护了死者的形象和尊严，彰显了真正的人道主义精神。

3. 有利于合理使用卫生资源和减轻家属的负担

全靠生命支持技术维持的生命是无意识的植物状态生命，这种生命是无价值的生命。在卫生资源有限的情况下，维持无价值的生命，是对人力、物力、财力的浪费，也是对有限资源的不合理、不公正的分配。此外，支持脑死亡病人的生命需要强大的财力、物力、人力资源支持，对于家属来说是沉重的精神和经济负担。脑死亡标准的确定，有利于卫生资源的合理利用和减轻家属的负担。

4. 有利于器官移植的开展

器官移植是现代医学的进步，可以挽救无数人的生命。器官移植实施和开展的最大阻碍是获得能够存活的供体器官。传统死亡判断标准要求在病人呼吸停止后才能宣布病人的死亡，这大大降低了摘取存活器官的可能性，也降低了器官移植术手的成功率，限制了器官移植的发展。脑死亡标准的实施使得在脑死亡但呼吸心跳仍存在的条件下摘取捐献器官用于移植成为现实，可以有效提高器官移植的成活率，推动器官移植治疗的开展和移植技术的发展。

二、安乐死及其伦理争论

（一）安乐死的含义

安乐死源于希腊文“euthanasia”一词，原意是指“好死”、“无痛苦的死亡”、“快乐的死亡”或“幸福的死亡”。《牛津法律指南》对安乐死的定义是：“在不可救药的或病危的病人自己的要求下，所采取的引起或加速死亡的措施。”《美国百科全书》认为，安乐死是“一种为了使患不治之症的病人从痛苦中解脱出来的终止生命的方式。”《中国大百科全书·法学卷》的解释是：“对于现代医学无可挽救的逼近死亡的病人，医师在病人本人真诚委托的前提下，为减少病人难以忍受的剧烈痛苦，可以采取措施提前结束病人的生命。”

从医学伦理学的角度对安乐死的定义是指身患不治之症的病人在危重濒死状态时，由于躯体和精神的极端痛苦，难以忍受，在病人或其家属的合理及迫切要求下，经过医生、权威的医学专家机构鉴定确定，符合法律规定，按照法律程序，用人为的、仁慈的医学方法使病人在无痛苦状态下渡过死亡阶段而终结生命的全过程。

（二）安乐死的分类

安乐死的可以从不同角度来予以划分，通常有两种分类方式：

1. 按照安乐死的执行方式

即根据医务人员“有无主动作为”，可以将安乐死分为主动安乐死和被动安乐死。主动安乐死也被称为积极安乐死，指鉴于病人治愈无望，由医务人员采取某种主动措施，如注射药物等促使病人安然、舒服、迅速地死去。被动安乐死又叫消极安乐死，指医务人员中止维持病人生命的措施，不再给予积极治疗，任其自然死去。

2. 根据病人同意方式

即安乐死是否由病人本人自愿表达过同意安乐死的愿望，又可以将安乐死分为自愿安乐死和非自愿安乐死。自愿安乐死是指意识清楚，有行为能力的病人或曾经意识清楚的病人自由表达了安乐死愿望的，是在病人本人的请求下实施的安乐死。非自愿安乐死是指不是由病人自己表示，而是由他人如家属等代为表示安乐死愿望的安乐死。非自愿安乐死主要针对那些无行为能力的病人，如婴儿、昏迷不醒的病人、精神疾病的病人和认知能力严重低下者。这些病人无法表达自己的要求、愿望和同意，根据病人家属意见，由医生依据实际情况实施。

（三）安乐死的伦理争论

围绕着安乐死是否符合道德、医生实施安乐死是否符合人道主义等问题的探讨和争论旷日持久，至今仍未能达成共识。主要是因为安乐死不仅涉及医学问题，而且还涉及伦理学、法学、社会学、经济学、哲学、宗教等多个领域。尤其是安乐死与现行的道德标准、风俗习惯有一定的冲突，同时存在着法律上的难题。

1. 支持安乐死的依据

（1）人权主义观点：支持安乐死的人认为，人生抉择的自主性在于个人，每个人都有权利根据自己的处境选择生存和死亡。人既然有生的权利，也应当有死的权利，包括选择死亡方式的权利。当一个人处于绝症晚期，生命极度痛苦的时候，当他感到死亡比生存更幸福的时候，他有权利选择体面的、舒适的死亡方式，以求善终，这是对人权利的尊重。

（2）医学人道主义观点：医学科学的发展使许多晚期绝症病人处于艰难的境地，他们不能被治愈，但由于医学措施的支持，又不会很快死去。安乐死的支持者认为，医学支持延长的生命实际上是在延长死亡过程，继续延长他们这种痛苦的生命是不人道的，应该允许他们在医学的帮助下，自由地选择死亡。让罹患绝症的病人安乐死是减轻他的痛苦，比让其活着更加人道。

（3）生命质量论与生命价值论观点：生命质量论和生命价值论是医学伦理学中的基本理论，它是指导医务人员临床行为的重要伦理依据。这一观点认为，人的生理层次的生命价值不是绝对的唯一，人不但要活着，具有生理学意义，并且还要活的有质量、有社会价值。对于那些生命质量极低，不再创造社会价值，甚至只产生负的社会价值的人，在其本人的要求下，应该放弃医学干预而免于道德责任。

(4)功利主义观点：支持安乐死的人认为，对于一个在目前医学条件下救治无望的生命晚期病人来说，仅为了延长十分有限地的生命，社会就要付出沉重的代价，这种行为是不恰当的。而同时，病人家属也要继续付出时间，精力乃至金钱来延续这一切，对于病人自己、病人家属还是社会来说，都是不利的。主动结束必然要结束的生命，不仅可以免除病人的痛苦，也能减轻亲属精神和经济上的负担，还可以避免社会卫生资源的浪费。

2. 反对安乐死的依据

（1）违背生命神圣原则：《黄帝内经》云："天覆地载，万物悉备，莫贵于人。"医学大家孙思邈也说："人命至重，有贵千金，一方济之，德逾于此。"生命神圣论是我国医学的理论基础,其根本观点认为生命是神圣而不可侵犯的,任何人都没有结束生命的权利。西方也有这样的观点:生命是神圣的,人不是自己之生命的主人,唯有赋予人生命又保护生命的上帝,才能决定人的生死。所以,在这种理念的影响下,无论东西方、无论在何种情形下都应该尽力保存人的生命,医务人员更应该无条件的抢救或维持人的生命,因此安乐死是不道德的。

(2) 有悖医学人道主义精神:反对安乐死的人认为,医学人道主义基本观点是对病人的尊重、同情、关心和救助。医护人员应该是病人心目中圣洁的白衣天使,医务人员只能“救生”,而不能“促死”,安乐死是变相杀人,医务人员实施安乐死与医生职责不相称,违背了最基本的医学人道主义精神。

(3) 不可逆的诊断未必绝对:病人安乐死的前提是病人身患“不治之症”,已经“不可救药”。然而,反对安乐死的人认为,这种诊断未必绝对。不治之症总是相对于时代的医学发展水平和医院的技术水平而言,随着医学的发展,许多今日的不治之症以后可以成为可治之症。所以,安乐死的反对者认为,实施安乐死可能会使病人丧失治疗的机会,彻底断绝了病人生的希望。

(4) 阻碍医学科学的发展:反对者认为,医学之所以不断发展、进步,正是由于医学家在所谓“绝症”面前不畏艰险,知难而进。而安乐死则会使这些勇于进取的医学家失去研究的对象和动力,从而会阻碍医学科学的发展。

(5) 实施安乐死可能带来的消极后果:首先,可能引发家庭伦理问题。安乐死可能会使部分病人家属不顾亲情孝道,逃避赡养义务甚至谋财害命,放任自己亲人的死亡,甚至在医师的帮助下参与结束亲人的生命;个别医务人员也可能会以安乐死的名义掩盖医疗事故。其次,如果安乐死得到社会的认可,会使步入暮年的老年人产生某种消极的心理,降低对自己生命价值感的认同;对于那些患有绝症的病人来说,也将是沉重的心理打击。再次,安乐死会使社会对病人、残障者等产生负面的看法,认为他们没有生存的意义和价值,进而改变人与人之间的关系。最后,实施安乐死还容易发生“多米诺”骨牌效应,即如果允许在某种情况下结束人的生命,那么,可能为在其他情况下乃至于所有情况下结束人的生命打开了大门。由此安乐死可能对家庭或社会产生消极的后果。

(四) 安乐死的伦理意义

1. 安乐死有利于病人

安乐死的根本出发点是考虑为病人解除痛苦。对于那些身患不治之症、生存无望、极度痛苦而又临近死期的病人,在用尽各种先进的医疗手段治疗无效后,病人除了在肉体上要忍受痛苦的折磨,心理上还要承担治愈无望的悲痛。与其让病人选择残酷的方式,如服毒、跳楼、自缢、割脉等残忍的方式万般无奈地自行结束生命,还不如满足病人的安乐死意愿,使之以安详的、有尊严的优死方式离世,以尽早结束痛苦。这对病人本人来说实际上是人道主义的体现。

2. 安乐死有利于病人家属

作为诸如脑死亡者、不可逆昏迷者、终末期病人的家属,往往由于情感驱使,使他们非理性地坚持尽一切可能去治疗病人。随着时间的推移,当意识到治愈是不可能时,加之他们亲眼目睹亲人濒死的痛苦,而自己又无法替代、束手无策,他们不但承受着沉重的经济负担,更承受着沉重的心理负担。家属们不仅精疲力竭,甚至倾家荡产。

合法的实施安乐死可以减除因病人病痛引起的亲属心理上的痛苦，并减少病人亲属的精神负担和经济负担。

3. 安乐死有利于医疗卫生资源的合理分配

卫生保健事业的投资、人员和设备的分配，必须遵循公正和效用原则。我国的卫生保健资源严重不足，人口基数过大的事实表明，如果把有限的医疗卫生资源花在无可挽救的病人身上，用来维持无意义的生命，无疑违背了社会公正与效用原则。因此，从社会角度来看，实施安乐死有利于医疗卫生资源的合理分配，是可取的。

三、死亡教育伦理

（一）死亡教育的概念

死亡教育是将有关死亡、濒死及其与生命相关的知识传递给人们及社会的过程，通过对死亡对象、状态和方法的客观分析，使人们科学地、正确地认识死亡，树立正确的生死价值观。

（二）死亡教育的内容

死亡学是一门综合交叉型的学科。死亡教育内容十分广泛。具体上包括死亡基本知识教育、死亡心理知识、死亡权利教育和优死教育及死亡身后事的教育。

1. 死亡基本知识教育

死亡基础知识教育是死亡教育最基本、最重要的内容。死亡基础知识主要包括死亡教育的起源、死亡教育发展历程、死亡教育的发展概况、死亡的涵义、死亡的判断标准、死亡观念的产生、死亡的过程、死亡的不同方式及死亡方式的选择、死亡的社会价值与意义、死后尸体的处理等基本内容。

2. 死亡心理教育

死亡心理教育内容主要包括：一是死亡观的教育，让人们从本质上了解死亡的意义，进而树立正确的死亡观。二是临终个体死亡心理变化分析，使人们了解人类自身在临终前心理变化过程，进而帮助人们正确面对死亡，消除恐惧心理，安然地度过人生的最后旅程。三是对家属居丧期心理变化的研究及辅导，帮助死者家属尽快从失去亲人的伤痛中走出来，重新回归到社会生活中。四是加强对"死后世界"的认知教育，使人们了解死亡是生的另一种转化，是生命的不可缺少的重要组成部分，消除人们对死亡的消极回避心理。

3. 死亡权利教育

"对于他自己的身和心，个人乃是最高的主权者"从此观点看生命属于个人，从这一层面讲人具有死亡的权利。但同时人的生命也属于家庭和社会，因此人对死亡的选择权是相对的，换言之人不能随意的选择死亡。死亡权利教育使人们了解在正常情况下，自己或他人的生命都应该受到尊重和保护，人们不能随意行使死亡权利来结束自己或他人的生命。但在某些特殊的情况下，人们选择死亡恰恰是对自己和他人生命的尊重。

4. 优死教育

优死，作为人生最后一个环节，它同优生、优育、优教、优老等其他优化环节一样，都是人类理性意识的自我调控和觉醒，是人类文明发展的结果。优死教育就是要求人们像对待生存那样对待死亡,使人们能够以良好的心态关注死亡,正确面对自己和他人的死亡。优死教育在个人角度来看可以帮助人们减少或消除对死亡的恐惧,形成正确的死亡观。由于死亡教育的内容包括了对死亡亲属的教育,所以优死教育可以使亲属减轻精神痛苦,尽快地摆脱由亲属死亡带来的痛苦。从社会角度上来看,优死教育可促进社会精神文明建设,提高人民的道德素质。

5. 死亡身后事教育

其内容主要教育人们对丧葬仪式应该从简,丧葬仪式上实行火葬,节约社会的有限资源。教育人们人死如灯灭,改变人们重丧的观念,减少因丧葬有关的费用。这样不仅可以减轻家属的负担,也可以为社会节约土地等资源。

(三) 死亡教育的对象

有人认为死亡教育应仅对临终者而言,对于健康者没必要实施死亡教育,这种观念是错误的。死亡教育对于健康者的意义更为重要。因为对于临终者来说,死亡教育仅具有"死"方面的意义;而对于生者,死亡教育具有"死"与"生"的双重意义。所以死亡教育应该普及到社会的每个角落,落实到每个人身上,但死亡教育应该有重点的人群对象,包括以下几类人群:

1. 学生

死亡教育应该像其他教育一样,是从小就应该获得的教育。一般来说,5~9 岁的儿童已能够了解死亡是生命的结束。当儿童身边有死亡事件发生时,儿童可能会表现出焦虑、悲伤、行为出格、难以入睡等状况,同时对死亡产生神秘感和恐惧心理。正确的认识、面对死亡和处理悲伤情绪对儿童健康发展至关重要,也是树立健康人生观的基础。因此,死亡教育应从童年教育抓起,让他们从小就理解死亡的含义,为树立正确的死亡观打下良好的基础。

普及死亡观的重要群体应该包括大学生。大学生是整个社会最富有朝气、最具创造性的团体,是将来科学技术的继承和发展者,同时大学生也是对新事物最容易接受的团体,在现代意识熏陶下成长起来的大学生,其传统观念相对比较淡薄,对其实施死亡教育有助于他们形成正确的生死观。这样不仅能让其了解死亡的意义还能引起大学生对个体自然生命的关切,更加珍惜生命,对其身心发育起到良好的促进作用,而且他们作为新思想、新观念的引导者和传播者,会影响身边人的死亡观念,有助于现代死亡观念的普及,在整个社会教育中起到积极的作用。

2. 医护人员

医护人员也是进行死亡教育的重要对象。医务人员是接触临终者最主要的群体。医护人员对待死亡的态度会对临终者及其家属产生重要影响。所以作为陪伴临终病人的医护人员应率先承担起死亡教育的责任。因此对医护人员,特别是对实施临终关怀的医护人员应进行死亡教育培训,让他们了解临终病人的心理需求,掌握病情告知的原则与技巧、生命意义与回顾、症状控制与心灵回顾、生死问题谈话与教育等相关知识。通过教育让病人在垂死之前尽量摆脱对死亡的恐惧,尽可能的享受家庭和社会的温暖,避免不必要的痛苦,维护和尊重临终病人的人格和尊严,使临终者在尊严和安详中离去。

3. 临终病人家属

临终病人面临死亡的威胁,经受着死亡的恐惧和压力,需要从精神方面获得对死亡焦虑的解脱。而临终病人家属是痛苦的主要承担者，对临终病人的照顾往往会给家庭带来多方面的压力和恐慌，而且对于临终病人家属来说思想上的负担有时甚至要比物质上的负担更大。因此，医务人员应对家属进行辅导，使他们接受亲人死亡的事实，尽快地度过悲伤期，重新回归到正常的生活轨道。

（四）死亡教育的意义

死亡教育可以帮助人们树立正确的死亡态度，感悟"生亦快乐，死亦安乐"的美好，培养良好的死亡适应心理。

1. 有助于克服对死亡的恐惧，树立正确的死亡观

对死亡的恐惧是人类最深刻的恐惧之一，人们之所以恐惧死亡，其根本原因在于对死亡的陌生。这就要求我们必须树立正确的死亡观。死亡观是人们对死亡内容、本质、价值和意义的认识和态度，它既是世界观和人生观的有机组成部分，又是人类对自身生命和死亡现象认识深化的必然结果，死亡观也是人们正确处理与死亡有关的各种关系的前提和基础。正确的死亡观能够让人们认识和把握死亡的本质，认识到死亡是人类生命中不可或缺的组成部分，没有死亡，生命也就不是一个完整的生命。死亡教育的核心就是帮助人们树立正确的死亡观。使人们能够像对待生存一样来对待死亡，让生命发挥应有的效率和价值进而坦然地接受死亡，减少甚至消除人们对死亡的恐惧。

2. 有助于提高生命质量，树立正确的人生观

死亡教育是人类人文关怀的重要内容，主要是探讨各种与死亡相关的问题。死亡教育的目的在于"帮助个人了解死亡，增进人们把握生命意义，并提供人们检视死亡的真实性及其在人生当中所扮演的角色与重要性"。死亡教育不仅在于让人们认识到死亡的客观必然性和不可避免性，更重要的是使人们认识到生命的有限性，使人们珍视生命的存在。死亡教育是人们解读生命和提高生命质量的重要途径。生命对于每个人来说都只有一次，最终都会走向死亡，由于生命的不可重复性，人活着的全部意义就在于使这唯一的生命活得有价值、有意义。生命对每个人来说没有本质的差别，只有量的不同。高质量的生命应该实现其社会价值和个人价值，社会价值的实现是为社会和他人做出贡献；个人价值的实现在于拥有高质量的生活，获得幸福舒适。死亡教育不但可以让人们认识到生命是有限性，还让人们了解生命的意义不仅在于长度还在于生命的深度与宽度。同时死亡教育还能使人们明白死亡不是走向寂灭的虚无，而是最终确定一个人生命质量高低的标准和工具。人只有通过死亡，才能凸显生命存在的意义而最终实现生命的价值。

3. 有利于废除殡葬陋习，促进社会文明

历史传统文化形成了我国源远流长的复杂而烦琐的丧葬礼仪，加上封建迷信观念的根深蒂固和心理补偿、互相攀比等消极心理动机，造就了丧事奢办的消极社会现象，毒化了社会风气。开展死亡教育，有助于破除迷信、移风易俗，文明勤俭办丧事有益于个人、家庭、社会，净化社会风气，兴社会新风有重要意义。

本章小结

死亡是生命的必然，不可超越。在人类文明漫长的发展史中，人类对死亡的观念不断地发展演变，从最初盲目畏惧死亡发展到消极平静地接受死亡，最后发展到积极主动地面对死亡。无论是"临终关怀"还是"安乐死"，都会让人们对死亡有重新的认识。只有通过对人的最根本的死亡问题的思量,人们才能认识到只有真正透视了"死",才可以更好的"生",这就要求个体应该接受死亡知识的相关教育,树立正确的死亡观,去坦然地面对死亡。

(王明丽)

练　习　题

一、选择题

A1 型题

1. 临终关怀的伦理要求不包括(　　)。

A. 尊重病人　B. 缓解不适　C. 保守秘密　D. 心理支持

E. 理解和帮助临终病人家属

2. 脑死亡标准的伦理意义不包括(　　)。

A. 有利于科学地判定人的死亡

B. 维护了死者的尊严

C. 有利于合理使用卫生资源,减轻家属的负担

D. 有利于器官移植的开展

E. 有利于减轻病人的痛苦

3. 哈佛脑死亡诊断标准不包括(　　)。

A. 深度昏迷,对外部刺激和内部需要无感知和无反应

B. 昏迷时间超过 72 小时

C. 无自主的肌肉运动和自主呼吸

D. 各种反射消失

E. 脑电图电波平直。

4. 世界上第一个承认安乐死合法化的国家是(　　)。

A. 中国　B. 日本　C. 美国　D. 荷兰　E. 比利时

5. 死亡教育的内容不包括(　　)。

A. 死亡基本知识教育

B. 死亡权利教育

C. 死亡身后事的教育

D. 死亡心理教育

E. 死亡过程教育

A2 型题

6. 病人陈某,男,68 岁,肝癌晚期住院治疗。由于不堪病痛折磨,本人多次向主管医生提出对其实施安乐死,均被医生拒绝。陈某只有以拒绝治疗的方式来摆脱难以忍受的痛苦。医生的做法是(　　)。

A. 符合医学人道主义精神

B. 是对病人的临终关怀

C. 体现了生命的神圣

D. 我国法律没有授权医务人员有帮助病人致死的权利

E. 体现了社会对人生命价值的尊重

A3 型题(7~8 题共用题干)

李某(殁年 73 岁)与邓某是母子关系。二十年来邓某赡养母亲一贯孝顺。2011 年,长期卧病在床、不堪病痛折磨的李某请求邓某为其购买农药服食以结束自己生命,后被告人邓某同意,到一农药店购得农药两瓶,将农药勾兑后给李某饮用。李某喝下农药后即中毒身亡。法院判决认为,被告人明知农药具有毒

性，仍帮助母亲饮用导致其死亡，构成故意杀人罪，依法应予惩处。但考虑到被告人的犯罪行为发生于家庭直系亲属之间，且是被害人在患病情况下请求而造成，念及被告人二十年来赡养母亲的一贯孝顺表现，其犯罪动机有值得宽宥之处，决定对被告人从轻处罚，判处有期徒刑三年，缓刑四年。

7. 按照安乐死的执行方式，邓某为其母亲采取的是（　　）。

A. 自愿安乐死　B. 非自愿安乐死　C. 主动安乐死

D. 被动安乐死　E. 以上都不对

8. 法院的“缓刑四年”的判决可能主要基于以下考虑（　　）。

A. 邓某的行为是变相杀人

B. 人有生的权利，任何情况下都不能主动促其死亡

C. 只有法律部门才能依法结束一个人的生命

D. 邓某的行为可能使李某错过继续治疗得以恢复的机会

E. 李某的行为在某种程度上有利于邓某的自身利益

二、思考题

1. 临终关怀的伦理意义与道德要求是什么？
2. 确立脑死亡标准的价值和伦理意义有哪些？
3. 主动安乐死与被动安乐死的区别何在？
4. 安乐死存在哪些伦理争论，安乐死的伦理意义是什么？

第十章　护理科研伦理

学习目标

1. 掌握　护理科研的伦理规范；人体实验的伦理规范。

2. 熟悉　护理科研的概念；护理科研伦理的概念；人体实验的概念；护理科研的伦理意义。

3. 了解　人体实验的类型。

护理科研是提高护士业务水平，促进护理学科发展的重要手段。与其他科研活动一样，护理科研应遵循一定的护理伦理规范，尤其在人体实验过程中，应充分维护受试者的利益，恪守人体实验的伦理原则，防范护理科研中的不道德行为，促进护理科学与医学的良性发展。

第一节　护理科研中的伦理道德

医学科研的目的是为了揭示生命、健康和疾病发生发展的内在规律，探索保障人类健康、战胜疾病的有效方法和途径，提高人类的生命质量和健康水平，是生物医药科技进步发展的基础。护理科研是医学科研的重要组成部分，其基本任务是探索维护和促进人类健康的规律和方法，提高人的生命质量和价值，促进社会的和谐和发展。随着医学科研的快速发展，护理科研与医学科研协调发展是科研领域中重要研究内容。护理科研过程中所要面临的难题和未来发展中未知的问题需要护理伦理学提供支持、把握方向。尤其是护理科研过程中出现的负面问题，更需要护理伦理原则的规范，以确保护理科研工作的顺利开展。

一、护理科研伦理的概述

（一）护理科研和护理科研伦理的概念

1. 护理科研的概念

护理科研是护士为了反映和揭示人体健康、疾病及其发展的本质和规律，就护理的理论和实践，而开展的护理科学领域的研究和探索活动。

2. 护理科研伦理的概念

护理科研伦理是指护士在护理科研的实践活动中调节与他人、集体和社会等之间各种关系的行为规范或准则。它贯穿于护理科研的全过程，是护理伦理的重要组成部分。护理科研伦理对于把握正确科研方向，保护正当利益，保证研究成果的真实可靠，促进医学科学的发展有巨大的推动作用，更对护理学科的发展具有重要的实际意义。

（二）护理科研伦理的意义

1. 护理科研伦理对护理科研工作具有导向作用

在护理科研中，正确的科研动机和高尚的科研道德是取得护理科研成功的前提，护理科研工作者只有具备正确的科研动机和崇高的科研道德，才能把握护理科研的正确方向，保证护理科研过程的科学性与严谨性和研究结果的真实性与实用性，在护理科研中始终坚持实事求是，勇于探索，在科研的航道上不迷失航向，不脱离轨迹，使护理科研成果能够真正推动护理事业的发展，真正的为人类健康做出贡献。

2. 护理科研伦理是创造良好科研环境的重要条件

护理科研成果是护理科研团队集体智慧的结晶，护理科研成果的形成与护理科研团队中每个人付出分不开，护理科研伦理可以调整护理科研人员之间的关系，为护理科研创造一个良好的科研环境，让大家在工作过程中相互尊重、团结协作，为同一个目标而努力，正确对待科研成果，正确对待成果归属，正视自己与科研成果、科研团队之间的关系，促使护理科研工作的顺利进行，保证护理科研的健康发展。

3. 护理科研伦理是培养护理人才的必然要求

护理科研伦理是培养护理科研人才的基本保障，是将护士培养成护理科研工作者的必然要求。护理科研伦理要求护士要热爱护理事业，从根本上调动了护士参与护理科研的积极性，激发了护士对护理事业的热爱和忠诚，使其正确认识职业和自身的价值，增强开展护理科研的信心，勇于承担护理科研任务，不惧困难，不畏权威，科学、严谨、实事求是的开展护理科研工作，从而提高护理科研能力，并发展成为护理人才。

4. 护理科研伦理是评价护理科研成果的标准

任何科学研究都需要科研人员具备高尚的道德品格、坚强的意志、无私的奉献精神，克服科研过程中的各种难关，在科学研究过程中坚持实事求是、尊重事实，才能保证科研成果的真实有效。基于护理研究的对象是人，护理研究成果也应用于人的特征，人们必须以护理科研伦理为标准公正的评价护理科研的动机、过程，在对护理科研成果进行评价时，要注意区分护理科研成果的对与错、善与恶，既要评价科研成果本身的价值，更要评价科研成果的社会和道德意义上的价值，护理科研只有时刻把病人的利益和社会利益放在首位，审慎慎独，追求真理，才能确保护理科研成果真正有利于护理事业的发展，有利于人类和社会的进步。所以，护理科研伦理是评价护理科研成果的重要依据。

二、护理科研的伦理规范

护理科研伦理规范有助于保证科研成果的科学性、严谨性和实用性，可以避免不必要的利益纠纷和法律纠纷，能有效保障护理人员在科研中严谨求实，获得有益于护理事业进步，有益于人类健康的科研成果。护理研究者应遵循以下几点科研道德规范：

（一）目的明确，动机纯正

目的和动机支配着科研人员的一切行为，贯穿于科研过程的始终。对护理科研工作者来说，明确自身研究的目的，端正研究的动机不仅是开展护理科研的基本伦理前提，也是护理科研成功的保证。护理科研的根本目的在于寻求防病治病、减轻痛苦、增进健康的途径和方法，促进护理理论和技术的发展，为人类健康服务。纯正的动机和目的能激励护理科研人员和医务工作者献身于科研事业，为造福人类去探求生命运动的本质和规律，探讨疾病与健康互相转化的规律，为人类造福。另外，纯正的动机还可以坚定护理科研人员的信念，排除万难投身科研研究事业，并在护理科研工作中约束自己的行为，保证科学研究获得正确的结果。

（二）坚持科学，实事求是

护理科研研究内容广泛、研究对象特殊、研究过程复杂、测量指标存在不稳定性，任何科学研究又存在研究结果的两重性，在护理科研的设计过程中，实验设计要审慎，只有实验设计达到科学性、合理性、高效性、可行性的标准才能开始进行实验，在实验中一定要充分考虑到各种可能出现的情况，尤其是对受试对象身体可能造成的影响，必须审慎考虑。此外，科学研究过程中必须尊重事实，坚持真理，虚假的科研成果不仅阻碍科学的发展，而且损害国家、人民的利益，这是护理科研道德绝对不允许的。所以，护理科研人员在护理科研选题、设计、研究过程中及实验结果的公布都要坚持科学原则，实事求是。

（三）态度严谨，团结合作

科学研究是一个复杂的过程，可以说科学研究的每个细节都影响着最终的成果，科学研究的过程一定谨慎认真。爱迪生曾这样说：我平生从来没有做出过一次偶然的发明，我的一切发明都是经过深思熟虑和严格试验的结果。任何一种科学研究，都不能靠个人的力量来完成，团结协作也是科学研究的重要规范。特别在应用研究领域，科研团队的密切合作才能产生科研成果，依靠个人的力量是不可能完成的。护理科研工作者要积极开展学科间、行业间、甚至国际间的协作配合，在科学研究中协调好各种人际关系，在合作中与同事相互沟通、相互支持、相关配合、团结协作，充分发挥个人专长和集体智慧，取得最佳的科研成果。

（四）善待成果，尊重同道

护理科研道德提倡研究者在取得成果后正确对待科研成果所带来的利益和荣誉。要公正的对待科研成果，处理好个人与集体、自身与他人、奉献与名利等众多关系，要真实地对待和尊重他人的研究成果，对于借鉴、利用他人的研究成果要取得认同并做出标注，以确定成果归属、排列署名顺序时要尊重事实，合理分配。一般情况下，一项成果的主要从事者和主要指导者应该排列首位，学术上的成就不应以职位高低、资历深浅来作为衡量的标准。应根据实际工作情况来确定排列的顺序，反对争名夺利，对待科研成果不得盗名窃誉，剽窃他人成果不仅缺乏道德，甚至是违法的行为。

第二节　人体实验的护理伦理

人体实验在医学科研中具有极其重要和特殊的地位。医学、护理学新的理论、技术的成果应用前，都要通过人体实验来证实其可靠性、可行性后才能在社会上推广应用。已有的医疗、护理知识与技术也需要人体实验来不断改进。人体实验对于医学、护理学的发展意义重大。正确认识人体实验的道德问题，确立道德原则，指导人体实验，对于维护人类自身利益，促进医学科学的发展具有重要意义。但是由于人体实验对象的特殊、实验过程的复杂，更需要护理伦理学的指导与保障。

案例 10-1

某市一机关干部王某到医院进行例行检查，在神经科，医生让他多做一项检查，他以为是正常检查范围，就答应了。医生在他右手腕及右肋间贴上电极，说"这个检查没什么，就是动一下"。当医生按动按钮时，王某顿感半臂抽搐。一连五次后，医生又把电极移到他头顶，第一次就使他全身震颤，大脑瞬间失控，身体歪斜，口水流出。他强忍着问医生这是什么检查，医生答道，可能是电流大了一点，可以调小些。就这样又电了几次，王某四肢酸麻，头痛欲裂。终于熬到结束，在王某的反复追问下，医生才说出他这是一项健康人正常值的实验。这位医生遂掏出 10 元钱，让他收下，并让他在一份事先写好的协议上签字。王某拒绝，遂引发医疗纠纷。

医生做法上有何不当之处？医生应如何做才符合伦理要求？

一、人体实验的概述

（一）人体实验的概念

人体实验是以人体作为实验对象，用人为的实验手段，有控制地对受试者进行研究和考察的行为过程，它是在基础理论研究和动物实验的基础上，常规应用临床之前不可缺少的中间环节，是现代医学领域的中心支柱。

（二）人体实验的类型

根据人体实验对象的选择以及实验目的的不同，人体实验可分为六种类型。

1. 天然实验

是指实验的发生、发展和后果是一种自然演变的过程，不以研究人员意志为转移的人体实验。天然实验的发生、发展过程没有实验者的干预、控制，实验者不承担道德责任。一些流行病学的科研成果，就是在战争、饥荒、疫病和自然灾害后对疾病进行的总结与研究，了解疾病的发生、发展和预后。由于实验过程中实验者没有损害受试者的任何直接行为，并且达到了医学目的，所以其伦理价值是应该被肯定的。

2. 自体实验

是指实验者为了获得某种治疗方法或科研信息和数据，在自己身体上进行的实验。如我国高原医学专家、中国工程院院士吴天一，在建设我国最高的高压氧舱时，为了确定舱体运转的安全系数，在进行第一次人体实验时，面对危险，毫不犹豫地钻进了由模拟海拔 5000 米高度下降的舱体，忍受着头痛和耳鼓膜被打穿的痛苦完成了实验。我国医学家汤飞凡，在自己眼睛上做实验，终于成为世界上第一个分离出沙眼病毒的专家。此类实验结果有准确的优点，但具有一定的风险，体现了科研人员探索真理的崇高献身精神

3. 自愿实验

是指受试者在一定社会目的或经济目的的支配下，在充分知情的前提下自愿参加的实验研究。这是人体实验中最常见的一种类型。自愿实验过程中，实验者和受试者完全处于平等的地位，双方通过协议并履行一定程序明确各自的权利和义务，双方对实验目的、过程、手段和后果均有充分的了解和认识，对于实验过程中出现的问题可以较为及时的解决，并且实验结果相对确切，有益于人类医学领域的研究。

4. 强迫实验

是指违背受试者的意愿，通过一定暴力或政治手段强迫受试者参加的人体实验。强迫实验是违背人道的，侵犯了人身自由和受试者的利益。日本侵华期间，成立的“731”部队，抓捕中国普通百姓进行惨无人道的人体实验，强调为确保研究成果的可靠性，用活人在无麻醉情况下进行人体解剖；对健康人群进行鼠疫实验等，他们以非人的手段以医学之名进行实验，获得无意义的成果，实则是满足个人变态的欲望。这种实验严重危害了受试者的人权、尊严，在伦理上是不被认可的，实验者在道德上和法律上都应该受到谴责和制裁。

5. 欺骗实验

欺骗实验是指为了达到实验目的，利用欺骗手段对受试者进行人体实验。欺骗实验违背了知情同意的伦理原则，其结果往往使受试者承受很大的损失，甚至身心都受到严重伤害。欺骗实验是不道德的，严重损害了受试者的利益，应该受到道德和法律的制裁。

6. 试验性治疗

通常是指病情严重的病人在常规治疗无效时所采用的一种尝试，或者诊断不明时通过试验性治疗的效果来做出诊断。不论试验性治疗的结果好坏，实验者一般不受道德谴责。

案例 10-2

病人，女，8 岁因颈部包块来医院就诊，经认真检查确诊为甲状腺癌，并有颈部淋巴结转移，经周密考虑医生同赵母亲谈了如下内容：

1. 据病人所患癌症的病理类型，病人对化疗、放疗不敏感。放疗、化疗只能起到维持作用，几乎没有根治可能。

2. 常规的甲状腺癌根治术有较高的五年存活率，手术的成功希望大。但术后不可避免地造成颈部塌陷变形，肩下垂，身体外观和功能都要受到一定损害。

3. 改进型甲状腺根治术的五年存活率无明确定论，有文献报道效果较好，术后不会出现身体外观的明显改变。但本院只有 2 名医生学习过该手术，本院尚未开展此手术，手术成功的把握较小。

根据上述情况，赵母提出采用改进型手术，医生接受了赵母的选择。

医护人员进行了认真的手术准备并请上级医院的专家指导，但赵母手术前突然拒绝改进型手术，要求使用常规手术，医护人员断然否决了赵母的要求，按原计划进行手术，结果手术成功。

试从人体实验伦理要求出发分析该案例。

论述该案例涉及哪些伦理原则？你如何看待和处理这件事情？

二、人体实验的伦理原则

人体实验虽然是医学实验的重要手段，但是由于其特殊性，必须要确立伦理原则来保障人体实验的科学开展，维护实验者与受试者的利益，对人体实验行为加以规范。

（一）维护受试者利益原则

维护受试者的利益是人体实验的前提，也是《纽伦堡公约》和《赫尔辛基宣言》多方面强调体现的首要原则。维护受试者利益要求人体实验中研究者要始终把受试者的利益放在第一位，既包括受试者的生命健康，也包括维护他们的人格尊严、自主权利，分享实验带来的经济利益，以及获得损伤的赔偿。具体表现在以下几个方面：

（1）人体实验必须以动物实验为基础，只有在动物实验取得成功之后，并且在科学数据已经确认对动物无明显毒害作用后，才能进行人体实验。

（2）实验设计科学合理，实验全过程要有充分的安全措施，及时发现可能对受试者造成伤害的因素，保证受试者身心可能受到的影响降到最低程度，同时一旦实验出现意外情况，应立即中止实验。

（3）实验必须在科研水平高、临床经验丰富的医护人员亲自负责、指导下进行，并严加保管受试者的资料，防止泄露和丢失。

（4）高度重视对特殊群体如老年人、儿童、有精神和行为疾患的人、智力障碍者、无政治权利者的保护。

（二）知情同意原则

知情同意原则是进行人体实验的基本伦理原则。知情同意由知情和同意两个密切相关的权利组成。知情是指受试者有权利知道研究者将在他们身上或利用他们做什么，以及该实验将对他们有何影响，在此基础上由受试者自主作出选择同意或不同意。知情同意原则是尊重受试者个人权利和人格尊严的集中体现。《纽伦堡法典》中就明文规定，人体实验研究绝对需要受试者知情同意，实验期间受试者有权终止实验。《赫尔辛基宣言》强调"在为研究对象实行检查、治疗或人体实验时，应向研究对象充分解释，研究对象完全了解且自愿同意后方可执行"。在人体实验中，知情同意原则要求研究者在选择受试者时要向其提供以下主要信息：

（1）研究项目的名称和研究目的。

（2）研究的主要方法、步骤，受试者的具体参与情形，研究过程要花费的时间。

（3）参与该研究将得到的益处。

（4）研究对其正常生活和工作带来的影响。

（5）了解当出现不良反应时，实验或研究主持者将如何处理。

（6）保密性，向受试者说明所有个人隐私资料将得到很好的保存及保密的方法

（7）自由选择，研究者应向受试者做充分的解释，提供足够的信息供其权衡利

弊，自主决定是否接受人体实验，个人可以拒绝参加，参加后可随时退出。并保证不向受试者施加任何形式的强迫利诱和不正当的影响，不会因此而受到不良待遇。在受试者充分知情同意的基础上，签署知情同意书。贯彻知情同意权，既是对受试者的尊重，也是对研究人员的保护。

（三）符合医学目的原则

人体实验作为实验方法的一种，与其他科学实验一样都具有明确的目的性，尽管每一实验的具体目的不同，如有的是为了验证某种药物的疗效，有的是为了检验某种治疗方法可行性等等，但总的目的都是一致的，即为了医学的发展，为了探明疾病发生、发展的内在规律及防治措施。正如《赫尔辛基宣言》指出的："以人作为实验者的生物医学研究的目的，必须是旨在用以增进诊断、治疗和预防等方面的措施，以及为了针对疾病病因学和发生机理的了解。"医学科技工作者进行人体实验的目的只能是为了提高诊疗水平，发展医学科

学、维护和增进人的身心健康。任何背离这一目的的人体实验,都是不道德的。符合医学目的的人体实验应具备以下几个条件:

(1) 用人体实验获得的知识很重要,而且是不能用其他方法或技术得到的。

(2) 研究者必须具有人体实验的资格。

(3) 已经完成动物实验或尸体实验。

(4) 人体实验有得无失,或得大于失。

(四) 科学性原则

科学性原则是进行人体实验的重要伦理原则。为保证实验结论的客观性,增强实验的可信度,必须遵守实验的科学性原则,科学原则包括随机分组、设立对照、重复验证三个基本原则。随机分组是将不同的年龄、性别、民族、文化、社会地位的受试对象随机分到实验组或对照组,随机分组可使实验具有可比性和客观性。实验对照是科学性原则的特殊要求,是医学科学发展的需要,人体实验受机体内在状态和实验条件的制约,心理、社会等因素的影响,为预防各种主观因素的干扰,设置对照组进行科学对照,是消除偏见、正确判断实验结果客观效应的需要,而且也符合医学伦理学要求。重复验证确保实验结论的可靠性。严格设计的科研实验,是避免大规模无序而有风险的临床试验的关键环节,保证了受试者的利益,在人体实验后,研究人员必须做出实事求是的科学报告。任何篡改数据、编造草料的行为都是不符合科学道德的。

(五) 伦理审查原则

伦理审查是保证人体实验符合伦理要求的必要组织程序,是保证人体实验伦理性质的基本环节。2008年《赫尔辛基宣言》修正版明确指出:“在研究开始前,研究程序必须提交给研究伦理委员会,供其考虑、评论、指导和同意。该委员会必须独立于研究人员、赞助者和任何不正当影响之外。”伦理审查委员会依据相关规定,对人体实验的设计、实施及结果进行伦理审核、评判、批准、监控,从而保证研究对象的人权、安全和健康。

在以上伦理要求中,最根本的、核心的伦理要求是“维护受试者的利益”。其他伦理规范都必须以这一要求为先导。只有在认真地贯彻这一要求的基础上,坚持“知情同意”“符合医学目的”“科学严谨”“伦理审查”才有实际的意义,因为受试者的生命安全和健康才是最基本、最重要的,维护受试者的利益是人体实验的最低标准,但却体现了人体实验的最高宗旨,如果受试者的利益都不能维护,人体实验就没有任何意义。

本章小结

护理科研是现代护理活动的重要组成部分,是推动护理科学发展的重要环节。但由于科学研究与人体实验工作的未知性和不确定性,研究过程可能存在一定的负面效应。因此,加强护理科研伦理和人体实验伦理是确保护理科研活动、人体实验正确方向的重要条件。护理科研伦理要求研究者应遵从相关的伦理道德规范,确保科学研究与人体实验既能满足病人对健康的需求,还要有利于护理人员自身的学习与发展,更能促进医学和护理学的发展。

(曹家月)

练 习 题

一、选择题

A1 型题

1. 护理科研伦理规范不包括(　　)。

A. 动机纯正　B. 科学严谨　C. 伦理审查　D. 精益求精　E. 实事求是

2. 人体实验的类型不包括(　　)。

A. 自体实验　B. 天然实验　C. 强迫实验　D. 欺骗实验　E. 动物对照实验

3. 人体实验的道德原则,下列不正确的是(　　)。

A. 严谨的医学态度　B. 符合医学目的

C. 受试者知情同意　D. 医学发展至上

E. 维护受试者利益

4. 人体实验的核心宗旨是(　　)。

A. 医学发展至上　B. 受试者知情同意

C. 维护受试者利益　D. 严谨的医学态度

E. 尊重科学

A2 型题

5. 吴某,女,27 岁,未婚,发现左侧乳房有肿块。经医生检查判断后拟进行手术治疗。但吴某十分担心手术后会影响以后生活质量。经过医生积极解释,吴某消除了心理负担并要求保密。在征得其家属同意的情况下进行了手术,手术顺利完成,病人及其家属满意。这体现了病人的(　　)。

A. 基本医疗权　B. 知情同意权　C. 疾病认知权　D. 保护隐私权　E. 以上均是

二、思考题

1. 护理伦理科研伦理规范包括哪些?

2. 医护人员开展人体实验应该遵循哪些伦理规范?

第十一章　护理伦理教育、修养与评价

学习目标

1. 掌握　护理伦理教育、修养的方法和意义；护理伦理评价的标准及依据。

2. 熟悉　护理伦理教育、修养和评价的概念；护理伦理评价的方法和作用。

3. 了解　护理伦理修养的特点；护理伦理教育的原则。

护理伦理教育、修养与评价是护理伦理学研究的重要内容，也是护士道德实践活动的基本形式，贯穿于护士的日常工作当中。护理伦理教育、修养与评价三者相互补充，相互促进。护理伦理教育与护理伦理评价可以使护士掌握护理伦理学的基本理论、原则和规范，提高护理道德认知、道德信念和道德情感，使护士在工作中自觉遵守护理道德要求，形成良好的护理道德修养。而良好的护理伦理修养又可以提高护理伦理教育和护理伦理评价的水平，提高护理队伍整体的道德素养，促进护理事业的良性发展。

第一节　护理伦理教育

一、护理伦理教育概念、原则

（一）护理伦理教育概念

护理伦理教育是根据护理伦理理论、原则和规范的要求，有组织、有目的、有计划、有步骤地对护理人员进行系统的道德灌输，施加道德影响的活动。

（二）护理伦理教育的原则

护理伦理教育的原则是护理伦理教育过程中应该遵循的准则，是实施护理伦理教育的基本要求和重要依据。护理伦理教育应当遵循的原则主要包括以下几个方面：

1. 理论与实践相结合的原则

护理伦理教育要做到理论与实践相结合，即提高道德认知与培养道德行为和习惯相结合。因此，护理伦理教育既要系统灌输护理伦理学的基础理论和基本知识，培养受教育者的道德意识，又要注意运用护理伦理学的基本理论去分析和解决护理实践中的伦理问题，做到理论与实践相统一。

2. 因人施教原则

在护理教育过程中，教育者应从受教育者的实际情况出发，依据个体差异，有的放矢地进行施教。一是教育的内容要适合受教育者的知识层次和接受能力；二是教育者必须考虑每个受教育者的个性特征，如性格、修养、气度等情况，保持教育的针对性。护理伦理教育只有采取个性化的伦理道德教育，才能收到良好的效果。

3. 正面引导原则

在护理伦理教育中，坚持以正面教育为主，施教过程中要注意与受教育者进行心理沟通，应循循善诱，以理服人，以情动人，启发自觉，将护理伦理道德原则、规范转化为实际行动。并以真诚、信任的态度帮助护士调动其自身的积极因素，为其护理品质的形成指明方向。

4. 法律与道德教育相结合的原则

护理伦理教育既要运用卫生法律法规对护士进行教育，又要运用道德原则和规范对护士进行教育。在护理伦理教育中，教育者要宣传、讲解法律法规的相关知识，增强护士的法律意识，以便在护理实践中维护护患双方权益，有效防范医疗事故的发生，提高护理质量；又要宣讲护理伦理道德原则和规范，增强护士的伦理意识和责任感，使之自觉履行道德义务，全心全意为病人服务。

二、护理伦理教育方法和意义

（一）护理伦理教育方法

护理伦理教育的方法是组织实施对护理人员进行伦理道德教育的各种措施或方式。护理伦理教育的方法应该是灵活多样的，常见的教育方法有以下几种：

1. 说服教育法

培养和塑造护理人员优良的道德品质，必须正面灌输系统的护理伦理学知识，讲清道理，以理服人，启发自觉。在说服的过程中，教育者要积极做疏通引导工作，沟通感情，以情动人，循循善诱。教育者要发扬民主，尊重、信任受教育者，与之达到思想一致，产生共鸣。即使是批评教育，教育者也必须充分说理，进行疏通引导，使受教育者能从内心深处接受正确的道理，达到教育的目的。

2. 榜样示范法

榜样或先进典型集中体现着一定时代的道德要求和社会所要求的道德水准。榜样具有说服力、感染力和号召力，有很强的示范、激励、推动和导向作用。因此，教育者要善于利用古今中外护理道德高尚的人物、事例，特别是当今或出现在受教育者周围的卫生战线典型模范人物的优秀事迹进行引导、教育，使之受到感染和熏陶，产生共鸣，激发其仿效之情。此外，在教育过程中，教育者自身要以身作则，言传身教，发挥表率作用。

3. 舆论扬抑法

社会舆论是一种客观的精神力量，能促使受教育者控制和调节自己的行为。健康的社会舆论能为教育创造一种有利氛围，是培养护理人员良好的道德品质、制约其道德行为的教育力量，其作用是无形而又巨大的。教育者要善于营造并利用健康的社会舆论，对好人好事加以倡导、褒奖，对不正之风予以鞭笞、贬抑，扶正祛邪，使高尚的护理道德蔚然成风，提高护理人员的道德义务和责任感，并使之养成良好的道德行为习惯。

4. 奖惩结合法

教育者对受教育的护理人员的合乎护理道德的行为给予肯定和奖励，促进该行为的保持；对违反护理道德的行为给予否定和惩罚，促使该行为的减少或消失。在实施奖惩时，应将物质奖惩、社会奖惩和精神奖惩的综合运用，同时注意奖惩要适当。

（二）护理伦理教育的意义

1. 有利于培养合格的护理人才

一个合格的护士不仅要有扎实的护理理论知识和精湛的护理技术，还应具备高尚的护理道德品质。护理道德品质是护理伦理原则和规范在护士个体思想和行为中的体现,是护理道德意识和行为的综合表现。只有具备高尚的护理道德品质,护士才能全心全意为病人服务。在工作中不计个人得失、忠于职守、勇于奉献;在技术上精益求精,不断提高。但护理道德品质不是先天具备的,是护士在学习和工作中,通过接受护理伦理教育以及个人的学习、修养逐步形成的。因此,护理伦理教育是培养护理人才的必要手段。

2. 有利于护理职业道德建设

护理道德是护理实践领域的职业道德,坚持护理伦理教育,有助于提升护士的道德意识、道德品质,对于改进医院护理工作、改善护患关系、提高护理质量都有重要作用,更有助于形成良好的护理风气。因此,护理伦理教育有利于护理职业道德建设,有利于护理界形成良好的护理职业道德和护理作风。

3. 有利于适应医疗卫生事业改革

卫生事业改革是一项极其复杂的探索和创新事业,医护道德观念的更新和发展是医疗卫生事业改革的重要组成部分,新的医护道德观念一旦形成会能动地反作用社会。如何因势利导,破除不合时代要求的医护道德观念,培养和传播新的医护道德观念,为卫生事业改革的顺利进行提供有力的思想支持,这就需要对护理人员加强护理伦理教育。随着医学技术的飞速发展,护理领域也发生了突破性的变革,特别是医学新技术的发展和整体护理的推进,给护理工作带来了新的机遇和挑战。如何正确认识医学新技术带来的系列伦理难题,如何构建新的道德观念来支持医学新技术的发展,如何尽量减少因使用这些新技术而带来的负面影响,如何正确认识整体护理模式中护理人员的责任和使命等等,是护理伦理建设面临的新课题。持之以恒的护理伦理教育,能培养护理人员坚强的毅力、顽强的意志、团队的精神和为护理科学发展而奋斗的决心和勇气,提高为人类健康服务的责任感,增强发展护理科学的动力,不断提高护理科学发展水平。

案例 11-1

某医院护士小宋,在一次给住院患者发药时,因粗心大意,未仔细查对床号,错把5床病人所用的药发给2床的患者。她发现错误后,立即报告护士长,并及时采取了补救措施,病人未出现严重后果。事后护士小宋在自己的日记中写道:庆幸今天没有发生意外,但我心里却乱极了,怎么也不能原谅自己,平时护士长总批评我工作马虎,自己很不服气,但今天的教训使我明白了做护理工作非有高度的责任心不可,稍一疏忽就是人命关天的大事,发错一次药,打错一次针,就会给病人造成痛苦,甚至造成不可挽回的损失,我应该从差错中吸取教训,加强责任心,熟悉每个病人的病情,做到心中有数,决不再发生类似的差错。

如何对护士小宋的护理伦理行为进行评价?

作为医院和护士长,应该如何加强护士的护理伦理教育?

护士小宋的反思日记对提高其护理伦理修养的影响如何?

第二节　护理伦理修养

一、护理伦理修养概念、特点

（一）护理伦理道德修养的概念

护理伦理修养是指护士在护理道德的培养形成过程中，依照护理伦理原则和规范所进行的自我教育、自我锻炼、自我改造和自我培养的过程和活动，以及经过这种努力和锻炼所形成的护理职业道德情操和护理职业道德境界。

（二）护理伦理道德修养的特点

1. 自觉性

无论是护理伦理理论、意识修养，还是护理伦理行为修养，主要是护士个人的活动，依靠个体的高度自觉。因此，修养的过程需要发挥个体的主观能动性，严格要求自己，自觉地改造自己的主观世界，提高自身的护理伦理修养水平。

2. 坚持性

护理伦理修养不是一朝一夕能够形成的，是一个长期艰苦磨炼的过程，必须要坚持不懈、持之以恒，特别是在遇到困难和阻碍时更要激流勇进。只有在复杂的社会环境中不断增强自身的抵抗力，以坚韧不拔的毅力和持之以恒的信心，自觉抵制不道德的行为，才能不断向崇高的道德修养目标迈进。

3. 实践性

护理伦理问题产生于护理实践之中，因此，护士的护理伦理修养只有在护理实践中经过长期的自我锻炼，并在锻炼中不断完善自我，才能在实践中提高自己的护理伦理修养水平。

二、护理伦理修养方法及意义

（一）护理伦理修养的方法

1. 重视理论学习

理论知识是护士进行伦理修养的基本条件。因此，进行护理伦理修养，就要学习护理伦理的相关理论知识。一方面要学习科学的思想理论，特别是护理伦理理论，并将理论知识转化为个人的思想觉悟和品格，使自己具备辨别善恶、是非的能力；另一方面要学习科学文化知识，特别是护理科学知识和人文知识，在实践中锻炼和提高自己观察和处理问题的能力。

2. 力行慎独

“慎独”是指护理人员在单独工作、无人监督时仍能坚持护理道德信念，履行护理伦理道德规范，自觉进行反省并逐步达到高尚的道德境界。“慎独”既是一种道德修养的方法，也是道德修养要达到的境界。由于职业的特点，护士经常独立工作，无人监督，护士能否认真负责、谨慎处置、严格遵守操作规程、高质量地做好护理工作，主要靠“慎独”精神。为此，护士要努力提高“慎独”的自觉性，达到护理伦理修养的目的。

3. 躬亲实践

护理伦理修养的提高源于护理实践。护士在掌握了护理伦理学知识之后，应将理论应用到实践中去，经常反思自己的言行，认清自己与伦理标准之间的差距，及时发现自身的不足，并加以弥补和纠正。这样才能真正理解护理伦理的内涵，培养发自内心的护理伦理情感，形成坚定的道德意志和信念，养成相应的道德行为习惯。

4. 持之以恒

护理伦理修养贯穿于护士职业生活的始终，其内容也会随着社会和护理科学的发展而不断发生变化。因此，护理伦理修养水平的提高对护士而言也是永无止境的。护士要随着护理伦理修养的标准和内容的变化不断调整自己的行为，使自己的行为始终与护理伦理修养标准相一致。所以，良好的护理伦理品质的形成，需要坚持不懈，持之以恒。

（二）护理伦理修养的意义

1. 有利于提高护理质量

加强护理伦理修养，有助于护士将护理道德原则与规范转化为内心信念，提高自身的道德意识和道德品质，进而激发事业心、责任感和使命感，促进高质量、圆满地完成本职工作，并自觉为护理事业和护理科学的发展作出贡献。

2. 有利于提升护士的综合素质

一名合格的护理人才，不仅应该具备专业的基础知识、精湛的护理技术、较高的文化素质，还应具有高尚的护理道德品质。护士通过检查自己的行为是否符合护理伦理的要求，不断地提高自己的伦理修养水平，有利于自身综合素质的提高。

3. 有利于形成良好的护理作风

护理伦理修养虽然是个体的道德实践活动，但护理队伍是由护士组成的，如果每位护士都能够自觉地进行伦理修养，以高度的事业心和责任感对待护理事业，将有利于良好护理风气的形成。

第三节　护理伦理评价

一、护理伦理评价的概念及作用

（一）护理伦理评价的概念

护理伦理评价是指在护理实践活动中，人们根据一定的护理伦理原则和规范，通过社会舆论、内心信念、传统习惯等方式，对护理人员的行为和活动及其各类伦理现象所作的一种价值判断。

（二）护理伦理评价的作用

1. 裁决作用

护理伦理道德标准是一种善恶标准，凡有利于病人和社会、有利于医学和护理科学的发展的行为都是善的行为；相反，则为恶的行为。根据护理伦理道德标准评价护士的行为，对符合护理伦理道德标准的行为社会应给予肯定和赞扬，使个人的心里感到愉悦；对不符合伦理道德标准的行为应受到社会的否定和责难，使其自身良心感到不安。

2. 调节作用

护理伦理评价是调节护士职业行为的“杠杆”，在护理实践中以其独特的方式调节护士与服务对象之间、护士与护士之间、护士与其他医务人员之间的伦理关系。通过道德评价，对护理人员的道德行为进行审定，使护士在护理实践中分清善恶，促使护士按照护理伦理原则和规范行事。

3. 教育作用

护理伦理评价针对具体的护理行为，阐述衡量行为善恶的标准，有助于护士判断自己的护理行为是否道德，从正面事例中受到激励，从反面事例中得到教育，做到弃恶扬善。

4. 促进作用

在医学高新技术的发展过程中，常常遇到一些如器官移植、辅助生殖技术的应用、安乐死、严重缺陷新生儿的处理等护理伦理难题。对这些高新技术手段应用引起的伦理道德问题予以解决，做出正确的评价，将推动护理与医学科技的进步与发展。

二、护理伦理评价的标准及依据

（一）护理伦理评价的标准

护理伦理评价的标准是指衡量护理人员行为的善恶及其社会效果优劣的尺度和依据。根据护理伦理原则的要求，护理伦理评价的标准主要包括以下几条：

1. 疗效标准

即护理行为是否有利于病人疾病的缓解和痊愈。护理人员应以维护病人身心健康作为最基本的道德义务和责任，凡是有利于增进健康、促进康复、减轻痛苦、提高生命质量的行为就是道德行为，反之为不道德行为。疗效标准是评价护士行为是否符合护理伦理原则、衡量护士护理伦理修养水平的重要标志。

2. 社会标准

即护理行为是否有利于公众、社会、人类的利益。护理人员和医疗卫生单位不仅要治病救人，同时担负着预防保健、提高人口素质、提高生命质量的道德重任。因此，护理人员必须将人的医疗护理利益和健康利益、眼前利益和长远利益、个人利益和社会利益相结合，促进一切有利于人类健康利益的自然和社会因素的统一。

3. 科学标准

指护理行为是否有利于促进护理科学的发展和社会的进步。随着高新技术在护理实践中的应用，护理水平不断提高，护理科研不断发展，护理成效日益显著。护理人员在尊重人的身体健康利益的前提下，应树立科研意识，积极进行科学研究，促进护理学科的发展和社会的进步。

上述三条标准是辩证统一的，护理伦理评价是一个复杂的伦理认识和实践过程，在进行护理评价时，应从整体上去把握，对护理行为做出正确、全面、科学的评价。

（二）护理伦理评价的依据

护理人员的行为是在一定的动机、目的支配下采取的相应手段，并产生一定的行为效果。因此在评价护士行为是否道德时就可以根据动机与效果、目的与手段做出判断。

1. 动机与效果

动机是指行为主体去实施一定具体行为的主观愿望和意图。效果是指人们的行为所造成的客观结果。一般来说,良好的护理动机会带来良好的护理效果,不良的护理动机产生不良的护理效果。在这种情况下,无论根据动机还是根据效果进行评价结果都是一样的。但在某些情况下,动机和效果会不一致,这就需要将动机和效果联系起来分析,不可简单地以效果判断动机,也不能简单地以动机判断效果。动机与效果的不一致性分两种情况:一种情况是良好的动机产生不良的效果:当良好的动机产生不良的效果时,要客观地评价不良的效果。例如,护士竭尽全力想把病人治疗护理好,但由于病人病情复杂,受当时医疗技术水平和医疗护理措施的限制,仍不能使病人转危为安或痊愈,对于这种情况仅仅根据治疗护理效果就对护士进行责备,对于其行为给予否定性评价显然是片面、不合理的;另外一种情况是不良的护理动机有时却带来好的护理效果,即"歪打正着",如护士处于某种私利,对病人不是一视同仁,对有权、有地位的病人热情服务;对于没权没地位的病人,态度冷漠,这种行为可能会得到某些病人的赞扬,但是对于这种护士的行为给予肯定性的评价显然是不合理的。

所以根据动机和效果进行护理评价时,我们既不能只看动机不看效果,也不能只看效果不管动机;而应从效果上检验动机,从动机上看待效果,并将动机和效果有机结合起来应用到护理评价中。

2. 目的与手段

目的是指护理人员在护理活动中期望达到的目标。手段是指护理人员为实现目的所采用的方法和措施。目的与手段是互相联系、互相制约的,目的决定手段,手段为目的服务。目的和手段是辩证统一的。目的和手段的统一构成了伦理评价的又一依据。从护理伦理原则的要求出发,依据护理目的选择护理手段,应遵循以下四条原则:

(1) 一致原则:即选用的护理手段必须与治疗的目的相一致。在护理实践中,护理人员必须配合预防和治疗需要,尽力为病人创造适合治疗的环境和条件。

(2) 最佳原则:即对于同一种疾病,在存在多种护理手段的情况下,应选择预后最佳、痛苦最小、副作用最少、耗费最少及安全度最高的护理手段。

(3) 有效原则:即选用的护理手段应经过实践检验,证明对病人是有效的。护理人员应该根据不同的病种、病情,采取有效的护理手段和措施,达到治愈的目的。

(4) 社会效益原则:即选择护理手段时必须考虑社会效果。凡是可能给社会带来不良效果的护理手段,都是不能采用的。当病人利益和社会利益发生矛盾时,护士既要对病人负责,更要对社会整体利益负责。

三、护理伦理评价的方法

护理伦理评价的方法分为社会评价和自我评价。社会评价主要包括社会舆论和传统习俗,属于客观评价;自我评价主要是指内心信念,属于主观评价。在进行护理伦理评价时,必须把社会评价和自我评价有机地结合起来,使评价更加公正、客观,更好地发挥护理伦理评价的作用。

1. 社会舆论

社会舆论是指公众依据一定的道德观念对某种社会现象、事件和行为所发表的议论、看法和态度。社会舆论可以形成强大的精神力量，传递一定的行为价值观念，规范人们的道德行为，指导人们的道德生活，对人产生教育和监督的作用。

社会舆论是护理伦理评价的重要方式。社会舆论包括两种：一种是有组织、有目的的正式舆论，如各级政府、组织通过报纸、电视、广播、期刊等各种媒介所做的社会舆论，具有正式性和权威性的特点。正式舆论通过有目的、有计划地引导，使护士懂得哪些是护理伦理原则和规范要求应有的行为，哪些是不应有的行为，使他们去追求高层次的护理伦理修养境界。另一种是非正式的社会舆论，是社会人群自觉或不自觉地对周围的人或事发表的言论，是人们凭借传统观念和经验，在一定范围内通过相互的交流形成的，具有自发性和随意性的特点。如病人、病人家属、同行以及社会其他人群对护士职业行为及其伦理现象的价值判断，对护士的职业行为起着调节和导向的作用。社会舆论作为一种无形的力量，传播速度快捷、影响范围广泛，因此，应重视社会舆论的作用。在进行护理评价时，应广泛而恰当的利用正确的社会舆论，增强护士的责任心、道德感，纠正不符合护理伦理原则和规范的行为，促进护士护理伦理修养水平的提高。

2. 传统习俗

是指人们在社会生活中逐渐形成的，从历史沿袭而巩固下来的，具有稳定的社会风俗和行为习俗，并且已同民族情绪和社会心理密切结合，成为人们自觉或不自觉的行为准则。

传统习俗作为护理伦理评价的方法，受到社会历史条件、经济水平、文化生活状况、宗教、伦理道德等因素的制约，传统习俗中既有优秀的传统护理美德，同时也存在陈规陋习。因此，在继承和发扬优秀护理传统习俗的同时，对落后的习俗应该批判和改进，积极探讨、制订和形成新时期的护理新习俗，以推动护理事业的不断发展，更好地为人类身心健康服务。

3. 内心信念

内心信念是一个人对自己行为进行善恶评价的内在道德信念，是护理人员发自内心地对自身道德义务的认同和责任感，是将外在的护理伦理道德规范转化为内在高度自觉的道德意识和道德品质，是对自己行为进行善恶价值评价的精神力量。内心信念具有稳定性和深刻性的特点。所谓稳定性，是指护理人员的内心信念一旦形成，就不会轻易改变，而且在相当长的时期内影响并支配自己的伦理道德行为；深刻性是指护理人员内在信念的形成，是长期进行道德学习和道德实践的结果，是道德认识、道德情感和道德意志的统一。

内心信念是护理伦理评价的重要方式，当一位护理人员做了符合护理伦理道德原则和规范的事，内心就会得到满足，给予自己肯定行性的评价，从而继续坚持这种行为；假如一位护理人员的行为违背了护理伦理道德原则规范，经内心自省，会受到内心的责备，感到内疚和不安，内心信念就会给予否定性的评价，从而告诫自己今后不再做类似的事情。一个人一旦形成坚定的内心信念，就会在内心信念的支配下，对自己的伦理行为进行评价和审判，从而促进人们自觉履行伦理义务。

总之，在护理伦理评价中，社会舆论、传统习俗和内心信念相互联系、相互补充，共同构成了护理伦理评价体系。社会舆论的形成是以人的内心信念和传统习俗为基础的，社会舆论、传统习俗又能促进内心信念的形成。因此，在进行护理伦理评价时，应将三者有机地结合起来，综合运用，做出公正客观的护理伦理评价，并以此来调整护理人员的道德行为，促进护理人员职业道德和职业品质的形成，推动社会主义精神文明的建设。

本章小结

护理伦理教育、护理伦理修养和护理伦理评价是护理伦理建设的重要内容。护理伦理修养与护理伦理教育都是以培养护理人员道德品质、提高其道德境界为目的的道德实践活动。护理伦理修养强调个体的自我锻炼、自我教育、自我塑造过程,强调护士道德品质的形成和提高主要靠个体的内部因素和自觉行为;护理伦理教育则强调群体的外部施教和塑造过程,强调外部因素对护士道德品质形成与提高的启发和影响。因此,护理伦理修养是护理伦理教育的基础;护理伦理教育是提高护理伦理修养的条件,二者相互联系、相互影响和相互促进。此外,护理伦理评价是个体、社会对护士的言行所具有的道德价值作出的评判,对评判、调节和规范护士的护理行为具有重要的作用,护理伦理评价对护理伦理教育和护理伦理修养具有监督和指导意义。

(王明丽)

练 习 题

一、选择题

A1 型题

1. 护士实践是护理修养的基础,下面与护士提高护理道德修养的方法选项不符的是(　　)。

A. 学习求知　B. 力行“慎独”　C. 躬行实践　D. 持之以恒　E. 以上都不是

2. 护理伦理教育的原则是指护理道德教育中应该遵循的准则,护理道德教育的原则有(　　)。

A. 理论与实践相结合的原则　B. 因人施教原则

C. 正面引导原则　D. 法律与道德教育相结合的原则

E. 以上都是

3. 护理伦理教育的方法不包括(　　)。

A. 说服教育法　B. 榜样示范法

C. 奖惩结合法　D. 案例分析法

E. 舆论扬抑法

4. 护理伦理评价的作用不包括(　　)。

A. 裁决作用　B. 决策作用

C. 调节作用　D. 教育作用

E. 促进作用

5. 护理伦理教育、修养、评价是护理伦理中的重要问题,是形成良好护理行为的三要素,他们之间的关系是(　　)。

A. 互相独立　B. 互相对立

C. 互相联系、互相促进　D. 各不相连

E. 互相对立、互相排斥

二、思考题

1. 简述护理伦理教育的原则和方法。
2. 试述护理伦理修养的意义。
3. 护理道德评价的标准、依据和方法有哪些?

第十二章　护理法律概述

学习目标

1. 掌握　护理法律的形式和内容；护患关系；护理行为。

2. 熟悉　护理立法的意义；病人的权利与义务；护士与护生的法律责任。

3. 了解　护理立法的历史与现状；护理立法的基本原则；护理法律与护理道德的关系。

护理立法始于20世纪初。目前世界上没有护理立法的国家或地区已经不多。各国颁布的护理法律、法规既适应本国的政治、经济、文化特点，但彼此又有共同之处，即通过立法阐明护理的定义和法律地位，护理工作的宗旨与人类健康的关系及其社会价值。

第一节　护 理 立 法

一、护理立法的历史与现状

（一）国外护理立法

1. 护理服务立法

护士立法开始于20世纪初的欧洲。英国于1919年公布了世界上第一部护理法。随后，荷兰于1921年公布了护理法，芬兰、意大利、波兰等国也相继公布了护理法。

1903年美国北卡罗来纳、新泽西等州首先颁布了《护士执业法》，作为护士执业的法律规范。1950年美国护理协会制定了《护理法则》，1985年进行修订，该法则强调护理的责任主要是保护、促进和恢复所服务社区人群的健康。1973年美国护理协会制定了《护理实践标准》，规定了护理服务的质量和职业责任。2001年，美国护士学会通过了一项《护士权利法案》，规定护士在任何情况下都可以个人或集体的身份就他们的雇用条件进行谈判、在一个对他们及其病人均为安全的环境里工作等7项权利。

1985年德国由联邦政府制定了《护士执业法》，主要从护理的任务、职业标准、教育训练、护士的职业资格和权利、义务等方面做了具体规定。根据法律的有关要求，只有接受过专科培训的护士才有晋升和从事重症监护、精神科、手术室等护理工作的专业资格。1994年，德国颁布的《护理保险法》一方面适应了老龄化社会发展对护理的需求，另一方面也保证了护理费用的来源，促进了私人开业护士和社区及家庭护理的开展，使护士的收入有了很大的改善，稳定了护理队伍，体现了护理学科的独立性。

2. 护理教育立法

国家制定护理教育的法律、法规，对护士专业的设置标准作出规定，进行评估和认可，规定护理教育标准，对护生进行考试，以培养具有更高学术背景的专业护士。美国在19世纪末和20世纪初，为适应医院发展的需要，护理教育得到迅速发展。与此相适应，19世纪末，美国许多州通过法律规定护士必须向州一级注册，并开始逐步统一护理教育的标准。1913年，大约20个州制定了管理护理教育和护理实践的法律。到1923年，已有48个州制定了这类法律。同时，美国护理教育联合会也开始对各类护士学校进行评估。

1966 年德国颁布了《护理教育法》。根据这一法律，德国的护士学校必须由州政府制定的主管机关予以认可，并规定各类护士学校必须设在拥有一定数量病床和专科服务单元的医院里。1985 年颁布的《护士执业法》规定，护生入学年龄为 17 周岁，身体健康，通过面试并签订护士执业合同后即可入校学习。同时规定护生入学半年内为考察期，学校可辞退学生，学生也可自动退学。护生在校学习享受月薪，受教育期间的月薪逐年增加。在临床实习阶段，护生还可以得到由医院付给的超时工资。

（二）护理国际立法

1947 年，国际护士委员会发表了一系列有关护理立法的专著。1953 年世界卫生组织发表了第一份有关护理立法的研究报告。1968 年，国际护士学会成立了护理立法委员会，制定了世界护理法上划时代的纲领性文件《系统制定护理法规的参考性指导》。

目前，最具代表性的国际护理法规是国际护士学会制定的《护士守则》，这一守则最先由 1953 年在巴西圣保罗召开的国际护士会议采纳，1965 年在德国法兰克福召开的护士大会上作了修订，此后于 1973 年又作了修订。《护士守则》中强调护理的需要是全人类性的。护理从本质上说是尊重人的生命、人的尊严和人的权利。不论国籍、种族、信仰、主义、肤色、年龄、政治或社会地位，一律不受限制。同时规定护士的基本任务有四个方面：增进健康、预防疾病、恢复健康和减轻痛苦。

（三）中国护理立法

中国传统医学的特点是医、护、药不分，古代护理寓于医学之中，现代护理事业是 1840 年鸦片战争前后随着西方医疗护理工作的传入，逐步发展起来的。1888 年在福州成立了我国第一所护士学校。1934 年国民政府教育部成立了护士教育专门委员会，护士教育被纳入国家正式教育系统。为了规范护士执业和管理，国民政府于 1936 年颁发了《助产士法》。

中华人民共和国成立后，卫生部发布了《医士、药剂士、助产士、护士、牙科技士暂行条例》；1970 年又发布《关于加强护理工作的意见》，但是由于我国没有建立起护士考试、注册及职业管理制度，使护理队伍整体素质难以提高，影响了医疗护理质量。

党的十一届三中全会以后，随着医疗事业的发展和民主法制建设的加强，护理工作的法制化管理日益受到重视。1982 年卫生部在医政司内设立了城市护理处。根据国务院批准卫生部颁发的《卫生技术人员职称及晋升条例（试行）》的规定，正规护校的毕业生可以获得护士、护师、主管护师、副主任护师及主任护师的技术职称。

1986 年，首届全国护理工作会议召开。会后卫生部发布了《关于加强护理工作领导，理顺管理体制的意见》。1997 年，卫生部又发出《关于进一步加强护理管理工作的通知》，要求加速护理工作改革，转变护理模式，提高护理质量，以适应社会发展和满足人民群众日益增高的护理保健需求。1993 年 3 月，卫生部颁布了《中华人民共和国护士管理办法》；1995 年 6 月，全国首次护士执业考试举行，标志着我国护士执业考试和注册制度正式建立。

为了维护护士的合法权益，规范护理行为，促进护理事业发展，保障医疗安全和人体健康，2008 年 1 月 31 日国务院发布了《护士条例》，自 2008 年 5 月 12 日起施行。《护士条例》从立法层面明确了护士的权利和义务，明确了各级政府及有关部门、医疗卫生机构在维护护士合法权益，改善护士工作条件，保障护士必须待遇，保证护士队伍素质，规范护理技术行为等方面的责任，使护士执业管理走上了法制化轨道。

随着现代医学模式和新的健康观念、护理理念的发展，以及护理服务不断向家庭、社区延伸，卫生部相继制定了《护士执业注册管理办法》、《护理管理标准及评审办法(试行)》、《医院管理评价指南(试行)》、《社区护理管理的指导意见(试行)》、《专科护理领域护士培训大纲》等。中华护理学会为了贯彻实施《护士条例》，给全国护理工作者提供护理伦理及执业行为的基本规范，在借鉴国内外经验和广泛征求意见的基础上，组织专家制定并于2008 年颁布了《护士守则》。

二、护理立法的意义

(一) 为护士提供最大限度的保护和支持

通过护理立法，使护士的地位、作用和职责范围有了法律依据，护士在行使护理工作的权利、义务和职责时，可最大限度地受到法律的保护、国家的支持和人民的尊重，任何人都不可随意侵犯和剥夺。在临床工作中，与病人接触最多最频繁的是护士。护士在与病人的接触中，如何贯彻医师的治疗方案，如何细心观察病人的生理和病情变化，以便及时提供资料，使医师及时调整和补充治疗措施，在医疗过程中占有很重要的地位。护士对病人的生命、健康、安全负有重大责任。护理法律、法规确立护士的地位、作用和职责范围，使护士明确自己在护理工作中应承担的法律义务，增强法律意识，以正确履行岗位职责。同时，护理法律、法规完善护士准入制度，加强护士队伍建设，明确护士的权利、义务和执业规则，维护护士合法权益，明确各级卫生行政部门、医疗机构在护士的使用、培养、待遇和管理方面的责任，就可以使护士专心致志地保护病人的生命，减轻病人的痛苦，促进病人康复，为保护人体健康作出自己的贡献。

(二) 引导护理教育和护理服务逐步规范化、专业化、现代化

护理法律、法规集中了具有最先进的法律思想的护理观，为护理人才的培养和护理活动的展开制定了一系列基本标准。这些标准的颁布实施，使繁杂的各种制度、宽严不一的评价方法都统一在这具有权威性的指导纲领之下，使护理教育与护理服务逐步纳入标准化、科学化的轨道，使护理质量得到可靠的保证。现代医学模式和新的健康观念对护理理念产生了深刻影响，丰富了护理工作内涵。树立以病人为中心的整体护理理念，以保障病人安全和诊疗效果为目标，满足病人身心健康需求已成为临床护理工作发展的方向。随着医学科学的进步和高新技术在诊疗工作中的运用，临床护理专业技术水平显著提高，护理在急危重症、疑难症病人的救治方面发挥着重要作用。为了满足人民群众的健康服务需求，护理服务不断向家庭、社区延伸，家庭护理、临终关怀、老年护理、日间病房等多样化的社区护理服务有所发展。

(三) 促进护士不断接受教育

护理法律、法规规定的护理资格的认可、护理行为规范等都是不容变更的。它像一面镜子，每个护士都要经常地反复地对照。如不达标，则被淘汰。美国的护理法明确规定国家认可的合格护士执业执照，有效期仅为一年，护士必须每年接受一定继续教育课程，每年参加国家资格考试，更换一次新的执照；同时也规定护士必须不断更新知识和技能。护理教育的发展是建设高水平护士队伍的基础。我国的护理教育从单一层次的中等教育逐步

转向为中专、大专、本科及本科以上多层次的护理教育体系，为提高护士队伍素质奠定了基础。护理法的制定和实施，可以从制度上保证护理教育的有序发展，针对护理专业的特点和对护士知识、技术和能力的要求，改革和发展护理教育，建立和完善包括岗前培训、毕业后教育、继续教育在内的终生教育体系，形成适合护理工作发展需求的人才培养模式。

三、护理立法的基本原则

（一）宪法是护理立法的最高守则

宪法是国家的根本大法，规定了国家生活中的根本问题，从效力上看，宪法具有最高法律效力。护理法律、法规的制定必须以宪法为基础和依据，不允许有任何与其相抵之处。

（二）符合本国护理实际情况的原则

护理法律、法规的制定，一方面要借鉴和吸收发达国家的护理立法经验，确立一些先进目标；另一方面，也要从本国的文化背景、经济水准和政治制度出发，兼顾全国不同地区发展水平的护理教育和护理服务实际，确立更加切实可行的条款。假若脱离本国实际，势必难以实施不仅失去其先进性和科学性，且无生命力。

（三）反映现代护理观的原则

近几十年来，护理学从护理教育到护理服务，从护理道德到护理行为，从护理诊断到护理计划的实施、评估乃至护理咨询和护理管理等已形成较为完整的理论体系。只有经过正规培训且检验合格的护士才有资格从事实际护理服务工作。护理法律、法规应能反映护理专业的这种垄断性、技术性和义务性特点，以增强护士的责任感。

（四）显示法律特征的原则

“护理法”与其他法律一样，应具有权威性、强制性的特征，故制定的条款措辞必须准确精辟、科学而又通俗易懂。

（五）国际化趋势的原则

当今世界，科学、文化、经济的飞速发展势必导致法制上的共性，一国法律已不可能在本国法律中孤立的长期存在。所以，制定“护理法”必须站在世界法治文明的高峰，注意国际化趋势，使各条款尽量同国际上的要求相适应。如随着护理服务范围的扩大，社区卫生保健护士日益增多，需对护士的种类、职责范围赋予新的规定；随着现代科学技术的飞速发展，出现了许多与护理相关的潜在性法律问题，也需要从护理法中找到解决的依据。

四、护理法律的形式和内容

（一）护理法的形式

“护理法”是卫生法的重要组成部分，与卫生法中的公共卫生法、医疗法等具有诸多共性的特征和共同的基本原则。“护理法”的表现形式也与卫生法相同。我国卫生法的表现形式有以下几种，其中也涵盖了与护理工作相关的法律、法规条文和直接对护理工作进行规范的护理法规。

1. 宪法

宪法是国家的根本大法,所规定的内容是社会和国家生活中最根本的问题,是国家一切立法的基础。宪法有关卫生方面的规定主要有:国家发展医疗卫生事业,发展现代医药和我国传统医药,举办各种医疗卫生设施,开展群众性卫生活动;推行计划生育;发展社会保险、社会救济和医疗卫生事业;保护婚姻、家庭、母亲和儿童的合法权益等,是我国卫生法制定的依据。

2. 卫生法律

卫生法律是由全国人大及其常设委员会制定颁布的有关卫生方面的规范性文件。如《食品卫生法》《药品管理法》《国境卫生检疫法》《传染病防治法》《职业病防治法》《母婴保健法》《人口与计划生育法》《献血法》和《执业医师法》等。

3. 卫生法规

卫生法规是以宪法和卫生法律为依据,针对某一特定的调整对象而制定的规范性文件。卫生法规有的是国务院制定发布的,有的是由国家卫计委或国家卫计委与其他有关部委制定经国务院批准,由国家卫计委发布的。如《医疗事故处理条例》《医疗机构管理条例》《医疗废物管理条例》《护士条例》等。

4. 地方性卫生法规

地方卫生法规是指省、自治区、直辖市及省会所在地的市和经国务院批准的较大的市的人大及其常委会,根据国家授权或法律、法规规定,结合当地实际情况制定的规范性文件。如《上海市精神卫生条例》《北京市公共场所禁止吸烟的规定》等。

5. 卫生规章

卫生规章是由国家卫生和计划生育委员会(简称卫计委)制定发布或国家卫计委与有关部委联合制定发布的规范性文件。如《医院工作人员职责》《医院感染管理办法》等

6. 地方卫生规章

地方卫生规章是指省、自治区、直辖市及省会所在地的市和经国务院批准的较大的市的人民政府制定的规范性文件。如《北京市外地来京人员计划生育管理规定》《上海市实施〈突发公共卫生事件应急条例〉细则》等。

7. 技术性法规

技术性法规是从事医学诊断和治疗、卫生监督、监测和管理的准则。包括医疗技术规范、操作规程和卫生标准等。

8. 国际卫生条约

国际卫生条约是指由我国与外国签订的或批准、承认的国际卫生条约、公约、宣言等。这些国际卫生条约和协定,除我国声明保留的条款外,对我国产生约束力。如《国际卫生条例》《1961年麻醉药品单一公约》等。

(二) 护理法的内容

1. 护士资格

主要规定护士(本国或外国护士)资格获得的途径、执业注册的条件及注册种类、注册机构、注册程序等。

2. 护理服务

主要规定护士的分类命名,各类护士的职责范围、权利义务、管理系统以及各项专业工作规范、各类护士应达标准的专业能力、护理服务的伦理学问题,以及对违反执业规定的护士进行处罚的种类和程序等。

3. 护理教育

主要规定护理教育宗旨、教育种类、专业设置、学制和课程设置、编制标准、审批程序,以及入学护生的条件、教学质量评估体系等。

4. 护理管理

主要规定护理质量管理的原则、方法和途径,护理质量评估指标、体系和程序。

五、护理法律与护理道德的关系

护理道德,是社会一般道德在护理实践领域中的特殊体现。一般是指护士在履行自己职责的过程中,调整个人与他人、个人与社会之间关系的行为准则和规范的总和。护理过程中,这些准则和规范又作为对护士及其行为进行评价的一种标准。他同时影响着护士的心理和意识,形成护士独特的、与职业相关的内心信念,构成个人思想品质和道德观念。因此,护理道德是护士在执行护理工作中以善恶进行评价的原则规范、心理意识和行为活动的总和。护理道德和护理法律既有联系,也存在区别。

(一) 护理法律与护理道德的区别

护理法律与护理道德作为两种不同的调整社会关系的方式,他们在调整的对象、范围、内容以及手段上又各不相同。

1. 调整对象不同

护理道德主要通过对护士内心的信念和思想动机活动的调整,来影响护士的外部行为;而护理法律则主要指向护士的外部行为,要求护士外部行为的合法性。

2. 调整范围不同

一般来说,护理道德调整的范围比护理法律调整的范围要广泛。护理法律调整的范围通常仅限于那些要求并且有可能由国家评价和保障的社会关系,如护士执业注册、护士的执业权利和义务、违法责任等;而护理道德的调整领域几乎涵盖一切与护理相关的社会关系。

3. 调整内容不同

护理道德调整的意义在于要求个人对他人、对社会应当履行的基本义务,这种义务的履行不以行为人取得某种权利为前提;而护理法律调整的重心是对行为人的权利保障和义务的履行,它的主体内容是要求行为人行使权利与履行义务之间的一致性。

4. 调整手段不同

护理道德调整主要建立在社会主体伦理认同和道德评价的基础之上,它主要通过护士的内心信念、外界的社会舆论和传统的习俗来保证对道德规范的遵守;而护理法律调整则主要通过有组织的国家强制力来保证其实施,具有国家权威性。

(二) 护理法律与护理道德的联系

护理法律与护理道德之间存在着相互渗透的关系。这主要体现在两个方面:

1. 某些护理道德规范往往具有法律效力

如"护士要保守个人的秘密,在散布这些秘密时必须作出判断。"这表明了道德的法律性。在社会上占统治地位的道德,是统治阶级意识形态的重要组成部分,是维护一定社会统治的价值观念基础。统治阶级总是力图通过法律的形式,把本阶级的道德准则上升为法律,使成为全社会共同遵循的行为准则。

2. 护理法律也体现一定的道德精神

如护士执业必须遵守职业道德和医疗护理工作的规章制度及技术规范。这表明了法律的道德性。法律与道德是不可分离的。法律是国家意志的体现,在法律规范中,凝结着立法者关于善与恶、合理与不合理、正义与非正义的基本道德价值判断;也体现着人们关于正义、公平,关于自由、权利和尊严,关于社会责任与义务等观念。

总之,护理法律与护理道德相互渗透、相互包含;相互补充、相互作用,即护理道德体现护理法律的要求,是维护、加强和实施护理法律的精神力量,护理法律体现护理道德的要求,是培养、传播和实现护理道德的有力武器。

第二节　护患法律关系与护理行为

一、护患法律关系

护患法律关系是护理人员与病人之间的法律关系,它是指在护理过程中,由于护患关系的形成,在病人和医疗机构之间围绕护理活动而形成的法律上的权利与义务关系。护患法律关系由主体、客体和内容构成。

(一) 护患法律关系的主体

护患法律关系的主体,是指依法享有的权利和承担义务的法律关系参加者,它包括卫生行政部门和医疗卫生机构及其护理人员和病人。卫生行政部门和医疗卫生机构是护理法律关系中当然的主体。卫生行政部门是护理法律关系中的行政管理者,但在特定情况下也可能同时成为行政管理的相对人。医疗卫生机构也是护理法律关系的主体,只有在医疗卫生机构中护理人员才能进行合法的护理活动,同时医疗卫生机构也是护理法律关系的行政管理相对人。护理人员也是护理法律关系的主体,护理人员不是以个人的名义进行护理活动,其从事护理活动应当具备独立的资质并经法定程序的注册才能进行。病人是护理活动的对象,在形成护患关系之后,有权利获得医疗卫生机构和护理人员的医疗护理服务,当然也要承担相应的义务,因而病人也是护患法律关系的主体。

(二) 护患法律关系的客体

护患法律关系的客体,是指护患法律关系的权利义务所共同指向的对象,它包括病人的生命健康权和护理人员的护理行为。健康是人类生存和发展的基本要素,生命健康权是公民从事正常生活和生产的前提。生命健康权是护患法律关系的最高层次的客体。

(三) 护患法律关系的内容

护患法律关系的内容,是指护患法律关系的主体依法所享有的权利和承担的义务。法律权利是指护理人员或者病人在护理活动中，一方所享有的而另一方必须履行，以满足自己利益而采取的法律手段，护理人员和病人均有相应权利。法律义务是指法律所规定的义务，护理人员或者病人应当按对方要求，为或者不为一定行为以满足对方利益的法律手段，因此，护患双方均应当承担相应义务。在护理过程中，双方的权利和义务是相对应的，护理人员享有权利并同时承担相应的义务，而病人在享有权利的同时也要承担相应的义务。

在护理实践中，必须防止以下倾向：只强调护理人员应尽的义务，而忽视甚至排斥护理人员应有的权利；只强调护理人员的权利，而忽视病人的权利和护理人员的道德要求；只强调尊重病人的自主权利，而忽视病人应尽的义务。上述倾向都明显有违权利和义务相对应的原则，与医疗实践和司法实践也是不相符的。因此，护患法律关系中法律权利和法律义务是相对应，缺一不可的。

二、护 理 行 为

（一）护理行为的含义

护理行为，是指医疗机构及护士应用医学专业知识和技术从事的为特定的自然人进行健康价值创造的各种行为。

护理行为的基本属性是医疗活动，护理行为的对象是人，护理行为能否实现治病的目的，达到预期的效果，不仅取决于医学发展的水平和医师、护士等医务人员的技术水平，而且取决于病人的具体情形。人本身存在着个体差异，每个人的生理素质都有区别。

（二）护理行为的分类

护理行为是护理法律关系的客体，也是护理服务实现其医学价值和法律价值的载体。护理行为由于涉及人的生命和健康权利，因而具有与其他法律行为明显的区别。在护理实践中，护患双方因不同的护理行为可以产生不同的权利和义务。因此，护理行为根据不同的标准可以分为以下几类：

1. 疾病护理行为和非疾病护理行为

根据病人不同的健康需求，护理行为可分为疾病护理行为和非护理行为。疾病护理行为是指以护理为中心而追求健康的护理行为，它是护士对病人围绕疾病而进行的护理行为。非护理行为是指针对无疾病者而实施的护理行为。非护理行为的范围非常广泛，如预防接种、美容护理行为等。

2. 一般临床医疗护理行为和实验性临床医疗护理行为

根据对疾病治疗的相对确定性，可将疾病医疗护理行为分为一般临床医疗护理行为和实验性临床医疗护理行为。一般临床医疗护理行为是指在医学上公认、合乎医学水准、有确定治疗效果的医疗护理行为。实验性临床医疗护理行为是针对目前医学水平无法确诊或尚未有确定的治疗方案和稳定疗效的疾病而实施的医疗护理行为。这种医疗护理行为作为对医学科学的探索，往往对人体具有较大的侵害性，因为无法确定其治疗的效果，因而风险性也较大，护士的说明义务要求也就更为严格。

3. 合法医疗护理行为和违法医疗护理行为

根据医疗护理行为是否符合法律规定，医疗护理行为可分为合法医疗护理行为和违法医疗护理行为。合法医疗护理行为是指护士针对病人采取的护理措施，符合国家卫生行政管理法律、法规的各项规定并符合医疗技术规范和常规的行为。违法医疗护理行为又可分为故意违法行为和过失违法行为两种。故意违法医疗护理行为由刑法或有关行政法规调整。过失违法医疗护理行为是实践中常见的违法医疗行为,可造成医疗事故,对人身造成损害,由民法或行政法规调整。

4. 契约护理行为和非契约护理行为

根据护理行为的产生依据,护理行为可分为契约护理行为和非契约护理行为。契约护理行为就是合同护理行为,是基于护患双方就护理行为意思表示一致而进行的护理行为。一般表现为病人前往医疗机构接受医疗护理,因此确定合同关系。非契约护理行为不以护患双方的合同而成立,它包括无因管理医疗护理行为和强制医疗护理行为。无因管理医疗护理行为是护士在无双方约定又无法律规定义务的情况下为病人进行的医疗护理行为。强制医疗护理行为是指护士直接根据法律规定的义务而对病人进行的医疗护理行为。

三、护士与护生的法律责任

(一) 护士的法律责任

1. 处理和执行医嘱

医嘱是护士对病人实施护理的法律依据,在执行医嘱时,护士应熟悉各项医疗护理常规、各种药物的作用、副作用及使用方法。护士拿到医嘱后,经过仔细查对,确保无误后,应准确及时地加以执行。随意篡改或无故不执行医嘱均属违法行为。如护士对医嘱有疑问,应进行核查。护士如果发现医嘱有明显的错误时,应报告护士长或上级主管部门。如果护士明知医嘱有错误,但不提出质疑,或护士由于疏忽大意而忽视医嘱中的错误,由此造成的严重后果,护士与医生共同承担法律责任。

2. 独立完成护理活动时

应明确自己的职责范围、工作单位的政策及工作要求,超出自己职能范围或没有遵照规范要求,而对病人产生伤害,护士负有法律责任。

3. 委派别人实施护理时

必须明确被委托人有无担负此项工作的资格、能力及知识,否则由此产生的后果,委派者负有法律责任。

4. 书写临床护理记录时

应及时准确无误、完整,其中包括体温单、执行医嘱的记录、病人的监护记录、护理病例、护理计划等。护理记录具有重要的法律意义,如发生医疗纠纷时,完整、可靠的护理记录可提供当时诊治的真实经过,是重要的法律证据或线索,如果被丢失、涂改、隐匿、伪造或销毁,都是违法行为。

5. 病人死亡及有关问题的处理

病人在死亡前常留下遗嘱,有时护士会被作为遗嘱的见证人。护士在作见证人时注意以下几点。病人死亡后,护士应填写有关卡片,做好详细准确的记录,特别是病人的死亡时间。如病人同意尸检,捐献自己的遗体或组织器官时,应有病人或家属签字的书面文件。如病人在紧急情况下住院,死亡时身旁无亲友时,其遗物至少有 2 人在场的情况下清点、记录,并交病房负责人妥善保管。

6. 麻醉药品及其他物品的管理

麻醉药品主要指鸦片、哌替啶及吗啡等药物，临床上用于术后、晚期癌症及一些危重病人的对症治疗。这类药物应锁于专柜中，各班交接。护士只能凭医嘱领取及应用这些药物。如护士随意窃取、盗卖或自己使用这些药物，则会构成贩毒、吸毒罪。

（二）护生的法律责任

护生是学生，她只能在执业护士的严密监督和指导下，为病人实施护理。如果在执业护士的指导下，护生因操作不当给病人造成损害，那么她可以不负法律责任。但如果未经带教护士批准，擅自独立操作造成了病人的损害，那么她同样也要承担法律责任，病人有权利要她作出经济赔偿。所以，护生进入临床实习前，应该明确自己法定的职责范围。

案例 12-1

病人，女，76 岁。咳嗽、憋气及发热 2 个月入院。初步诊断为慢性支气管炎并发感染，肺心病及肺气肿。入院后由护士甲为其静脉输液。甲在患者右臂肘上 3 厘米处扎上止血带，当完成静脉穿刺固定针头后，由于病人的衣袖滑下来将止血带盖住，所以忘记解下止血带。随后甲要去给自己的孩子喂奶，交实习护生乙继续完成医嘱。乙先静脉推注药液，然后接上输液管进行补液。在输液过程中，病人多次提出“手臂疼及滴速太慢”等，乙认为疼痛是由于四环素刺激静脉所致，并且解释说：“因为病情的原因，静脉点滴的速度不宜过快”。经过 6 个小时，输完了 500 毫升液体，由护士丙取下输液针头，发现局部轻度肿胀，以为是少量液体外渗所致，未予处理。静脉穿刺 9 个半小时后，因病人局部疼痛而做热敷时，家属才发现止血带还扎着，于是立即解下来并报告护生乙，乙查看后嘱继续热敷，但并未报告医生。止血带松解后 4 个小时，护生乙发现病人右前臂掌侧有 2*2 厘米水泡两个，误认为是热敷引起的烫伤，仍未报告和处理。又过了 6 个小时，右前臂高度肿胀，水泡增多而且手背发紫，护生乙才向医生和院长报告。院长组织会诊决定转上级医院，因未联系到救护车暂行对症处理。两天后，病人右前臂远端 2/3 已呈紫色，只好乘拖拉机送往上级医院。为等待家属意见，转院后第三天才行右上臂中下 1/3 截肢术。术后伤口愈合良好。但因病人年老体弱加上中毒感染引起心、肾衰竭，于术后一周死亡。经医疗事故鉴定委员会鉴定，结论为一级医疗责任事故。本案是一起以违反诊疗护理规范、常规为主要原因的医疗责任事故。案中的护士甲严重违反静脉输液技术操作规程，在完成静脉穿刺之后，未能及时松解止血带，是造成病人肢体坏死及全身中毒感染致死的主要原因。同时，护士甲对本该由自己完成的输液任务交给并无输液知识和经验的护生乙去完成，也是对工作不负责任的一种表现。所以护士甲理应承担主要法律责任。

本章小结

我国的护理立法起步较晚，与发达国家相比也存在很大距离，但是已经迈上了科学发展的大道。只要我们立足国情，不断努力，与时俱进，科学总结，寻求适当的途径使护理法律法规与其他法律法规更好地衔接并具有可操作性，就一定能够构建出具有中国特色的护理法律制度,更好地明晰护士的权利义务,保护护士的合法权益,规范护士的各种行为。

(冯　巍)

练　习　题

一、选择题

A1 型题

1.《护士条例》的根本宗旨是(　　)。

A. 维护护士合法权益

B. 促进护理事业发展,保障医疗安全和人体健康

C. 规范护理行为

D. 保持护士队伍稳定

E. 保证护理专业性

2. 护理道德关系中最基本、最首要的关系是(　　)。

A. 护理人员与病人之间的关系

B. 护理人员与其他医务人员之间的关系

C. 护理人员与社会的关系

D. 护理人员与医学科研的关系

E. 护理人员与病人家属之间的关系

3. 护士在紧急情况下为抢救病人生命实施必要的紧急救护,不包括(　　)。

A. 必须依照诊疗技术规范

B. 必须有医师在场指导

C. 根据病人的实际情况和自身能力水平进行力所能及的救护

D. 避免对病人造成伤害

E. 立即通知医师

4. 以下属于行政法规的是(　　)。

A.《中华人民共和国民法典》

B.《护士条例》

C.《中华人民共和国残疾人保障法》

D.《中华人民共和国职业病防治法》

E.《中华人民共和国献血法》

5. 护士在护理活动中出现的情形,不适合依照《护士条例》进行处罚的是(　　)。

A. 泄露病人隐私

B. 发生公共卫生事件不服从安排参加医疗救护

C. 因工作疏忽造成医疗事故

D. 发现病人病情危急未及时通知医师

E. 违反了医院诊疗技术规范,未出现明显不良反应

A2 型题

6. 护士赵某发现医师医嘱可能存在错误,但仍然执行错误医嘱,对病人造成严重后果,该后果的法律责任承担者是(　　)。

A. 开写医嘱的医师

B. 执行医嘱的护士赵某

C. 医师和护士赵某共同承担

D. 医师和护士赵某无需承担责任

E. 医疗机构承担责任

A3 型题(7~9 题共用题干)

病人,男,42 岁,因剧烈腹泻来诊。根据临床症状和查体结果,高度怀疑为霍乱,正在等待实验室检查结果以确认诊断。

7. 此时对病人正确的处置方法是(　　)。

A. 在指定场所单独隔离

B. 在留下联系电话后要求其回家等通知

C. 在医院门诊等待结果

D. 收住入本院消化科病房

E. 要求病人尽快自行前往市疾控中心确诊

8. 该病人经检查确诊为霍乱,予以隔离治疗,护士应告知其家属,病人的隔离期限是(　　)。

A. 以临床症状消失为准　　B. 根据医学检查结果确定

C. 由当地人民政府决定　　D. 由隔离场所的负责人确定

E. 由公安机关决定

9. 该病人治疗无效不幸死亡,应将其尸体立即进行卫生处理并(　　)。

A. 由病人家属自行处理　　B. 送回病人家乡火化

C. 按规定深埋　　D. 石灰池掩埋

E. 就近火化

二、思考题

1. 我国护理法律的形式和内容有哪些?

2. 护理法律与护理道德的关系是什么?

3. 简述护患技术关系的三种模式及现实运用。

第十三章　护士管理法律制度

学习目标

1. **掌握**　护士执业权利与义务；护士执业违法的法律责任。
2. **熟悉**　医疗机构护理管理的职责；护理管理制度。
3. **了解**　护理机构的设置；护士考试与职业注册。

世界卫生组织指出，护理管理是为了提高人们的健康水平，系统的利用护士的潜在能力和有关其他人员、设备和社会活动的过程。护理工作是医疗卫生工作的重要组成部分，与医疗安全和医疗质量息息相关，为了促进护理事业的发展、提高护理质量，包括中国在内的各国和有关的护士国际组织都十分重视护士的执业道德建设和执业管理，纷纷以法律、法规形式对护理机构的设置和护士的资格、职责范围、教育培训等方面进行了规范。

第一节　护理机构的设置与管理

一、护理机构设置与要求

根据国家卫生计生委《关于加强护理工作领导，理顺管理体制的意见》要求，必须建立健全与医院功能、任务、规模相适应的护理管理体系。县和县以上医院都要设护理部，实行院长领导下的护理部主任负责制。2003 年出台的《护理管理标准及评审办法(试行)》对各级医院护理机构的设置提出了具体要求。

(一) 一级医院护理机构的设置和要求

1. 组织领导

(1) 医院护理工作实行院长领导下的总护士长或护士长负责制。

(2) 医院实行总护士长、护士长二级管理或护士长一级管理，并保证其行使职权。

(3) 总护士长由院长聘任，护士长由总护士长提名、院长聘任。

(4) 总护士长应具有一级医院护理业务水平和管理能力，具有护师以上技术职称，应选拔熟悉护理理论及技术，有一定临床护理经验和组织管理能力，德才兼备的护士长担任。

(5) 护士长应选拔具有一定的临床护理经验和熟练掌握护理技术，有管理能力的护师或高年资护士担任。

2. 护理管理标准

有护理管理目标，年计划目标达标率≥85%；有护理工作年计划、季安排、月重点及年工作总结；有护士培训、进修计划。年培训率≥5%；有护理人员考核制度和技术档案，年考核合格率≥85%；有护理质量考评制度，定期组织考评；定期组织护理业务学习，有条件的医院组织护理查房；有护理工作例会制度；有护理差错、事故登记报告制度，定期分析讨论；作好护理资料的登记、统计工作；医院护理管理达到各省、自治区、直辖市卫生厅(局)的标准要求。

3. 护理质量评价指标

护理技术操作合格率≥85%；基础护理合格率≥80%；一级护理合格率≥80%；五种护理表格书写合格率≥85%；急救物品完好率100%；常规器械消毒灭菌合格率100%；年褥疮发生次数0；年严重护理差错事故发生数≤1；年护理事故发生次数0；一人一针一管执行率100%。

（二）二级医院护理机构的设置和要求

1. 组织领导

（1）医院护理工作实行院长领导下的护理部主任（总护士长）负责制，根据需要设副主任（副总护士长）和护理干事。300张床位以上医院要逐步创造条件设专职护理副院长兼护理部主任。

（2）医院实行护理部主任、科护士长、护士长三级管理或护理部主任（总护士长）、护士长二级管理，并保证其行使职权。

（3）护理部主任（总护士长）由院长聘任，副主任（副总护士长）由主任提名、院长聘任；科护士长、护士长由护理部主任（总护士长）聘任。

（4）护理部主任（总护士长）应具有二级医院护理业务水平和管理能力，具有主管护师以上技术职称，应选拔熟悉护理理论及技术，有丰富的临床、管理、教学经验和组织领导能力，勇于开拓创新，德才兼备，年富力强的科护士长或护士长担任。

（5）100张床位或三个护理单元以上的大科，设科护士长，科护士长应具有主管护师以上技术职称，应选拔具有相应专科护理理论及技术，有一定教学和组织管理能力的护士长担任。

（6）病房护理管理实行护士长负责制。护士长应选拔具有专科护理业务知识，护理技术熟练，有管理、教学能力的护师担任。

（7）护理部、内、外科或重点专科应配备副主任护师，各科室均应根据需要配备主管护师或护师。

2. 护理管理标准

有护理管理目标、年计划目标率≥90%；有护理工作发展规划、年工作计划、季安排、月重点及年工作总结；有护理人员培训、进修计划，年培训率≥10%；有护理人员考核制度和技术档案，年考核合格率≥90%；有护理质量检查考评制度，定期组织考评；定期组织护理业务学习，开展护理查房；有护士长例会制度，组织护士长夜查房；有护理差错、事故登记报告制度，定期分析、讨论；医院护理管理达到各省、自治区、直辖市卫生厅（局）的标准要求；护理部协调好与科主任、医技、后勤等部门的关系；做好护理信息资料统计工作，定期分析、评价与利用。

3. 护理质量评价指标

护理技术操作合格率≥90%；基础护理合格率≥85%；特护、一级护理合格率≥85%；五种护理表格书写合格率≥90%；责任制护理开展病房数≥10%；急救物品完好率100%；常规器械消毒灭菌合格率100%；年褥疮发生次数0；每百张床年护理严重差错发生次数≤0.5；年护理事故发生次数0；陪护率≤8%。

(三) 三级医院护理机构的设置和要求

1. 组织领导

(1) 医院护理工作实行院长领导下的护理部主任负责制。根据需要设护理部副主任 2 名和护理干事 1~2 名,并创造条件设专职护理副院长兼护理部主任。

(2) 医院实行护理部主任、科护士长、护士长三级管理或护理部主任、护士长二级管理,并保证其行使职权。

(3) 护理部主任由院长聘任;副主任由主任提名、院长聘任,科护士长、护士长由护理部主任聘任。

(4) 护理部主任应具有三级医院护理业水平和管理能力,具有副主任护师以上技术职称,应选拔精通护理专业理论和技术,有丰富的护理管理经验,德才兼备,年富力强的科护士长或护士长担任。

(5) 100 张床位或三个护理单元以上的大科,以及任务繁重的手术室、急诊科、门诊部设科护士长,科护士长应具有主管护师以上技术职称,选拔具有相应的专科护理理论和技术,有一定教学和组织管理能力的护士长担任。

(6) 病房护理管理实行护士长负责制。护士长应选拔具备专科护理业务知识,护理技术熟练,有一定教学、管理能力,有临床护理经验的护师担任。

(7) 护理部、内、外、妇、儿科、重点科、急诊科、手术室应配备副主任护师以上人员。各科室均应根据需要配备主管护师和护师。

2. 护理管理标准

有护理管理目标,年计划目标达标率≥95%;有护理工作发展规划、年工作计划、季安排、月重点及年工作总结;有护理人员培训进修计划,年培训率≥15%;有护理人员考核制度和技术档案。年考核合格率≥95%;有护理质量检查考评制度,定期组织考评;定期组织护理业务学习,开展护理查房;有护士长例会制度,组织护士长夜查房;有护理差错、事故登记报告制度,定期分析讨论;医院护理管理达到各省、自治区、直辖市卫生厅(局)的标准要求;护理部协调好与科主任、医技、后勤等部门的关系;做好护理资料统计工作,进行动态分析与评价,并逐步创造条件达到信息计算机管理。

3. 护理质量评价指标

护理技术操作合格率≥95%;基础护理合格率≥90%;特护、一级护理合格率≥90%;五种护理表格书写合格率≥95%;责任制护理开展病房数≥20%;急救物品完好率 100%;常规器械消毒灭菌合格率 100%;年褥疮发生数 0;每百张床年护理严重差错发生次数≤0.5;年护理事故发生次数 0;陪护率≤5%。

三级特等医院标准 三级特等医院其护理管理总体水平应是我国当前最高水平的医院,除达到三级甲等医院标准外,还应达到以下要求:全院护理人员中取得大专以上学历或相当大专知识水平证书者≥15%;医院护理管理或重点专科护理在国内具有学科带头作用;具有独自开展国际护理学术交流的能力。

二、护理人员编制和结构

《护士条例》规定,医疗卫生机构配备护士的数量不得低于国务院卫生主管部门规定的护士配备标准。《护理管理标准及评审办法(试行)》对各级医院护士配备规定了具体标准。

（一）一级医院护理人员编制和结构

全院护理人员应占卫生技术人员总数的38%，医师（士）与护理人员之比为1：1；护师以上占护理人员总数≥10%，护理员占护理人员总数≤33%；未经中等以上护理专业毕业人员从事护士工作，必须经过专业培训并经卫生主管部门考试、考核合格批准后方可上岗。

（二）二级医院护理人员编制和结构

全院护理人员应占卫生技术人员总数的50%，医师与护理人员之比为1：2；病房床位与病房护理人员之比不少于1：0.4，300张床位以下的医院不少于1：0.3；护师以上占护理人员总数≥20%，护理员占护理人员总数≤25%。

（三）三级医院护理机构的设置和要求

全院护理人员占卫生技术人员总数的50%，医师与护理人员之比为1：2；病房床位与病房护理人员之比为1：0.4，护理员占护理人员总数≤20%；护师以上占护理人员总数≥30%。

三、医疗机构护理管理的职责

在我国，护士都是在一定的医疗卫生机构中执业，护士义务的履行需要医疗卫生机构直接进行监督，护士权利的实现有赖于医疗卫生机构提供物质保障。因此，《护士条例》专章规定了医疗卫生机构在护理管理方面的职责：

（一）按照卫生计生委的要求配备护士

护士配备是否合理，直接关系到医院的工作质量，更直接影响到护理质量、病人安全。因此，《护士条例》规定，医疗卫生机构配备护士的数量不得低于卫生计生委规定的护士配备标准。《护士条例》施行前，尚未达到护士配备标准的医疗卫生机构，应当按照国务院卫生主管部门规定的实施步骤，自条例施行之日起3年内达到护士配备标准。

（二）保障护士合法权益

（1）医疗卫生机构应当为护士提供卫生防护用品，并采取有效的卫生防护措施和医疗保健措施。

（2）医疗卫生机构应当执行国家有关工资、福利待遇等规定，按照国家有关规定为在本机构从事护理工作的护士足额缴纳社会保险费用。

（3）对在艰苦边远地区工作，或者从事直接接触有毒有害物质、有感染传染病危险工作的护士，所在医疗卫生机构应当按照国家有关规定给予津贴。

（4）医疗卫生机构应当制定、实施本机构护士在职培训计划，并保证护士接受培训；根据临床专科护理发展和专科护理岗位的需要，开展对护士的专科护理培训。

（三）加强护士管理

1. 设置专门机构或者配备专（兼）职人员

应当按照国务院卫生主管部门的规定，设置专门机构或者配备专（兼）职人员负责护理管理工作。

2. 对护理工作禁业要求

医疗卫生机构不得允许未取得护士执业证书的人员、未依照条例规定办理执业地点变更手续的护士以及护士执业注册有效期届满未延续执业注册的护士在本机构从事诊疗技术规范规定的护理活动。

3. 实习护士从事护理工作要求

在教学、综合医院进行护理临床实习的人员应当在护士指导下开展有关工作。

4. 加强对护士的监管

医疗卫生机构应当建立护士岗位责任制并进行监督检查。护士因不履行职责或者违反职业道德受到投诉的，其所在医疗卫生机构应当进行调查；经查证属实的，医疗卫生机构应当对护士作出处理，并将调查处理情况告知投诉人。

四、护理管理机构的法律责任

（一）卫生行政机关的法律责任

卫生主管部门的工作人员未依照《护士条例》规定履行职责，在护士监督管理工作中滥用职权、徇私舞弊，或者有其他失职、渎职行为的，依法给予处分；构成犯罪的，依法追究刑事责任。

（二）医疗卫生机构的法律责任

1. 对护士管理的责任

（1）医疗卫生机构有下列情形之一的，由县级以上地方人民政府卫生主管部门依据职责分工责令限期改正，给予警告；逾期不改正的，根据国务院卫生主管部门规定的护士配备标准和在医疗卫生机构合法执业的护士数量核减其诊疗科目，或者暂停其6个月以上1年以下执业活动；国家举办的医疗卫生机构有下列情形之一、情节严重的，还应当对负有责任的主管人员和其他直接责任人员依法给予处分：

1）违反《护士条例》规定，护士的配备数量低于国务院卫生主管部门规定的护士配备标准的；

2）允许未取得护士执业证书的人员或者允许未依照本条例规定办理执业地点变更手续、延续执业注册有效期的护士在本机构从事诊疗技术规范规定的护理活动的。

（2）医疗卫生机构有下列情形之一的，由县级以上地方人民政府卫生主管部门依据职责分工责令限期改正，给予警告：

1）未制定、实施本机构护士在职培训计划或者未保证护士接受培训的；

2）未依照本条例规定履行护士管理职责的。

2. 对护士权益保障的法律责任

医疗卫生机构有下列情形之一的，依照有关法律、行政法规的规定给予处罚；国家举办的医疗卫生机构有下列情形之一、情节严重的，还应当对负有责任的主管人员和其他直接责任人员依法给予处分：

（1）未执行国家有关工资、福利待遇等规定的；

（2）对在本机构从事护理工作的护士，未按照国家有关规定足额缴纳社会保险费用的；

（3）未为护士提供卫生防护用品，或者未采取有效的卫生防护措施、医疗保健措施的；

（4）对在艰苦边远地区工作，或者从事直接接触有毒有害物质、有感染传染病危险工作的护士，未按照国家有关规定给予津贴的。

第二节　护士执业与职责

一、护士考试与执业注册

护士，是指经执业注册取得护士执业证书，依照规定从事护理活动，履行保护生命、减轻痛苦、增进健康职责的卫生技术人员。护士以其专业化知识和技术为病人提供护理服务，满足人民群众的健康服务需求。护士的专业水平、整体素质与医疗安全、病人的康复、病人对医院服务的满意程度关系密切。临床工作中，与病人接触最多的也是护士。为了确保从事护理工作的护士具有保障病人健康和医部安全的执业水平，我国借鉴了世界各国护士管理的核心制度——护士资格考试制度和护士执业许可制度。

（一）护士执业资格考试

国家护士执业资格考试是评价申请护士执业资格者是否具备执业所必须的护理专业知识与工作能力的考试。

根据《护士职业资格考试办法》规定，具有护理、助产专业中专和大专学历的人员，参加护士执业资格考试并成绩合格，可取得护理初级（士）专业技术资格证书；护理初级（师）专业技术资格按照有关规定通过参加全国卫生专业技术资格考试取得。具有护理、助产专业本科以上学历的人员，参加护士执业资格考试并成绩合格，可以取得护理初级（士）专业技术资格证书；在达到《卫生技术人员职务试行条例》规定的护师专业技术职务任职资格年限后，可直接聘任护师专业技术职务。

1. 考试时间

护士执业资格考试原则上每年举行一次，具体考试日期在举行考试3个月前向社会公布。

2. 考试科目

护士执业资格考试包括专业实务和实践能力两个科目。一次考试通过两个科目为考试成绩合格。为加强对考生实践能力的考核，原则上采用“人机对话”考试方式进行。

3. 考试原则

护士执业资格考试实行国家统一考试制度。统一考试大纲，统一命题，统一合格标准，遵循公平、公开、公正的原则。

4. 考试申请

在中等职业学校、高等学校完成国务院教育主管部门和国务院卫生主管部门规定的普通全日制3年以上的护理、助产专业课程学习，包括在教学、综合医院完成8个月以上护理临床实习，并取得相应学历证书的，可以申请参加护士执业资格考试。

申请参加护士执业资格考试的人员，应当在公告规定的期限内报名，并提交以下材料：①护士执业资格考试报名申请表；②本人身份证明；③近6个月二寸免冠正面半身照片3

张；④本人毕业证书；⑤报考所需的其他材料。

申请人为在校应届毕业生的，应当持有所在学校出具的应届毕业生毕业证明，到学校所在地的考点报名。学校可以为本校应届毕业生办理集体报名手续。申请人为非应届毕业生的，可以选择到人事档案所在地报名。

（二）护士执业注册

《护士条例》规定，护士执业，应当经执业注册取得护士执业证书。2008 年出台的《护士执业注册管理办法》规定，护士执业注册取得《护士执业证书》后，方可按照注册的执业地点从事护理工作。未经执业注册取得《护士执业证书》者，不得从事诊疗技术规范规定的护理活动。

案例 13-1

个体诊所医师王某在当地颇有名望，其诊所内雇佣的 2 名护士均没有护士执业证，某年冬的一天，王某的一位朋友因“上呼吸道感染”再次到其诊所输液，王某照例开出了“青霉素”和“病毒唑”针剂，一名护士做完青霉素皮试，认为是阴性，同时该病人经常在这里输青霉素都没事，就给其进行了青霉素静脉滴注。谁知刚进行静脉滴注没几分钟后病人就胸闷、气短、大汗淋漓，面色苍白，量血压 40/20mmHg，王某一看，判断病人青霉素过敏，忙给予吸氧、皮下注射肾上腺素、静脉滴注氢化可的松药物等抢救措施，同时拨打“120”求援，但病人最终死亡。纠纷产生了，王某认为是医疗意外，但病人家属经咨询后认为王某雇佣没有执业证的护士属于非法行医，要求巨额赔偿，最终王某赔偿患方 38 万元。

1. 注册条件

申请护士执业注册，应当具备下列条件：①具有完全民事行为能力；②在中等职业学校、高等学校完成教育部和国家卫计委规定的普通全日制 3 年以上的护理、助产专业课程学习，包括在教学、综合医院完成 8 个月以上护理临床实习，并取得相应学历证书；③通过国家卫计委组织的护士执业资格考试；④符合《护士执业注册管理办法》第 6 条规定的健康标准。

2. 健康标准

申请护士执业注册，应当符合下列健康标准：①无精神病史；②无色盲、色弱、双耳听力障碍；③无影响履行护理职责的疾病、残疾或者功能障碍。

3. 提交材料

申请护士执业注册，应当提交下列材料：①护士执业注册申请审核表；②申请人身份证明；③申请人学历证书及专业学习中的临床实习证明；④护士执业资格考试成绩合格证明；⑤省、自治区、直辖市人民政府卫生行政部门指定的医疗机构出具的申请人 6 个月内健康体检证明；⑥医疗卫生机构拟聘用的相关材料。

护士执业注册申请，应当自通过护士执业资格考试之日起 3 年内提出；逾期提出申请的，除《护士执业注册管理办法》第 7 条规定的材料外，还应当提交在省、自治区、直辖市人民政府卫生行政部门规定的教学、综合医院接受 3 个月临床护理培训并考核合格的证明。

4. 护士执业注册的监督管理

省、自治区、直辖市人民政府卫生行政部门是护士执业注册的主管部门，负责本行政区域的护士执业注册管理工作。卫生行政部门应当自受理申请之日起20个工作日内,对申请人提交的材料进行审核。审核合格的,准予注册,发给《护士执业证书》;对不符合规定条件的,不予注册,并书面说明理由。《护士执业证书》上应当注明护士的姓名、性别、出生日期等个人信息及证书编号、注册日期和执业地点。护士执业注册有效期为5年。

二、护士执业权利与义务

(一) 护士执业权利

为了保证护士安心工作,鼓励人们从事护理工作,满足人民群众对护理服务的需求,《护士条例》规定,国务院有关部门、县级以上地方人民政府及其有关部门以及乡(镇)人民政府应当采取措施,改善护士的工作条件,保障护士待遇,加强护士队伍建设,促进护理事业健康发展。

1. 享有人格尊严、人身安全不受侵犯的权利

人身权是公民的一项基本权益,我国《宪法》规定,中华人民共和国公民人格尊严不受侵犯。人身权包括生命权、身体权、健康权、姓名权、名誉权、肖像权、荣誉权等,强调护士人身权利不受侵犯具有重要意义。护士执业过程中存在着一定的职业风险,常常会受到病人身体状况和现有护理技术水平的制约,护士的人身权利极易受到病人及家属的侵害,如侮辱、谩骂、诽谤甚至殴打护士。我们要重视和加护士权利的维护,保障其合法权益。《护士条例》规定,护士依法履行职责,受法律保护。全社会应当尊重护士。

2. 享有获得物质报酬的权利

护士执业,有按照国家有关规定获取工资报酬、享受福利待遇、参加社会保险的权利。按照《工伤保险条例》、《国务院关于建立城镇职工基本医疗保险制度的决定》、劳动部《关于护士工龄津贴的若干规定》等国家有关规定获取工资报酬、享受福利待遇、参加社会保险的权利;任何单位或者个人不得克扣护士工资,降低或者取消护士福利等待遇。

3. 享有安全执业的权利

护士有获得与其所从事的护理工作相适应的卫生防护、医疗保健服务的权利。从事直接接触有毒有害物质、有感染传染病危险工作的护士,有依照有关法律、行政法规的规定接受职业健康监护的权利;患职业病的,有依照有关法律、行政法规的规定获得赔偿的权利。

4. 享有学习、培训的权利

护士有按照国家有关规定获得与本人业务能力和学术水平相应的专业技术职务、职称的权利;有参加专业培训、从事学术研究和交流、参加行业协会和专业学术团体的权利。

5. 享有获得履行职责相关的权利

护士有获得疾病诊疗、护理相关信息的权利和其他与履行护理职责相关的权利,可以对医疗卫生机构和卫生主管部门的工作提出意见和建议。

6. 享有获得表彰、奖励的权利

国务院有关部门对在护理工作中做出杰出贡献的护士,应当授予全国卫生系统先进工作者荣誉称号或者颁发白求恩奖章,受到表彰、奖励的护士享受省部级劳动模范、先进工作者待遇;对长期从事护理工作的护士应当颁发荣誉证书。具体办法由国务院有关部门制定。县级以上地方人民政府及其有关部门对本行政区域内做出突出贡献的护士,按照省、自治区、直辖市人民政府的有关规定给予表彰、奖励。

（二）护士执业义务

规范护士执业行为、提高护理质量，是保障医疗安全、防范医疗事故、改善护患关系的重要方面。据此，《护士条例》明确规定护士应当承担五方面的义务：

1. 依法执业的义务

护士执业，应当遵守法律、法规、规章和诊疗技术规范的规定。这是护士执业的根本准则，即合法性原则。这一原则涵盖了护士执业的基本要求，要求护士执业过程中必须严格遵守护理卫生法律、法规、规章和诊疗护理规范和常规。在通常情况下，护士在护理活动中如果完全遵守这些规范，就能够避免危害事故的发生。

2. 紧急救治病人的义务

护士在执业活动中，发现病人病情危急，应当立即通知医师；在紧急情况下为抢救垂危病人生命，应当先行实施必要的紧急救护。护士接触病人比医生更为直接、更为密切。护士对病情观察了解到的变化，提供的信息可作为医生确定、修正和补充诊疗方案的参考依据。抢救急诊病人也是护士执业时经常遇到的情况，如果处理不好，可能会造成医疗纠纷或严重后果。急诊抢救是医疗工作的最前线，急诊科室的一切制度和规定，都要有利于分秒必争的争取抢救时机，当有人生命垂危，急于求医抢救，护士应及时通知医生并配合抢救，医生不在场时，护士应当采取力所能及的抢救措施，不得延误，更不能由于不负责任，不采取抢救措施，致使病人产生严重后果。

3. 正确查对、执行医嘱的义务

护士发现医嘱违反法律、法规、规章或者诊疗技术规范规定的，应当及时向开具医嘱的医师提出；必要时，应当向该医师所在科室的负责人或者医疗卫生机构负责医疗服务管理的人员报告。

4. 保护病人隐私的义务

护士应当尊重、关心、爱护病人，保护病人的隐私。所谓隐私是病人在就诊过程中向医师公开的、不愿让他人知道的个人信息、私人活动或私有领域，如可造成病人精神伤害的疾病、病理生理上的缺陷、有损个人名誉的疾病、病人不愿他人知道的隐情等。由于治疗护理的需要，护士在工作中可能会接触病人的一些隐私，如个人的不幸与挫折、婚姻恋爱及性生活的隐私等，护士对保护病人隐私负有义务和责任。这实质上是对病人人格和权利的尊重，有利于与病人建立相互信任，以诚相待的护患关系。

5. 积极参加公共卫生应急事件救护的义务

护士有义务参与公共卫生和疾病预防控制工作。发生自然灾害、公共卫生事件等严重威胁公众生命健康的突发事件，护士应当服从县级以上人民政府卫生主管部门或者所在医疗卫生机构的安排，参加医疗救护。

三、护理管理制度

根据《全国医院工作条例》、《医院工作制度》、《医院工作人员职责》的规定、各项护理技术操作规范和疾病护理常规等，医院护理管理制度主要有以下几类：

（一）岗位责任制

护理岗位责任制是按照护理人员行政职务或业务技术职称制订的不同职责范围和行

为规范。岗位职责不是一成不变的,它将随着护理工作内涵的延伸和医院管理的发展而进行调整、充实和发展。

(二) 一般护理管理制度

一般护理管理制度是指护理行政管理部门与各科室护士需要共同贯彻执行的有关制度。主要包括:病人入、出院制度,分级护理制度,值班与交接班制度,查对制度,消毒隔离制度,抢救工作制度,探视与陪伴制度,差错事故管理制度,报表制度,会议制度,护理文件管理制度,检查制度,护理查房制度,进修护士管理制度,药品及仪器物品管理制度,健康教育制度等。

(三) 业务部门工作制度

业务部门工作制度是指具体部门的护士共同遵守和执行的有关工作制度。主要包括:病房工作制度、门诊工作制度、急诊室工作制度、手术室工作制度、供应室工作制度、分娩室工作制度、新生儿室工作制度、治疗室工作制度、换药室工作制度、监护室工作制度等。

(四) 护理技术操作规程

护理技术操作规程是对护理技术工作的程序、方法和质量等方面所做出的规定,是护理技术管理的基本制度。包括基础护理技术操作规程和专科护理技术操作规程。

(五) 护理业务管理常规制度

护理业务管理常规制度是护理业务管理的基本制度。包括一般护理常规和专科护理常规。一般护理常规是各科室共有的一般业务活动常规制度或症状护理常规制度。专科护理常规是在一般护理常规的基础上,结合专科疾病特点而制订的特定的护理常规制度。

四、护士职责和执业违法责任

(一) 护士职责

护士职责,是指护士应尽的本职责任,即护士在各自岗位上的责任。护士的基本职责,应以整体护理观念为指导,按照护理程序的要求,根据病人的病情、身体状况、情绪以及诊疗计划等制定和实施护理计划,在完成各项治疗工作的同时,实施心理护理,并向病人进行疾病知识、康复指导、健康及护理咨询等方面的健康教育。因此护士应做到因人施护,切实保证将病人的身心整体护理落到实处。为了加强医院管理,实行岗位责任制,明确职责分工,提高医疗质量,《医院工作人员职责》第18~35项规定了护理部主任(总护士长)、主任护师、主管护师、护师,各科室护士长、护士,以及护理员的任务、职责范围和要求。

(二) 护士执业违法的法律责任

1. 不履行护士执业义务的法律责任

(1) 护士在执业活动中有下列情形之一的,由县级以上地方人民政府卫生主管部门依据职责分工责令改正,给予警告;情节严重的,暂停其6个月以上1年以下执业活动,直至由原发证部门吊销其护士执业证书:

1）发现患者病情危急未立即通知医师的；

2）发现医嘱违反法律、法规、规章或者诊疗技术规范的规定，未依照《护士条例》第 17 条的规定提出或者报告的；

3）泄露患者隐私的；

4）发生自然灾害、公共卫生事件等严重威胁公众生命健康的突发事件，不服从安排参加医疗救护的。

（2）护士在执业活动中造成医疗事故的，依照医疗事故处理的有关规定承担法律责任。

2. 吊销护士执业资格的法律后果

护士被吊销执业资格后，直接面临两个法律后果：一是不得从事护士工作。二是护士要想再重新注册执业，必须要等待一段时间之后。《护士条例》第 32 条规定：护士被吊销执业证书的，自执业证书被吊销之日起 2 年内不得申请执业注册。

本章小结

通过本章的学习，我们可以了解到我国医院护理机构的设置与管理，护士资格考试、执业注册的相关规定。我国从法规层面保证国家发展护理事业，促进护理学科的发展，加强护士队伍建设。护士的执业权利受法律保护，护士的劳动受全社会的尊重。

（傅伟韬）

练习题

一、选择题

A1 型题

1. 护士在执业过程中，应当遵守（　　）。

A. 法律　B. 法规　C. 规章　D. 诊疗技术规范　E. 以上都对

2. 在三级医院，全院护理人员占卫生技术人员总数的（　　）。

A. 20%　B. 30%　C. 38%　D. 50%　E. 60%

3. 取（　　），则得代表持有者具备护士执业资格，可以从事护理专业技术活动。

A.《护士执业证书》

B. 高等学校护理学专业毕业证书

C.《专科护士培训合格证书》

D.《护理员资格证书》

E. 护理技能比赛获奖证书

4. 申请注册的护理专业毕业生，应在教学或综合医院完成临床实习，其时限至少为（　　）。

A. 3 个月　B. 6 个月　C. 8 个月　D. 10 个月　E. 12 个月

5.（　　）不能注册执业护士。

A. 无完全民事能力者

B. 色盲

C. 函授学习护理专业毕业

D. 双耳听力障碍

E. 以上都是

6. 护士执业注册的有效期为( )。

A. 2 年 B. 5 年 C. 8 年 D. 10 年 E. 终身

7. 护士被吊销执业证书的,自执业证书被吊销之日起( )内不得申请执业注册。

A. 6 个月 B. 1 年 C. 2 年 D. 3 年 E. 5 年

A2 型题

8. 实习护士李某,主动要为一病人独自实施导尿术,被带教老师严厉阻止,主要原因为( )。

A. 病房护士人数多能完成任务

B. 实习护士没有独立操作的权利

C. 带教老师不信任李某

D. 李某没有掌握该项操作

E. 怕病人不相信实习护士

二、思考题

试述护士执业的权利与义务。

第十四章　护理纠纷与事故处理

学习目标

1. 掌握　护理医疗事故及防范；不属于护理医疗事故的情形。

2. 熟悉　护理医疗事故争议的处置；护理医疗事故的技术鉴定。

3. 了解　护理医疗事故产生的原因；护理医疗事故赔偿争议的解决途径；护理医疗事故赔偿的影响因素和赔偿项目。

随着社会的发展，人们生活水平的提高，医学知识的普及和相关法律法规的日益完善，人民群众的法制观念不断增强，人们对护士的职业道德，护理质量，护理安全也日益关注，同时也提出了更高的要求。护理工作是医院工作中的一部分，是与病人接触最多、最密切的一个环节，近年来护理纠纷以及护理医疗事故问题也受关注，护士如何在诊疗护理过程中更好地知法、用法，依法行事，正确履行责任和义务，维护病人和自身的权益，成为护士必须重视的问题。

第一节　护理纠纷与护理医疗事故概述

一、医患纠纷与护理纠纷

（一）医患纠纷

1. 医患纠纷

指医方（医疗机构）与患方（病人或者病人近亲属）之间产生的纠纷。医患纠纷包括基于医疗过错争议产生的医疗纠纷，也包括与医疗过错无关的其他医患纠纷（如欠付医疗费的纠纷、对疗效不满等等）。

2. 医疗纠纷

是指医患双方对医疗机构及其医务人员的诊疗护理行为发生的民事争议。医疗纠纷通常是由医疗过错和过失引起的，这些过错和过失往往导致病人的不满意或造成对病人的伤害。除了由于医疗过错和过失引起的医疗纠纷外，有时，医方在医疗活动中并没有任何疏忽和失误，仅仅是由于病人单方面的不满意，也会引起纠纷。这类纠纷可以是因病人缺乏基本的医学知识，对正确的医疗处理、疾病的自然转归和难以避免的并发症以及医疗中的意外事故不理解而引起的，也可以是由于病人的毫无道理的责难而引起的。亦有人称之为医疗侵权纠纷，即医疗服务的提供者与接受者之间对医疗护理行为及其后果是否侵权及侵权责任的争议。

（二）护理纠纷

护理纠纷，是指护士在为病人服务过程中以护士为主体的人群与以病人为中心的人群之间发生的争执。即护患双方在护理活动中产生的一切分歧，包括病人及其家属对医疗机构及其护士的护理工作或诊疗护理结果不满，或者由于护士护理工作出现失误，导致病人痛苦增多及人身损害引发的纠纷。护理纠纷属于医疗纠纷的一个组成部分，但常常与医疗纠纷交织在一起。单纯的护理纠纷约占整个医疗纠纷案件的 10%~15%。

护理纠纷是发生在护患之间的，针对护理活动的争执。从这个意义上看，护理纠纷是建立在民事法律关系基础上的，在护理过程中发生的特殊的民事纠纷。但这并不等于说，所有在护理过程中发生的护患之间的民事纠纷都是护理纠纷。护理纠纷必须是因病人对护士或对医疗机构的护理服务不满意，与医方发生争执而造成的，是病人对医方护理过程的责难。

二、医疗事故与护理医疗事故

(一) 医疗事故

1. 医疗事故的内涵

是指医疗机构及其医务人员在医疗活动中，违反医疗卫生管理法律、行政法规、部门规章和诊疗护理规范、常规，过失造成病人人身损害的事故。

2. 医疗事故的构成要件

是指法律规定的，确认行为人的行为构成医疗事故所必备的主客观要件的总和。它是医疗事故内涵的具体化，是衡量在医疗活动过程中所出现的医疗事故与非医疗事故的标尺。医疗事故构成要件也是医疗机构承担民事责任的必备要件。

(1) 医疗事故的主体是医疗机构及其医务人员：这是立法上对医疗事故行为主体范围的限定。医疗机构是指经卫生行政部门批准取得“医疗机构执业许可证”的机构。医务人员是指经过考核和卫生行政部门批准或承认，取得相应资格及执业证书的各级各类卫生技术人员。医疗事故的行为主体仅限于医部机构及其医务人员，并且医疗事故必须是发生在医疗机构的医疗活动过程中，这是医疗事故与非法行医的主要区别。

(2) 医疗事故的主体主观上必须有过失：这是构成医疗事故必备的主观要件。过失是医疗事故的行为人对自己的行为可能给病人造成不良后果所具有的心理状态，包括疏忽大意的过失和过于自信的过失。通常表现为：不执行或不正确执行规章制度和履行职责，对危重病人推诿、拒治；对病史采集、病人检查处理漫不经心，草率马虎；擅离职守，延误诊治或抢救；遇到不能胜任的技术操作，既不请示，也不请人帮助，一味蛮干；擅自做无指征或有禁忌证的手术和检查；对病情分析不周密，对某些工作仅凭印象蛮干等。

(3) 过失行为必须具有违法性和危害性：这是医疗事故构成的客观方面的必要要件。违法性是指在医疗事故中违反医疗卫生管理法律、行政法规、部门规章、诊疗护理制度和技术操作规程。危害性是指医护人员在过失实施的行为给病人造成了实际损害。仅有过失行为而没有造成实际损害的，不能认定为医疗事故。

(4) 过失行为与损害结果之间存在因果关系：这是判定医疗损害是否属于医疗事故的关键方面。在医疗过程中，只有医疗过失行为与病人人身损害结果之间存在因果关系，医方才承担相应的法律责任。因果关系之所以成为确定法律责任的必要条件之一，是因为过失行为不一定引起损害后果的发生，损害后果有时也不是由医务人员的过失行为一种原因引起，既有一因一果，也有多因一果和一因多果。在后一种情况下，尤其是多因一果情况下，确定因果关系的具体情况就显得极为重要。

(二) 护理医疗事故

1. 护理医疗事故内涵

是指医疗机构及其护士在护理活动中,违反医疗卫生管理法律、行政法规、部门规章和护理规范、常规,过失造成病人人身损害的事故。护理事故是医疗事故的一种类型。

2. 护理纠纷与护理医疗事故关系

护理纠纷与护理医疗事故是既有区别又有联系的两个概念。

(1) 范围不同:护理纠纷比护理事故广得多,形成护理纠纷的不一定是护理医疗事故。同时,尽管发生了护理医疗事故,但病人一方对此予以谅解,不予追究,则不一定形成护理纠纷。

(2) 构成要件不同:护理医疗事故发生的行为人须有过失,且过失是因为违反法律、法规、规章或常规,同时出现了严重后果,护士与出现的损害结果之间存在着直接的因果关系。护理纠纷则仅因为护患双方在诊疗护理后果及其原因和法律责任在认识上不一致而产生争执。护理纠纷中,护士不一定有过失,不一定违反法律、法规、规章或常规,也不一定产生什么严重后果。例如,在输液过程中,护士给病人做青霉素皮试阴性,而病人输液中产生轻微不适、呕吐,家属认为是护士做皮试操作有误,护士解释说是因为胃药的不良反应,病人家属不听,同此发生争执,要求医院追究当事人责任并进行经济赔偿。虽然护士无过失,病人也未产生什么严重后果,但双方就护理后果原因不一致而产生纠纷。

(3) 认定标准不同:护理医疗事故有严格的标准和认定程序,而护理纠纷则不需要认定。

三、医疗事故的分级

根据医疗行为对病人人身造成的损害程度,《医疗事故处理条例》把医疗事故划分为4级。《医疗事故分级标准(试行)》则更为具体的规定,医疗事故一级乙等至三级戊等对应伤残等级一至十级。

一级医疗事故:造成患者死亡,重度残疾的。一级医疗事故分为2个等级。

二级医疗事故:造成患者中度残疾,器官组织损伤导致严重功能障碍的。二级医疗事故为4个等级。

三级医疗事故:造成患者轻度残疾,器官组织损伤导致一般功能障碍的。三级医疗事故分为5个等级。

四级医疗事故:造成患者明显人身损害的其他后果的。

四、不属于护理医疗事故的情形

现代医学科学虽然有了很大发展,但是,由于人体的复杂性和特异性以及人们对许多疾病的发生原理认识的局限性,现代医学科学技术还做不到包治百病。在疾病面前,医学还有很多遗憾。本着切实保障医疗机构与医务人员合法权益,为医护工作者营造一个良好工作环境,《医疗事故处理条例》规定,有下列情形之一的,不属于护理医疗事故:

(一) 紧急医学护理处置

《医疗事故处理条例》规定,在紧急情况下为抢救垂危病人生命而采取的紧急医学处置措施造成不良后果的不属于医疗事故。众所周知,垂危病人的生命处于十分危险的境地,尤其是在紧急情况之下,如果不立即采取紧急医学措施实施抢救,病人的生命会受到更大的威胁。这一规定旨在采取紧急医学措施尽力挽救垂危病人的生命,虽然从表面上看没有"保护"病人知情权,但此时保护病人的生命健康权高于一切,即使医护人员未按常规行使告知义务,也不承担赔偿责任。但医护人员在实施该行为时应注意三点:第一,所针对的必须是垂危病人,并且情况紧急;第二,采取紧急医学措施属于迫不得已,是挽救病人生命的最佳方式;第三,医护人员的抢救措施一定要遵循医疗操作规范。

(二)医疗意外

《医疗事故处理条例》规定,在医疗活动中由于病人病情异常或病人体质特殊而发生医疗意外的不属于医疗事故。所谓医疗意外事件,是指在医疗活动过程中,虽然在客观上造成了病人人身的不良后果,但这种不良后果的发生既不是出于医护人员的故意,又不是出于过失,而是由于病人病情异常或者病人体质特殊造成的。医疗意外事件的构成应具备如下要件:一是客观上发生了不良后果;二是医疗活动过程中,医护人员无过失行为;三是病人的不良后果是由于其病情异常或体质特殊造成的;四是不良后果的发生是医疗机构及医护人员无法预料和防范的。

(三)无法预料或不能防范的不良后果

《医疗事故处理条例》规定,在现有医学科学技术条件下,发生无法预料或者不能防范的不良后果的不属于医疗事故。同其他科学领域一样,医学领域的发展同样是有限的。医疗活动本身是一种高风险的职业,医疗活动中不确定因素始终存在,现实中的法律应当正视这一严峻的现实。否则,医疗机构及其医护人员为避免责任的承担,越来越多地采取预防性、保守性的医疗措施,这既不利于病人人身权益的保障,也不利于推动医学向前发展。在医疗实践中,这种无法预料或不能防范的情形包括:

1. 并发症

并发症是医疗活动中由于一种疾病合并发生另外一种或几种疾病,而后一种疾病或几种疾病的发生是医护人员难以预料和防范的。

2. 后遗症

是指医疗结束后仍留有某些机体机能损害障碍,存有医疗依赖,需要外源程序性医疗支持身体机能. 产生后遗症的原因如果不是医务人员的过失造成的,而是疾病本身不能避免的或无法预料的,就不能按医疗事故处理。

3. 医源性疾病

医源性疾病是指在医疗活动中,因为医疗行为而造成的,并非原发性疾病或其发展结果所致的疾病或损害,是疾病在诊治护理行为过程中的副产品,如药物对肝功能的损害,手术产生的伤口等。

4. 猝死

是指貌似健康的人,由于潜在疾病的突然恶化或急促进展,而发生的出乎人们意料之外的急性死亡。

（四）无过错输血感染

《医疗事故处理条例》规定，无过错输血感染造成不良后果的不属于医疗事故。对于输血是否属于医疗事故，关键是看诊疗护理过程中医方是否有“过错”。目前，我国医疗机构的血液是由血站供应，根据《献血法》相关规定，血站应承担“检测”义务，医疗单位应承担法定的“核查”义务。可见，在输血过程中，护士是否尽到法定的“核查”义务是判定是否构成医疗事故的关键。所谓“核查”，具体包括确认献血者和受血者的血型是否一致，交叉配血试验是否相符，血液的包装是否完整，血液的物理外观是否正常，血液是否在有效期内等。护士在护理过程中应当严格遵守《临床输血技术规范》。如果在输血时，护士连血液的物理外观有混浊状或异物都未能注意，导致输血感染，此时医疗机构就会因护士的过错而承担责任。

（五）病人及其家属不配合

《医疗事故处理条例》规定，因患方原因延误诊疗导致不良后果的不属于医疗事故。这是指病人及其家属不配合诊治和护理，不执行医嘱，造成病情加剧、恶变或产生严重后果，法律规定责任应由病人及其家属自负。比如病人不按医嘱服药或私自服药，不真实反映病状，私自外出等，从而导致了病人人身不良后果，不能认定医疗事故，医疗机构和医护人员不承担责任。

（六）不可抗力

根据《民法典》及相关规定，《医疗事故处理条例》中明确，因不可抗力造成不良后果的不属于医疗事故。依据《民法典》“第一百八十条　因不可抗力不能履行民事义务的，不承担民事责任。法律另有规定的，依照其规定。不可抗力是不能预见、不能避免且不能克服的客观情况。”例如疾病的自然转归，即便医务人员尽到了最大努力，但由于病人病情本身的发展和变化，仍然出现不良后果的这种客观状态可视为不可抗力。在判断某一情况是否属于不可抗力情形时，应注意审查医务人员是否充分履行了预见危险发生和防止危险结果发生的义务；是否充分履行了告知危险发生的义务；有无履行及时、充分地保留导致意外发生的有关药物、医疗器械的义务；实施的护理行为是否符合医学护理的要求等。

第二节　护理医疗事故产生的原因与防范

一、护理医疗事故产生的原因

（一）责任心不强，业务不熟练

护士担负着观察病人症状、体征及病情变化的责任。个别护士在护理工作中缺乏对病人高度的责任感，不能主动地做好各项护理工作，观察病情不仔细，主动关心病人不够，护理过程中出现的一些问题不能及时发现和处理，对病人的痛苦视而不见，抢救病人不及时贻误时机，工作散漫，无紧迫感，抢救技术差，抢救准备工作不充分，给病人造成伤害。随着科技的进步，越来越多的高新科技被应用于医疗手段中，一些疾病的治疗也越来越综合。作为护士应不仅局限于有限的护理知识和业务水平，而应结合自己所在科室积极地补充有关医疗专科知识。例如对一些新仪器设备的功能、特殊性能、用途缺乏了解,操作生疏,影响抢救的及时性。

案例 14-1

一个患儿住院,护士在给患儿做静脉注射时,为了穿刺的需要,在上肢肘关节上方扎了止血带,静脉注射结束后,忘记了及时解除止血带。而患儿的母亲又是一个农村妇女,误认为止血带未解除,是由于治疗的需要。一直绑在患儿身上,既没有询问护士,也没有及时给患儿解除止血带。待第二天医师发现时,患儿的肘关节以下皮肤青紫,缺血肿胀明显,最后因缺血时间较长发生了坏死,造成了三级医疗事故。这样的典型事例虽然比较少见,但是,究其最基本的原因就是由于护士工作不负责造成的。

(二) 规章制度落实不到位

护士基本熟悉核心制度和操作常规内容,但在实际工作中,往往出现病人入院评估不及时、护理文件书写不规范、健康宣教不到位、基础护理不到位的情况,个别护士还是存有侥幸心理,认为制度和操作常规繁琐,常常敷衍了事,导致发错药、打错针。对分级护理制度内容界定认识不一,盲目下护理级别,造成护理级别与病情不符。特别是对一级护理病人不能做到按规定时间巡视。执行医嘱及进行各项处置时,不能认真做到三查七对。文献报道,在护理纠纷事件中,因没有认真落实三查七对,而输错液、发错药,使治疗延误者占43%。各项诊疗操作和护理,均有一定的技术操作规程和要求,这些规程是为了保障操作稳准,避免失误而制订的,在诊疗护理工作中必须遵照执行,否则就有可能导致护理医疗事故。

(三) 护理文件书写不规范

护士在护理危重病人过程中,机械执行医嘱,未按护理常规要求密切观察生命体征并记录,造成护理记录不能详细体现病情变化,易引发医疗事故。护理记录过于简单,对疾病认识不足,缺乏专科病情描述,主观性词语多,不能做到记录客观、真实、准确。在处理医嘱转抄注射卡、护理卡等时有漏抄现象,造成护理措施不到位、少用药或未用药耽误治疗而影响疾病的转归。许多关键性内容医护记录不一致,如死亡时间等。一些特殊性药物治疗、特殊性治疗措施后,未能及时观察效果并做护理记录,造成纠纷、事故时不能举证。

(四) 护士的法律意识淡薄

病人到医院付费就医,标志着医院与病人建立了合同关系,形成了医疗服务合同。大多数护士在基础教育中很少接受法律知识教育,不懂得护患双方的权益,特别是患方的权益,如病人的知情权、隐私权,不懂得自己履行合同的职责与法律的关系,未将自己的工作责任与法律责任连在一起。法律意识的欠缺,导致护士言行不慎,说话无技巧,做事不讲方法,护士在护理过程中缺乏自我保护意识,实施整体护理以来,部分医护人员存在着护理诊断不正确、解释问题不妥等医疗问题,都有可能成为指控医护人员的证据。

(五) 擅离职守

擅离职守,是指行为人擅自离开正在履行职责的岗位。诊疗护理是一项极其复杂的行为,常有意外情况发生,值班护士应按时巡视病房,严守岗位职责。若没能履行应尽的岗位职责义务,擅离职守岗位,造成病人的损害后果发生,或因失职造成病人走失并在外发生严重事故等,都极易引发医疗事故。

案例 14-2

男性病人刘某因胃溃疡大出血并失血性休克入院治疗。其同室病友为一位 57 岁结肠癌病人黄某。病人刘某血型为 B 型,病人黄某血型为 O 型。住院第二天,两人因病情治疗均需要输血 300 毫升,护士李某带实习护士林某进行输血操作。经核对病人的姓名、床号、血型后,正待给刘某输血时,突然呼叫护士李某长途电话,李某即放下工作吩咐实习护士林某执行操作。李某接完电话后,见两名病人均已输上血液,就与实习护士林某一起离开病室。约 25 分钟后,病人黄某突感全身发冷,大汗淋漓,即让病人刘某呼叫医务人员。经治医师赶到后,考虑为输血反应,即停止输血。可 20 分钟左右后,病人刘某也开始出现畏寒、全身荨麻疹等症状。经治医师检查后考虑为输血反应,即停止输血。经对两名病人的输血袋检查,发现护士将 B 型血液输给 O 型血型的黄某,将 O 型血液输给 B 型的刘某。结果,病人黄某病情进一步恶化,终因抢救无效而死亡。

(六) 人们法律意识增强

随着社会的发展,现代人法律意识普遍增强,掌握了一定的医学知识,加之社会公众对医院的关注增加,新闻媒体的片面性宣传报道导致病人及家属对医护人员产生信任危机,自我保护意识过强,维权意识过度,如护士不重视,法律意识不强,说话随便不负责任,工作不严谨,一旦出现护理差错,很容易引发病人维权行为。

二、护理医疗事故的防范

(一) 加强护士法制教育和法律意识的培养

利用各种形式对护士进行经常性的法制教育,牢固树立"安全第一、质量第一"的观念,明确护士在医疗护理中的法律责任与义务,增强职业使命感和责任感,依法规范护理服务行为,增强法律、法规意识,从法律角度认识护理工作的特殊性,自觉学法、懂法、守法,严格按规章制度执行,主动履行自身职责,以有效避免护理医疗事故发生。

(二) 加强护士职业道德教育,提高护士的综合素质

护士要有扎实的理论基础,而且有精湛娴熟的护理操作和技术,在护理过程中要严格遵守规章制度和操作规程,主动将各种制度和职责当作法律意义中的义务去履行,确保护理质量。随着新业务、新技术的开展以及层出不穷的新药广泛应用于临床,需要护士不断地充实和更新知识,掌握其药理作用、用药中的不良反应、禁忌证及应用中的注意事项,要做到安全用药,培养敏锐的观察力和高度的责任心,及时发现病人病情的突变,准确对症处理,提高处理应急事件的应变力。

（三）设置医疗服务质量监控部门或配备专（兼）职人员

为了提高医疗护理质量、预防医疗事故，《医疗事故处理条例》明确了医疗机构应当设置医疗服务质量监控部门或配备专（兼）职人员的规定。该部门或人员具体要履行三项职责：一是具体负责监督本医疗机构的医护人员的医疗服务工作，检查医护人员执业情况；二是接受病人及家属对医疗服务的投诉，向病人及家属提供咨询服务；三是当接到了出现医疗事故、可能引起医疗事故的医疗过失行为或发生医疗事故争议的报告后，应当立即进行调查、核实，将有关情况如实向本医疗机构的负责人报告，并向病人通报、解释。

（四）按法定要求书写并保管和复印病历资料

病历是以有形载体的形式记录病人在医院中接受检查、诊断、治疗、护理等医疗活动的所有医学文书资料，它是医护人员对病人病情的分析、检查结果和医疗资源的使用情况的全面而真实的原始记录。在这些资料中与护理相关的有 3 种，即：体温单、医嘱单和护理记录单。必须让所有的护士清醒地认识到护理的各项记录是重要的法律文书，是医疗事故、纠纷处理的依据，也是病人救治过程中的真实反映和评价治疗效果的科学依据。护理记录不仅是临床诊治病人病史资料不可缺少的一部分，也体现了护理质量的高低，是医疗、护理、教学、科研、护理管理的重要工具，具有法律效应，可以成为权威性书证材料，所以必须重视护理记录的书写与保管。因此，护理记录质量越发显得重要，这就要求护士必须准确、清楚、及时、客观地记录病人情况，克服护理文书书写中的随意性，不得丢失和随意篡改并注意护理记录与医疗文件的同步性，这样既保护了病人的利益，也保护了护士自身的利益。

1. 书写并保管病历的要求

所有病历资料的书写都必须按照国家卫生计生委有关病历书写的管理规定执行。病历的内容必须真实完整，重点突出，条理清晰，有逻辑性和科学性，使用医学术语，文字通顺简练，字迹清晰，无错别字等。书写病历的形式还要规范，部分病历使用标准化书写方式，统一实施规范化书写。严禁涂改、伪造、隐匿、销毁或者抢夺病历资料。

病历书写分为一般病历书写和急诊抢救病历书写。一般病历的书写包括住院病历、门诊病历、病历质量评价的书写。其中，门诊病历要求即时书写，在病人每一次就诊的同时就可以书写完成；住院病历应在病人入院后 24 小时内完成；病历质量评价也要及时完成。《医疗事故处理条例》对急诊抢救病历的书写做了特别规定：因抢救危急病人，未能及时书写病历的，有关医务人员应当在抢救结束后 6 小时内据实补记，并加以注明。这是因为抢救危急病人的成功率难以保证，比较容易发生医疗事故争议，而记录病人初始生命状态和抢救过程的急诊抢救病历就成为医疗事故鉴定的重要依据。因此，必须在抢救后及时、准确、完整地进行记录。

病历属于医药卫生科技档案，是国家档案的重要组成部分。《档案法》、《档案法实施办法》和《医药卫生档案管理暂行办法》中对于档案、病历的保管均作出了规定。医疗机构要设置专门部门，配备专职人员负责病历资料的收集、整理、分类、质量检查、统计分析、检索、保管等工作，并提供设备、设施等支持条件；建立病历保管、统计、借阅等相关管理制度，鼓励病历信息资源的开发利用。

2. 复印病历资料的要求

病人在医疗活动过程中有知情同意的权利，有权获得记录其客观疾病状况及相关信息的病历资料。

(1) 复印的范围:客观性病历资料。即:门诊病历、住院病历、体温单、医嘱单、化验单(检验报告)、医学影像检查资料、特殊检查同意书、手术同意书、手术及麻醉记录单、病理资料、护理记录以及国务院卫生行政部门规定的其他病例资料。

(2) 复印程序:当病人提出复印或复制符合上述范围的病历资料时,无论是否发生医疗事故,医疗机构都应该提供复印或复制服务,并在复印或复制的病历资料上加盖证明印记。为了确保复印或复制病历的真实性、有效性,复印或复制病历时,医患双方应当共同在场。

(3) 复印收费问题:医疗机构可以向病人收取复印的工本费。收费标准由本地区省级价格主管部门和卫生行政部门共同制定。

(五) 加强护患沟通,建立和谐的护患关系

病人在住院期间,接触最多的是护士,因此,护士首先应该以真诚、平等、主动的姿态,理解和同情病人的痛苦和情感,主动加强与病人之间的沟通,取得护患之间的相互信任。在护理过程中,病人作为主体,要求得到良好的服务,护士在尊重、同情病人,把病人作为自己的朋友的同时,同样也会得到病人的尊重和敬佩,形成一种良好的氛围。一旦在治疗或护理操作过程中发生失误,主动及时与病人及其家属进行沟通,也容易取得他们的理解和谅解,避免矛盾升级。

(六) 制定防范、处理医疗事故的预案

医疗机构应坚持预防为主的原则,切实采取有效措施防范医疗事故的发生,并制定切实可行的应急预案。预案是事前制定的一系列应急反应程序,包括明确应急机制中各成员部门及其人员的组成、具体职责、工作措施以及互相之间的协调关系。它包括防范医疗事故预案和处理医疗事故预案。制定防范、处理医疗事故预案的目的是为了预防医疗事故的发生,减轻医疗事故的损害,也便于在发生医疗事故后能及时有效地进行处置。

第三节 护理医疗事故的处理

一、护理医疗事故处理的意义与原则

(一) 护理医疗事故处理的含义

护理医疗事故的处理包括狭义的处理和广义的处理。狭义的处理指医疗卫生行政管理部门对护理医疗事故的处理,即行政处理,主要指在护理医疗事故发生后,卫生行政管理部门对所发生的护理医疗事故、护理医疗事故纠纷的处理以及对护理医疗事故责任的追究。除此之外,在护理医疗事故中,如果医务人员的过失行为触犯了刑律,还应当承担刑事责任。

(二) 正确处理护理医疗事故的意义

1. 有利于保护病人和医疗机构及护士的合法权益

护理医疗事故的发生,势必给病人人身及精神造成损害,病人家属也要承受精神上的

痛苦和经济上的负担。同时,医疗机构的正常医疗活动秩序以及在经济、效益和名誉等方面也会受到负面影响。如果护理医疗纠纷处理不当,势必加剧护患之间的矛盾,成为影响社会稳定的因素。正确处理和解决护理医疗事故,有利于维护护患双方的合法权益。

2. 有利于维护医疗秩序和保障医疗安全

医疗活动必须在良好的秩序下进行。护理医疗事故的发生,如果处理不及时或不当,护患矛盾便容易激化,病人及其家属会做出过激甚至违法行为,这会扰乱医疗机构的正常工作秩序,威胁医疗安全。因此,只有及时正确地处理护理医疗事故,才可以及时地化解护患之间的矛盾,才能维护医疗秩序,保障医疗安全,建立和谐护患关系。

3. 有利于促进医学科学的发展

现代科学技术在医学领域中的应用,使得现代医学知识与技能取得了前所未有的突破与发展。人类医学知识与实践表明,任何时期的医疗活动都是建立在当时的医学科学技术水平和攻克疾病能力基础之上的。医学每前进一步同样是建立在前人成功和失败的经验基础之上的。正确处理医疗事故,划清医疗事故与非医疗事故的界限,明确责任,无疑有利于促进医学科学的发展。

(三) 护理医疗事故处理的原则

1. 公平原则

公平原则体现在护患双方在护理医疗事故处理过程中的法律地位是平等的,任何一方都没有超越法律的特权。双方的权利义务是统一的,同时,在适用法律上应是平等的。

2. 公正原则

公正原则是公平原则的具体体现,是公平适用法律的必然结果。在处理护理医疗事故过程中,公正原则应体现在两个方面:一是程序上的公正;二是实体上的公正。程序上的公正是实体上公正的前提和保障,实体上的公正是程序上公正所追求的目标。

3. 公开原则

公开原则又是公平和公正的必要保障。它要求在处理护理医疗事故过程中,依据法律规定需要公开进行的,都应该按照法律的规定加以公开,让当事人了解护理医疗事故处理的法律依据、事实依据、证据内容、处理过程和处理结果。公开原则表现在公开适用法律,公开鉴定程序,在一定范围内公开证据内容,护理医疗事故的处理接受社会的监督等。

4. 及时原则

及时原则是指护理医疗事故发生之后,无论是医疗机构还是卫生行政管理机关,首先应当根据相应的法律法规,主动地、公正地、及时地对护理医疗事故进行处理,要在最短的时间内,用最少的人力、物力、财力及时解决护患双方因此发生的纠纷或争议。

5. 便民原则

便民原则是指在护理医疗事故处理过程中,无论是卫生行政管理机关对于医疗事故的管辖,或者是护理医疗事故技术鉴定等环节,都应当考虑到病人是否便于行使其各项权利。在护理医疗事故处理过程中要做到及时、便民,要在工作制度上和程序上实实在在的体现方便护患双方、提高工作效率,把工作做实做细。

6. 实事求是原则

实事求是原则就是要求医疗机构、卫生行政部门和司法部门,对发生的医疗事故争议要坚持实事求是的科学态度,做到事实清楚、定性准确、责任明确、处理恰当。

二、护理医疗事故争议的处置

一旦发生护理医疗事故，医疗机构必须采取必要的措施进行处置，以减轻护事医疗事故的损害后果。《医疗事故处理条例》对此做了相应的规定。

（一）护理医疗事故的报告制度

《医疗事故处理条例》规定了护理医疗事故的报告制度，不仅是为了及时地处理护理医疗事故，避免因拖延造成医疗事故争议，而且还有助于及时地保存有关证据和现场。同时也体现了卫生行政部门对护理医疗事故的监督。

1. 内部报告

护士在护理活动中发生或发现医疗事故、可能引起护理医疗事故的护理过失行为或者发生护理医疗事故争议的，护士应当立即向所在科室负责人报告；科室负责人应及时向本单位负责医疗护理服务质量监控部门或专（兼）职人员报告；负责医疗服务质量监控疗门或专（兼）职人员接到报告后，应立即进行调查、核实，向本机构的负责人报告。

2. 向卫生行政部门报告

医疗机构一旦发生护理医疗事故，应当按规定向所在地卫生行政部门报告。发生下列重大医疗过失行为的，医疗机构应当在 12 小时内向所在地卫生行政部门报告：一是导致病人死亡或者可能为二级以上的护理医疗事故；二是导致了 3 人以上人身损害后果的；三是国务院卫生行政部门和省、自治区、直辖市人民政府卫生行政部门规定的其他情形。

（二）病历资料和现场实物的封存

病历资料和现场实物，是病人健康状况及其所患疾病的发生、发展与转归的整个过程的真实记录，是护理医疗事故鉴定机构进行鉴定时的重要原始资料。《医疗事故处理条例》规定，发生护理医疗事故争议时，病人不能复印或复制的主观性病历资料，应当在医患双方在场的情况下封存和启封；疑似输液、输血、注射、药物等引起不良后果的，医患双方应共同对现场实物进行封存和启封，封存的现场实物由医疗机构保管；需要检验的，应当由双方共同指定的、依法具有检验资格的检验机构进行检验；双方无法共同指定时，由卫生行政部门指定。疑似输血引起不良后果，需要对血液进行封存保留的，医疗机构应当通知提供该血液的采供血机构派员到场。

（三）尸检

病人死亡，医患双方当事人不能确定死因或者对死因有异议的，应当在病人死亡后 48 小时内进行尸检；具备尸体冻存条件的，可以延长至 7 日。尸检应当经死者近亲属同意并签字。尸检应当由按照国家有关规定取得相应资格的机构和病理解剖专业技术人员进行。承担尸检任务的机构和病理解剖专业技术人员有进行尸检的义务。医疗事故争议双方当事人可以请法医病理学人员参加尸检，也可以委派代表观察尸检过程。拒绝或者拖延尸检，超过规定时间，影响对死因判定的，由拒绝或者拖延的一方承担责任。

病人在医疗机构内死亡的，尸体应当立即移放太平间。死者尸体存放时间一般不得超过 2 周。逾期不处理的尸体，经医疗机构所在地卫生行政部门批准，并报经同级公安部门备案后，由医疗机构按照规定进行处理。

(四) 立即采取有效措施,防止损害扩大

发生或者发现医疗过失行为时,医疗机构及医护士应当立即采取有效措施,避免或者减轻对病人身体健康的损害,防止损害扩大。不管有没有确定为医疗事故,只要发生或发现了护理医疗过失行为,只要是给病人造成了不同程度的损害后果,医疗机构及医护人员就有责任采取有效的措施避免和防止对病人身体造成的损害,并防止损害的扩大,努力把已经造成的损害降到最低点。这种有效的措施主要包括有针对性的、必要的检查和药物、手术等治疗方法。

三、护理医疗事故的技术鉴定

(一) 护理医疗事故技术鉴定的概念

护理医疗事故技术鉴定是指对发生的护理医疗事件,通过调查研究,收取物证(包括尸检结果),查问书证,听取证人证言,当事人、受害人或其家属陈述,分析原因,依据法定标准,判定事件性质,作出是否属医疗事故及何类、何级、何等事故的科学鉴定结论的过程。护理医疗事故技术鉴定,无论是在医患双方协商解决、申请行政调解还是提起民事诉讼过程中,都起着十分关键的作用。科学、公正的鉴定结果,是判定护理行为是否属于医疗事故、医患双方所承担的责任等的基本根据。

(二) 鉴定机构

护理医疗事故技术鉴定工作由医学会负责组织实施,从诸多方面最大限度地保证了护理医疗事故技术鉴定的客观公正性,对保护病人及其家属的合法权益、公平、公正处理护理医疗事故争议,提供了法律上的保障。

医学会,是指经县级以上人民政府民政部门审查同意、登记成立的医学社会团体,即由医学科学工作人员、医疗技术人员等中国公民自愿组成,为实现会员共同意愿、按照其章程开展活动的非营利性医学社会组织。医学会应具备法人资格,属于社会团体法人。在我国,全国设立中华医学会,各地方设立地方医学会。

(三) 鉴定原则

1. 依法独立鉴定的原则

护理医疗事故技术鉴定除了必须严格依照医疗卫生管理法律、行政法规、部门规章和诊疗护理技术操作规范、常规外,还要严格在程序上依法进行。《医疗事故处理条例》对鉴定人员的资格、条件以及技术鉴定的程序、时效等都做了严格的规定。同时也明确规定,专家鉴定组独立进行鉴定和判定,任何单位和个人不得干扰医疗事故技术鉴定工作,不得威胁、利诱、辱骂、殴打专家鉴定组成员。专家鉴定组依照法律规定,运用医学科学原理和专业知识,独立进行护理医疗事故的技术鉴定。

2. 合议制原则

专家鉴定组进行护理医疗事故技术鉴定,实行合议制。专家鉴定组人数为单数,涉及的主要学科的专家一般不得少于鉴定组成员的二分之一;涉及死因、伤残等级鉴定的,应当从专家库中随机抽取法医参加专家鉴定组。

3. 回避制原则

专家鉴定组成员有下列情形之一的，应当回避，当事人也可以以口头或者书面的方式申请其回避：一是医疗事故争议当事人或者当事人的近亲属的；二是与医疗事故争议有利害关系的；三是与医疗事故争议当事人有其他关系，可能影响公正鉴定的。实行回避制度对于消除护患双方当事人的疑虑，提高护理医疗事故技术鉴定的公正性和防止专家鉴定组成员徇私舞弊有重要的意义。

4. 两级鉴定原则

护理医疗事故技术鉴定分为首次鉴定和再次鉴定。设区的市级地方医学会和省、自治区、直辖市直接管辖的县(市)级地方医学会负责组织专家鉴定组进行本地区首次护理医疗事故技术鉴定工作。省、自治区、直辖市医学会负责组织本行政区域内护理医疗事故争议的再次鉴定工作。医患双方认为需要鉴定的，应当首先申请首次鉴定。当事人对首次护理医疗事故技术鉴定结论不服的，可以自收到首次鉴定结论之日起 15 日内向医疗机构所在地卫生行政部门提出再次鉴定的申请。

当事人对首次护理医疗事故技术鉴定结论有异议，申请再次鉴定的，卫生行政部门应当自收到申请之日起 7 日内交省、自治区、直辖市地方医学会组织再次鉴定。必要时，中华医学会可以组织疑难、复杂并在全国有重大影响的医疗事故争议的技术鉴定工作。

(四) 鉴定程序

1. 鉴定的启动

护理医疗事故技术鉴定的提起有以下三种情况：第一种，医患双方协商解决护理医疗事故争议，需要进行护理医疗事故技术鉴定的，由双方当事人共同书面委托负责首次护理医疗事故技术鉴定工作的医学会组织鉴定；第二种，县级以上卫生行政部门接到医疗机构关于重大护理医疗过失行为的报告或者护理医疗事故争议，当事人要求处理护理医疗事故的申请后，对需要进行护理医疗事故技术鉴定的，书面移交负责首次鉴定的医学会组织鉴定；第三种，法院审理涉及护理医疗事故问题诉讼案件时，依职权或当事人申请移交委托负责首次鉴定的医学会组织鉴定。

2. 鉴定的受理

医学会首先审查已经提起的护理医疗事故技术鉴定是否符合特殊的法定条件以及有没有不予受理的情形。如果有，医学会就不予受理并说明理由。如果没有，医学会应当自受理护理医疗事故技术鉴定之日起 5 日内，通知护理医疗事故争议双方当事人提交护理医疗事故技术鉴定所需的材料。当事人应当自收到医学会的通知之日起 10 日内提交有关护理医疗事故技术鉴定的材料、书面陈述及答辩。

3. 成立专家鉴定组

具体的护理医疗事故鉴定工作，是由负责护理医疗事故技术鉴定工作的医学会组织专家鉴定组进行。专家库依据学科专业组名录设置学科专业组。参加护理医疗事故技术鉴定的相关专业的专家，由医患双方在医学会主持下从专家库随机抽取。在特殊情况下，医学会根据护理医疗事故技术鉴定工作的需要，可以组织医患双方在其他医学会建立的专家库中随机抽取相关专业的专家参加鉴定或者函件咨询。

从专家组随机抽取的专家鉴定组人数为单数，涉及的主要学科的专家一般不得少于鉴定组成员的二分之一；如果涉及死因、伤残等级鉴定的，应当从专家库中随机抽取法医参加专家鉴定组。

4. 收集材料、调查取证

负责组织护理医疗事故技术鉴定工作的医学会,可以向双方当事人和其他相关组织、个人进行调查取证,进行调查取证时不得少于2人。调查取证结束后,调查人员和调查对象应该在有关文书上签字。如果调查对象拒绝签字的,应记录在案。

5. 听取医患双方陈述和申辩

专家鉴定组应当认真审查双方当事人提交的材料,听取双方当事人的陈述及答辩,并进行核实。

6. 鉴定结论

护理医疗事故技术鉴定结论是卫生行政部门处理护理医疗事故争议的依据,也是人民法院审理护理医疗事故争议案件的重要依据。专家鉴定组应当在事实清楚、证据确凿的基础上,综合分析病人的病情和个体差异,实事求是地做出鉴定结论,并制作护理医疗事故技术鉴定书。鉴定结论以专家鉴定组成员的过半数以上通过。

四、护理医疗事故的行政处理

(一)接受当事人的申请处理医疗事故的争议

1. 接受当事人的申请

发生护理医疗事故争议,当事人有权向医疗机构所在地的县级卫生行政部门提出书面申请进行医疗事故争议处理,如果医疗机构所在地是直辖市的,则由医疗机构所在地的区、县人民政府卫生行政部门处理。如果有病人死亡或者可能为二级以上的医疗事故或者国务院卫生行政部门和省、自治区、直辖市人民政府卫生行政部门规定的其他情形的,那么县级人民政府卫生行政部门应当自收到当事人处理护理医疗事故的申请或者医疗机构的报告之日起7日内移送上一级人民政府卫生行政部门处理。当事人的书面申请应当载明申请人的基本情况、有关事实、具体请求及理由等。

2. 将护理医疗事故争议交医学会进行技术鉴定

卫生行政部门应当自收到护理医疗事故争议处理申请之日起10日内进行审查,做出是否受理的决定。对符合相关规定的,予以受理,需要进行医疗事故技术鉴定的,应当在受理决定之日起5日内将有关材料交负责护理医疗事故技术鉴定工作的医学会组织鉴定并书面通知申请人;对不符合有关规定,不予受理的,应当书面通知申请人并说明理由。当事人对首次护理医疗事故技术鉴定结论有异议,申请再次鉴定的,卫生行政部门应当自收到申请之日起7日内交由省、自治区、直辖市地方医学会组织再次鉴定。

3. 应当事人的要求进行护理医疗事故赔偿的行政调解

应当事人的要求,卫生行政部门可以进行护理医疗事故赔偿的行政调解。而行政调解的依据就是护理医疗事故技术鉴定结论。卫生行政部门调解是在卫生行政部门的主持下,根据自愿和合法的原则,促使双方当事人友好协商、达成护理医疗事故争议和解的非诉讼活动,它必须得到双方的同意。

(二)对发生护理医疗事故的医疗机构和护士做出行政处理

卫生行政部门依照相关法律、行政法规、部门规章的规定,对发生护理医疗事故的医疗机构和护士做出行政处理。行政处理包括行政处罚和行政处分。行政处罚是由行政机关对实施违法行为的直接责任者所作的具有惩戒性质的行政行为。一般包括:警告、罚款、没收违法所得、责令停产停业、暂扣或者吊销许可证或执照、行政拘留等形式。行政处分是由国家行政机关或者其他组织依照行政隶属关系,对违法失职的国家公务员或者所属人员所实施的惩戒措施,包括警告、记过、记大过、降级、撤职和开除等。

(三) 进行护理医疗事故行政处理应注意的问题

1. 不能同时选择行政程序和司法程序解决护理医疗事故争议

当事人既向卫生行政部门提出护理医疗事故争议处理申请,又向人民法院提起诉讼的,卫生行政部门不予受理;卫生行政部门已经受理的,应当终止处理。

2. 超过时效不能进行护理医疗事故行政处理

当事人向卫生行政部门提出护理医疗事故争议的行政处理申请时效为 1 年,从当事人知道或应当知道其身体健康受到损害之日起计算。如果当事人自知道或应当知道其向身体健康受到损害之日起超过 1 年后,向卫生行政部门要求行政处理护理医疗事故争议的,卫生行政部门可以不予受理。

3. 护理医疗事故争议处理结果逐级上报

护理医疗事故争议不论双方当事人自行协商解决,还是经人民法院调解或者判决解决的,医疗机构应当自协商解决或收到生效的人民法院的调解书或者判决书之日起 7 日内向所在地卫生行政部门作出书面报告,并附具调解书或者判决书。县级以上地方人民政府卫生行政部门应当按照规定逐级将当地发生的护理医疗事故以及依法对发生医疗事故的医疗机构和医务人员作出行政处理的情况,上报国务院卫生行政部门。

第四节　护理医疗事故的赔偿

一、护理医疗事故赔偿争议的解决途径

(一) 协商解决

发生护理医疗事故的赔偿等民事责任争议,医患双方可以协商解决。协商是在双方平等、自愿的基础上进行的。医患双方协商解决赔偿等民事责任争议,体现了医患双方依法处分民事权利、确认民事义务的自主权。这也是当前普遍采取的做法,它可以比较快捷地解决争议,从而减少因诉讼带来的人、财、物的浪费。医患双方协商解决赔偿民事责任的,应当制作协议书,协议内容不得违反法律规定。

(二) 调解解决

卫生行政部门进行的是行政调解。卫生行政部门作为“中间人”在双方自愿的基础上进行调解,并应当依据《医疗事故处理条例》的规定计算赔偿数额。经调解,双方当事人就赔偿数额达成协议的,制作调解书,一般只能依靠当事人的自觉履行,不具有法律强制力。如果调解不成或经调解达成协议后一方反悔的,卫生行政部门不再调解。

（三）诉讼解决

发生护理医疗事故的赔偿等民事责任争议，医患双方不愿意协商或协商不成的，可以直接向人民法院提起民事诉讼，这是解决护理医疗事故争议的最终途径和救济手段，可以在做出医疗事故技术鉴定结论前提起，也可以在做出护理医疗事故技术鉴定结论后提起。

二、护理医疗事故赔偿的影响因素

为了确定护理医疗事故赔偿数额，护理医疗事故赔偿应当考虑下列因素：

（一）医疗事故等级

医疗事故一共分为四级，在四级里又可以分为若干伤残等级。它体现了病人人身损害赔偿的实际程度，是对病人人身损害死亡、致残或致伤及其轻重程度的客观评价。确定护理医疗事故赔偿的数额不仅要考虑医疗事故属于哪一级别，还要考虑到属于某一级别的哪一个等级。不同级别的护理医疗事故的赔偿数额是不同的；同一级别中的不同等级的护理医疗事故，其赔偿的具体数额也是不同的，体现了护理医疗事故赔偿的公平、合理。

（二）护理过失行为在护理医疗事故损害后果中的责任程度

护理医疗事故赔偿数额，应当与护理过失责任程度相适应。衡量护理医疗事故的责任时，不能只看损害后果的程度，还要衡量护理过失行为在护理医疗事故损害后果中的责任程度。也是就是说，要考虑到对于病人自身疾病发展、医学科学和技术手段的局限性等相关因素对损害后果的影响，合理地确定医疗过失行为在护理医疗事故损害后果中所占的损害作用程度。

（三）护理医疗事故损害后果与病人原有疾病状况之间的关系

在确定护理医疗事故赔偿时，要充分考虑到病人原有疾病状况对护理医疗事故损害后果的影响以及它与损害后果之间的关系，免除医疗机构及护士不应该赔偿的成分。实际上它是病人原有疾病在护理医疗事故损害后果之中的参与程度。因为在有些情况下，病人原有疾病的发展状况对现存的损害后果以及与医疗过失行为的关系都比较紧密。这样，病人原有疾病状况就成为护理医疗责任承担的一个重要因素。

三、护理医疗事故赔偿项目、计算标准和方式

（一）护理医疗事故赔偿项目和计算标准

1. 医疗费

按照护理医疗事故对病人造成的人身损害进行治疗所发生的医疗费用计算，凭据支付，但不包括原发病医疗费用。结案后确实需要继续治疗的，按照基本医疗费用支付。

2. 误工费

病人有固定收入的，按照本人因误工减少的固定收入计算，对收入高于医疗事故发生地上一年度职工年平均工资 3 倍以上的，按照 3 倍计算；无固定收入的，按照医疗事故发生地上一年度职工年平均工资计算。

3. 住院伙食补助费

按照护理医疗事故发生地国家机关一般工作人员的出差伙食补助标准计算。

4. 陪护费

病人住院期间需要专人陪护的,按照护理医疗事故发生地上一年度职工年平均工资计算。

5. 残疾生活补助费

根据伤残等级,按照护理医疗事故发生地居民年平均生活费计算,自定残之月起最长赔偿30年;但是,60周岁以上的,不超过15年;70周岁以上的,不超过5年。

6. 残疾用具费

因残疾需要配置补偿功能器具的,凭医疗机构证明,按照普及型器具的费用计算。

7. 丧葬费

按照护理医疗事故发生地规定的丧葬费补助标准计算。

8. 被扶养人生活费

以死者生前或者残疾者丧失劳动能力前实际扶养且没有劳动能力的人为限,按照其户籍所在地或者居所地居民最低生活保障标准计算。对不满16周岁的,扶养到16周岁。对年满16周岁但无劳动能力的,扶养20年;但是,60周岁以上的,不超过15年;70周岁以上的,不超过5年。

9. 交通费

按照患者实际必需的交通费用计算,凭据支付。

10. 住宿费

按照护理医疗事故发生地国家机关一般工作人员的出差住宿补助标准计算,凭据支付。

11. 精神损害抚慰金

按照护理医疗事故发生地居民年平均生活费计算。造成病人死亡的,赔偿年限最长不超过6年;造成病人残疾的,赔偿年限最长不超过3年。

(二)对参加护理医疗事故处理病人近亲属的赔偿

参加护理医疗事故处理的病人近亲属所需交通费、误工费、住宿费,参照对病人的护理医疗事故赔偿项目和计算标准计算,计算费用的人数不超过2人。

护理医疗事故造成病人死亡的,参加丧葬活动的病人的配偶和直系亲属所需交通费、误工费、住宿费,参照对病人的护理医疗事故赔偿项目和计算标准计算,计算费用的人数不超过2人。

(三)护理医疗事故赔偿的方式

护理医疗事故赔偿费用,实行一次性结算,即护理医疗事故赔偿数额按照《医疗事故处理条例》规定的标准和项目一次算清,护理医疗事故赔偿费用由医疗机构一次性支付。

本章小结

护理纠纷和医疗事故处理法律制度是调整护理纠纷和医疗事故处理过程中产生的各种社会关系的法律规范的总称。护理纠纷的解决、护理医疗事故的处理涉及保护医患双方的合法权益,对维护护理秩序,保障医疗安全具有十分重要的意义。

(傅伟韬)

练　习　题

一、选择题

A1 型题

1. 医疗事故主体主观心理状态必须是(　　)。

A. 故意　B. 间接故意　C. 直接故意　D. 过失　E. 意外

2. 由于医护人员的过失行为,造成病人中度残疾,器官组织损伤导致严重功能障碍的。属于(　　)级医疗事故。

A. 一级　B. 二级　C. 三级　D. 四级　E. 五级

3. 下列不属于紧急医学处置的情形是(　　)。

A. 危急情况下不用遵循医疗操作规范　B. 病人生命垂危,情况紧急

C. 不得以采取紧急医疗措施　D. 采取挽救病人的最佳方式

E. 以上都是

4. 下列情形属于医疗事故的是(　　)。

A. 并发症　B. 后遗症　C. 过错输血感染　D. 猝死　E. 医源性疾病

5. 下列病历资料不可以复印的有(　　)。

A. 门诊病历　B. 住院病历　C. 会诊意见　D. 手术同意书　E. 护理记录

6. 住院病历应在病人入院后(　　)小时内完成。

A. 6 小时　B. 8 小时　C. 12 小时　D. 24 小时　E. 48 小时

7. 因抢救病人未能及时书写护理记录,应在抢救结束后几小时内补记(　　)。

A. 3 小时　B. 4 小时　C. 5 小时　D. 6 小时　E. 12 小时

8. 护理医疗事故处理的原则(　　)。

A. 公平原则　B. 公正原则　C. 及时原则　D. 便民原则　E. 以上都是

9. 医疗机构应当在 12 小时内向所在地卫生行政部门报告的重大医疗过失行为有(　　)。

A. 3 名以上医护人员过失行为　B. 导致了 3 人以上人身损害后果的

C. 可能为三级以上医疗事故　D. 病人产生并发症的

E. 有后遗症的

10. 医疗事故的处理程序不包括(　　)。

A. 凡发生医疗事故或事件,当时的医务人员应立即向本医疗单位的科室负责人报告。科室负责人应随即向本医疗单位负责人报告

B. 发生医疗事故或事件的医疗单位,应指派专人妥善保管有关的各种原始资料

C. 医疗单位对发生的医疗事故或事件,应立即进行调查、处理,并报告上级卫生行政部门

D. 凡发生医疗事故或事件、临床诊断不能明确死亡原因的,都必须进行尸检,应在患者死亡 24 小时以内进行

E. 立即采取有效措施,防止损害扩大

11. 护理医疗事故技术鉴定工作原则有(　　)。

A. 依法独立鉴定的原则　B. 合议制原则　C. 回避制原则

D. 两级鉴定原则　E. 以上都是

12. 当事人向卫生行政部门提出护理医疗事故争议的行政处理申请时效为(　　),从当事人知道或应当知道其身体健康受到损害之日起计算。

A. 3 个月　B. 6 个月　C. 1 年　D. 2 年　E. 5 年

13. 病人在诊疗活动中受到伤害,医疗机构及其医护人员有过错的,由(　　)承担赔偿责任。

A. 医护人员　B. 医疗机构　C. 医疗机构负责人　D. 医疗机构和医护人员　E. 卫生行政部门

A2 型题

14. 一患儿以肠梗阻入院手术，术中医师将膀胱认作囊肿切除，造成患儿储尿、排尿功能严重受损。该事件中，医师的行为属(　　)。

A. 术中并发症　B. 过失　C. 意外事件　D. 直接故意　E. 间接故意

A4 型题(15~17 题共用题干)

某日，王老太太因冠心病、心绞痛入住某医院，准备进行支架植入手术。某医院确定在老人等待手术期间，会给予“心脏病常规护理、一级护理、病重”等护理措施。然而，住院的第 3 天晚上，老人因独自上厕所，不小心跌倒，导致心室颤动，昏迷不醒。直到当晚 12 时，值班医生才发现老人倒在厕所里。医院迅速采取急救措施，老人经抢救无效死亡。

15. 对于老人的死亡，后果应由(　　)承担。

A. 老人家属　B. 责任护士　C. 医院　D. 直拉责任人员　E. 意外事件不承担

16. 构成医疗事故的理由，不正确的是：(　　)。

A. 医院未尽护理责任

B. 病人死亡后果存在

C. 医院过错与死亡结果有因果关系

D. 作为医疗单位，就应承担疾病存在的各种风险

E. 医院未按一级护理要求进行巡视

17.【假设信息】如果医院严格执行一级护理计划并严格落实，老人因上厕所时忽然发病跌倒，医院迅速采取急救措施，但老人经抢救无效死亡。对该事件分析正确的是(　　)。

A. 属于医疗意外，医院和医务人员不承担民事责任

B. 医务人员应对该病风险有预知，出现后果要承担责任

C. 医院对于任何医疗风险都应承担责任

D. 在医院发生意外就是医疗事故

E. 病人死亡后果严重，医院即使无过错，也要承担一部分责任

二、思考题

1. 简述属于护理医疗事故的情形。

2. 试述护理医疗事故产生原因和防范措施。

第十五章　护理法律责任

学习目标

1. 掌握　护理民事责任的概念和构成要件；护理行政责任的构成要件。

2. 熟悉　护理刑事责任的构成要件；护士临床实践中的法律风险与防范。

3. 了解　承担护理民事责任的方式；承担护理行政责任的方式；承担护理刑事责任的方式。

护理法律责任有广义和狭义两种理解，广义的护理法律责任包括护理法律义务和违反法律义务的后果。护理法律义务是指在一定条件下，护理主体应当做和必须做的分内事情，或者说是在法定条件下所应尽的履行性义务。狭义的护理法律责任，仅指违反法律义务的后果，即护理法律关系主体由于违法行使了职权所必须承担的相应的否定性护理法律后果。违法的护理法律行为或者不属于违法的某些特定的护理法律事实的存在是护理法律关系主体承担护理法律责任的前提，而否定性的护理法律后果则是护理法律关系主体承担护理法律责任的形式。本章所述护理法律责任为狭义的护理法律责任。护理法律责任按其性质不同，可以分为护理民事责任、护理行政责任和护理刑事责任。

第一节　护理民事责任

一、护理民事责任概述

（一）民事责任概念

民事责任，又称民事法律责任，是指民事主体侵犯他人的民事权利或违反自身所负有的民事义务时应当承担的法律后果。依据《民法典》规定，民事责任涵盖缔约过失责任、违约责任和侵权责任等类型。

（二）护理民事责任概念

护理民事责任，是指医护方在医疗护理活动中，未尽诊疗护理义务，侵犯病人生命健康权益时应承担的民事法律后果。从理论上讲，在护理活动中，护理损害行为因为没有谨慎地履行其对病人的注意义务而构成违约责任，同时，也因为侵害了病人的生命权、健康权而构成侵权责任。所以，护理民事责任具有违约责任和侵权责任的竞合这一特性。在我国司法实践中，对护理民事责任多数是按侵权责任处理，但并不限制病人提出要求医护方承担违约责任的请求。受害人完全可以在同一个诉讼中提出不同的诉讼请求，以使自己诸多权益得到全面保护。

（三）护理民事责任的特征

1. 护理民事责任以民事义务的存在为前提

依据《民法典》，护理民事责任是违反护理民事义务所应承担的法律后果，其以护理民事义务的存在为前提。护理民事义务既涵盖合同约定的义务,也包括《民法典》侵权责任(第七编)所规定的不得侵害他人权利的义务以及其他相关义务。履行护理民事义务为社会所倡导和鼓励;而承担护理民事责任则体现了社会对不履行护理民事义务行为的谴责。

2. 民事责任主要是财产责任

现代民法普遍承认,民事责任主要是财产责任,并禁止对违约当事人实行人身强制,由此体现了法律文明的发展。依据《民法典》,当医护人员不履行护理民事义务的行为给他人造成身体和精神上的损失时,可通过财产性赔偿的方式进行恢复。我国现行法律规定的损害赔偿、支付违约金、强制实际履行等责任方式均属于财产责任范畴。然而,对于病人人格权和身份权的侵害,仅通过财产性赔偿难以完全消除侵害所造成的后果。例如,在侵害名誉权的情况下,仅有财产性赔偿难以使受害人的社会评价恢复到受害之前的状态。因此,《民法典》规定了一些辅助性的非财产责任,如赔礼道歉、消除影响、恢复名誉等,这些责任方式不完全属于财产责任。

3. 以违反义务的医护方补偿受害人的损害为主要目的

所谓补偿性,是指民事责任以补足民事主体所受损失为限。就违约责任而言,旨在使当事人的利益达到合同获得适当履行的状态;侵权民事责任,旨在使当事人的利益恢复到受损害以前的状态。民事责任的功能在于对受害人提供补救,使受害人遭受的全部损失得到恢复。在一般情况下,民事责任必须要以受害人实际遭受损害为前提。

4. 在法律允许范围内当事人可以对民事责任进行协商

民事责任作为法律责任之一,也以国家强制力为保障,具有强制性。但是民事责任的强制性不同于其他法律责任,其不同之处在于民事责任兼具任意性与前置性的特点。即受害人可以不请求责任人承担责任,责任人也可以与受害人通过协商的方式确定民事责任的承担。当事人可以在法律规定的范围内,对合同责任作出事先的安排。民事责任在确定后,受害人可以与行为人达成和解协议处分其财产。

二、护理民事责任的构成要件

护理民事责任的构成,是指医护方承担民事责任所必须具备的条件。它是受害人向医护方要求损害赔偿的前提和基础,只有具备护理民事责任的构成要件,损害赔偿的承担才成为可能。

(一)护理民事责任的主体

护理民事责任的行为主体和责任主体不是统一的,护理民事责任的行为主体为护士,责任主体则是医疗机构。依据《民法典》,在医疗机构进行医疗护理活动的过程中,护士的护理行为属于履行医疗机构法人职务的行为。若护士在护理活动中存在过错,即视为医疗机构本身存在过错。对于由此给病人造成的损害和损失,应由医疗机构承担责任。《医疗事故处理条例》曾规定:“医疗事故赔偿费用,实行一次性结算,由承担医疗事故责任的医疗机构支付。”而《民法典》侵权责任编规定:“患者在诊疗活动中受到损害,医疗机构及其医务人员有过错的,由医疗机构承担赔偿责任。”

(二)医疗机构及护士有过错

依据《民法典》,医疗机构及护士的过错包括医疗事故和医疗过失。《民法典》侵权责任

(第七编)明确规定了侵权损害责任的一般归责原则为过错责任原则,医疗机构承担过错责任。《医疗事故处理条例》曾规定只有医疗事故才承担医疗损害赔偿责任。而《民法典》规定,只要存在医疗过错,无论是医疗事故还是医疗过失,医疗机构都要承担医疗损害赔偿责任。由此,在我国医疗纠纷中形成了医疗事故与非医疗事故的区分。在实践中,人们常常将这种非医疗事故的医疗纠纷,即虽有损害但经鉴定不构成医疗事故的损害的情形归纳为“医疗过失”,并将其分为严重医疗过失和一般医疗过失。严重医疗过失,是指在诊疗护理工作中,因医护人员的诊疗护理过失,虽给病人的身体健康造成了一定的损害,延长了治疗时间,但尚未造成病员死亡、残疾、组织器官损伤导致功能障碍的不良后果;一般医疗过失,是指在诊疗护理工作中,医务人员虽然发生诊疗护理过失,但尚未给病人身体造成损害,无任何不良后果。可见医疗过失也是一种医疗损害,只是损害后果没有达到“医疗事故”的程度。

为保障医疗行业持续发展,在医疗服务可及性的过程中,《民法典》第七编“侵权责任”第六章“医疗损害责任”确立了过错责任原则。同时,鉴于患者通常因缺乏专业知识,在举证方面能力不足。若患者遭受损害,且存在以下情形,则推定医疗机构存在过错:“(一)违反法律、行政法规、规章以及其他有关诊疗规范的规定;(二)隐匿或者拒绝提供与纠纷有关的病历资料;(三)遗失、伪造、篡改或者违法销毁病历资料。”

这样的规定旨在平衡医患双方的权益,既保障医疗机构正常的诊疗活动,又充分考虑患者在医疗纠纷中相对弱势的地位,确保患者在遭受损害时能有合理的维权途径。

(三) 造成护理服务对象损害

损害事实是指护理过失行为给病人造成的生命健康权损害后果,这种损害后果表现为病人健康损害和生命权的丧失。损害结果必须是客观的、真实的和确定的。只有在护理过失行为造成病人身体损害的情况下,医护方才承担赔偿责任。身体损害包括死亡、残疾、组织器官损伤导致功能障碍及其他损害后果。这种损害后果是实际发生的,表现为已愈、未愈可逆和不可逆,客观上可见、可查、可测。

(四) 护理过错行为与损害之间存在因果关系

护理民事责任的构成,因果关系仍然是必备的条件,并非只要护士存在过错,医疗机构就必须承担赔偿责任。病人的损害结果必须是直接或间接由护理行为引起的,两者之间存在必然的因果关系。在医疗护理损害中,因果关系的表现形态呈多样化,非常复杂,不易判断,需要通过分析予以确认。

1. 一因一果

即单个医护人员的过错行为导致病人单纯的损害后果。在这一形态中,实施侵权行为的主体及责任主体承担责任的范围都比较简单。例如,护士不做皮试即注射青霉素致病人过敏死亡。

2. 一因多果

即一个医护人员的过错行为同时引发多个损害结果,既可以表现为多个受害人受到损害,也可以表现为一个受害人受到多种损害。例如,护士不严格按照无菌原则进行操作,导致药液污染,引起数名病人出现发冷、寒战、发热(轻者发热常在38℃左右,严重者高热达40~41℃),并伴有恶心、呕吐、头痛、脉快、周身不适等输液反应。

3. 多因一果

即数个危害行为为共同作用，导致某一损害结果的发生。这就需要区别各个原因力的大小来确定行为人民事责任的大小。例如，护士甲错把病人A当成应做阑尾切除手术的病人B推进手术室，主刀医师乙不问明情况，也未做任何检查，便盲目进行手术，将病人乙不应切除的阑尾切除了。

4. 多因多果

即数个过错行为共同作用并造成数个损害结果的发生。

案例 15-1

患儿刘某被母亲带至医院接受扁桃体摘除手术，同时，另一名患儿徐某也在父母的带领下来医院做心脏修补手术。在手术中，由于多名医务人员的一再失误，结果造成张冠李戴的悲剧。心脏手术室来接孩子的值班护士手里拿着徐某的病例，却将准备做扁桃体手术的刘某领进了心脏手术室。麻醉医师虽然例行公事地问了一声："你叫什么？"刘某响亮的报上自己的名字，但医师听到回答这样一个生疏的名字竟然毫无察觉。当刘某困惑地问"你们给我解扣子干吗？"而在场的医护人员没有一个理会他的话。麻醉后，徐某的主管医师在亲手为孩子消毒、整理手术台时，竟也粗心地未认出这个陌生的孩子，致使一错再错，结果，开始了一场错误的心脏手术。与此同时，真正的先天性心脏病患儿，却被带至耳鼻喉手术室内，接受了一场风马牛不相及的扁桃体摘除手术。这里的手术护士也未对患儿核查姓名与年龄，便对其进行了局部麻醉。同样可悲的是手术时，主管医师与病儿相对而坐，同样也没有认出不属于自己的病人，也未对患儿为什么脱光了衣服产生怀疑。尽管经过积极的抢救，两名患儿未发生生命危险，但是，由于医务人员不可饶恕的疏忽，致使一颗健康的心脏被无端开了一刀，一个正常的扁桃体被无缘无故切掉了。

三、承担护理民事责任的方式

（一）护理民事责任的类型

1. 护理技术损害责任

《民法典》"第一千二百二十一条　医务人员在诊疗活动中未尽到与当时的医疗水平相应的诊疗义务，造成患者损害的，医疗机构应当承担赔偿责任。"护理技术损害责任是指由于护士在诊疗活动中没有为病人提供符合当时的护理技术水平的护理服务而产生的损害赔偿责任。

2. 护理伦理损害责任

护理伦理损害责任是护士在护理活动中未尽告知义务而导致病人丧失选择权而发生的损害赔偿责任。护理伦理损害责任的核心，是具有护理伦理过失。护士在护理活动中应当向病人说明病情和护理措施。护士未尽告知义务，造成病人损害的，医疗机构应当承担赔偿责任。

3. 医疗产品损害责任

依据《民法典》，医疗产品损害责任是因在医疗护理活动中使用了有缺陷的药品、消毒药剂、医疗器械、血液等而导致的损害赔偿责任。《民法典》侵权责任编规定，因药品、消毒产品、医疗器械的缺陷，或者输入不合格的血液造成患者损害的，患者可以向药品上市许可持有人、生产者、血液提供机构请求赔偿，也可以向医疗机构请求赔偿。患者向医疗机构请求赔偿的，医疗机构赔偿后，有权向负有责任的药品上市许可持有人、生产者、血液提供机构追偿。

《民法典》对上述责任的明确规定，基本涵盖了诊疗过程中人为损害的所有赔偿责任。不论人为损害的原因是医务人员过错还是药品、器械存在缺陷，只要是非疾病自身因素发生的损害后果，都能够依法得到救济。

（二）护理民事责任的形式

依据《民法典》，我国法律规定的承担民事责任的方式有：停止侵害、排除妨碍、消除危险、返还财产、恢复原状、修理、重作、更换、继续履行、赔偿损失、支付违约金、消除影响、恢复名誉、赔礼道歉等。以上承担民事责任的方式可以单独适用，也可以合并适用。

卫生法律法规所涉及的民事责任方式主要是赔偿。另外，医护侵权行为可能侵害病人的隐私权、名誉权等人格权和荣誉权，在此情况下，侵权行为人应承担停止侵害，消除影响，恢复名誉和赔礼道歉的民事责任。

（三）民事赔偿的范围

1. 财产损害赔偿

一般遵守全部赔偿原则，但是对于损害的发生和扩大，受害人有过错的，应当相应减轻加害人的赔偿责任。

2. 精神损害赔偿

依据《民法典》，当病人因其人身权利受到医护方的不法侵害而遭受损害或痛苦时，病人有权要求侵权人通过财产赔偿等方式进行救济与保护，可包括精神损害赔偿。《民法典》规定，侵害自然人人身权益造成严重精神损害的，被侵权人有权请求精神损害赔偿。精神损害赔偿从法律性质上属于财产赔偿责任的一种形式。其功能主要有：一是以财产方式弥补受害人所遭受的精神损害，促使该损害得到恢复；二是通过财产补偿抚慰受害人的精神痛苦，使受害人的精神痛苦得到一定程度的缓解甚至消除，同时其精神利益也可以得到一定程度的恢复。《医疗事故处理条例》曾明确规定，精神损害抚慰金为医疗事故赔偿项目之一。

第二节　护理行政责任

一、护理行政责任概述

（一）行政责任概念

行政责任是行政法律责任的简称，指违反有关行政管理的法律、法规的规定，但尚未构成犯罪的行为所依法应当承担的法律后果，分为行政处分和行政处罚。

（二）护理行政责任概念

护理行政责任是护理行政法律责任的简称，是指护理行政法律关系主体由于护理行政违法行为或者某些特定的护理法律事实的出现所引起的否定性法律后果，即应承担的具有惩戒或制裁性的法律后果。护理行政责任是基于护理行政管理而产生的一种法律责任。

（三）护理行政责任的特征

1. 护理行政法律关系是发生护理行政责任的基础

护理行政法律关系是受行政法律规范调控的因行政活动而形成或产生（引发）的护理权利义务关系。医疗行政法规包括中央和地方各级政府及其卫生行政管理部门依法制定的法规、规章以及其他规范性的文件，医疗机构及其医务人员均须遵守，违反即应当承担行政责任。

2. 护理行政责任只适用于特定主体

护理行政责任只能由医疗机构或护士来承担。非护士或非医疗机构不得承担医疗事故的行政责任。

3. 护理行政责任只能由法定机关追究

即护理行政责任，只能由各级卫生行政主管部门予以追究。

4. 行政责任的承担方式多样化

卫生行政部门可给予医疗单位和直接责任人以相应的财产罚、行为罚、申戒罚和行政处分。

二、护理行政责任的构成要件

（一）行为的违法性

行为违法性是指行为人的行为客观上违反了卫生行政法律范的规定或违反了行政法律义务，是构成护理行政责任的必要条件之一。凡行为违反了卫生行政法律、法规强制性或者禁止性规范即构成违法；反之，即使行为侵犯了应受或者已受法律保护的权益，但行为本身并未违反行政法律、法规强制性或者禁止性规范，也不构成行政违法，不承担行政法律责任。例如《医疗事故处理条例》中不属于医疗事故情形的规定。

（二）行为的危害后果

行为的危害后果是指违法行为侵犯他人或社会的权利和利益所造成的损失和伤害，包括人身的损害、财产的损害和精神的损害。行为的危害后果是否成为承担行政责任的条件需要法律规定。一是在某些情况下，卫生法律法规规定违法行为无论是否造成危害后果都要承担行政责任。例如《献血法》第22条规定："医疗机构的医务人员违反本法规定，将不符合国家规定标准的血液用于患者的，由县级以上地方人民政府卫生行政部门责令改正。"《突发公共卫生事件与传染病疫情监测信息报告管理办法》第40条规定："执行职务的医疗卫生人员瞒报、缓报、谎报传染病疫情的，由县级以上卫生行政部门给予警告，情节严重的，责令暂停六个月以上一年以下执业活动，或者吊销其执业证书。"二是卫生法律、法规规定违法行为必须产生危害后果才承担行政责任。例如《献血法》第22条规定医疗机构的医务人员违反本法规定，将不符合国家规定标准的血液用于患者的，给患者健康造成损害的，应当依法赔偿，对直接负责的主管人员和其他直接责任人员，依法给予行政处分。

（三）因果关系

因果关系是指违法行为与危害结果之间的必然联系。在卫生法律、法规规定不以危害后果作为承担行政责任条件的场合,则不存在确定因果关系的问题;反之,卫生法律、法规规定以行为造成了危害后果作为承担行政责任条件的场合,必须确定危害后果与违法行为之间存在的因果关系。

(四)行为人主观上有过错

过错是护理行政责任的主观要件。过错是指行为人实施某种行为时的主观心理状态。过错包括故意和过失。故意是指行为人明知自己的行为会发生损害他人和危害社会健康的结果,并且希望或者放任这种结果发生的主观心理状态。故意可分为直接故意和间接故意。过失是指行为人应当预见自己的行为可能发生损害他人和危害社会健康的结果,因为疏忽大意而没有预见,或者已经预见而轻信能够避免,以致发生这种结果的主观心理状态。过失可分为疏忽大意的过失和过于自信的过失。由于过错形式不同,行为人承担行政责任的形式也不一样。一般来说护理行政违法中医疗事故系过失所致。其他卫生行政违法,如医疗机构和医护人员泄露传染病病人、病源携带者、疑似传染病病人、密切接触者涉及个人隐私的有关信息、资料,则既有故意也有过失所致。

三、承担护理行政责任的方式

(一)行政处分

1. 行政处分含义

是指有管辖权的卫生行政机关或医疗卫生机构对所属人员违法、失职但尚未构成犯罪的行为实施的惩戒措施。

2. 护理行政处分的特点

一是实施行政处分的机构,必须是具有行政隶属关系和行政处分权限的政府卫生主管机关和医疗卫生机构;二是受行政处分者是实施了卫生违法或渎职的护士和卫生行政相对人的个人,是一种内部责任形式;三是卫生行政机关工作人员和卫生行政相对人的个人的违法行为尚未构成犯罪;四是行政处分是一种违反卫生法律、法规的法律责任,属于行政责任;五是行政处分的依据是国家卫生法律、法规和医疗卫生机构的内部规章。

3. 行政处分的种类

警告、记过、记大过、降级、撤职和开除。

(二)行政处罚

1. 行政处罚的含义

是指法定行使卫生行政管理职权的机关、法律法规授权组织,依法对违反卫生法律、法规尚未构成犯罪的单位和个人,实施的一种行政法律制裁。

2. 行政处罚的特点

一是行政处罚是一种强制性的法律制裁;二是行政处罚的前提是卫生行政管理相对人实施了违反卫生管理秩序的行为,而这种行为按照卫生法律、法规或规章的规定,应当给予行政处罚;三是实施卫生行政处罚的主体只能是卫生行政主管机关或者法律、法规和规章规定的其他行政机关,而且必须在行政主体法定的职权范围内,依据法定的程序实施行政处罚;四是卫生行政处罚的对象是卫生违法行为人。

3. 行政处罚的种类

根据《行政处罚法》规定,包括:警告,罚款,没收违法所得、没收非法财物,责令停产停业,暂扣或者吊销许可证、暂扣或者吊销执照,行政拘留,法律、行政法规规定的其他行政处罚。

第三节　护理刑事责任

一、护理刑事责任概述

(一) 刑事责任的概念

刑事责任,是依据国家刑事法律规定,对犯罪分子依照刑事法律的规定追究的法律责任。刑事责任包括两类问题:一是犯罪;二是刑罚。

(二) 护理刑事责任的概念

护理刑事责任是指护士在执业活动中违反卫生法律、法规的行为,侵害了刑法保护的社会关系构成犯罪所应承担的法律后果。

(三) 护理刑事责任的特征

1. 责任主体特定

护理刑事责任主体是经执业注册取得护士执业证书,依法从事护理活动的护士。

2. 由护士的犯罪行为所引起

犯罪行为是一种具有一定社会危害性与刑事违法性,并应受到刑罚处罚的行为。它是产生刑事责任的依据,护士在执业活动中没有犯罪行为,就不应承担刑事责任。

3. 是一种最严厉的法律责任

它不仅剥夺行为人的财产权利,而且剥夺行为人的政治权利、人身自由直到生命权利。

4. 只能由司法机关依法追究

护士执业行为中的刑事责任只能由公安机关、检察机关和人民法院按照《刑事诉讼法》规定的程序,根据《刑法》的有关原则和规定予以追究,任何其他机关、团体、个人都无权对护士执业行为中的刑事责任进行追究。

二、护理刑事责任的构成要件

护理刑事责任的构成,即护士承担刑事责任的基本要件,又称犯罪构成要件,是指我国刑法规定的护士执业行为构成犯罪所必须具备的主观和客观要件的总和。简言之,即犯罪的法定标准,也是区分罪与非罪、此罪与彼罪的标准。

(一) 犯罪客体

犯罪客体是指我国刑法所保护而为犯罪行为所侵犯的社会主义社会关系。犯罪客体是构成犯罪不可缺少的要件。护士的犯罪行为所侵犯的客体是复杂的客体,它既侵犯了病人的生命健康权,又侵犯了国家对医疗机构的管理秩序和护士执业制度,也侵犯了医疗单位的正常工作秩序,包括医疗机构的形象、声誉及名誉等。

（二）犯罪客观方面

犯罪客观方面是指犯罪活动的客观外在表现，包括危害行为、危害结果、危害行为与危害结果之间的因果关系。护士的犯罪客观方面具有自身的特殊性，主要表现在护士在诊疗护理工作中严重不负责任，违反卫生法规或诊疗护理常规，从而造成就诊人死亡或者严重损害就诊人身体健康的行为。

（三）犯罪主体

犯罪主体是指实施犯罪并承担法律责任的人。护理活动中的犯罪主体是特殊主体——护士，即依照《护士条例》规定，经执业注册取得护士执业证书，依照法律规定在医疗预防、保健机构中从事护理活动的卫生技术人员。

（四）犯罪主观方面

犯罪主观方面是指犯罪主体对自己实施的危害社会的行为引起的危害社会的结果所持的心理态度，主要指罪过，也包括犯罪动机和目的。护理执业活动中的犯罪行为的犯罪主观方面既包括故意也包括过失。对于医疗事故罪而言，犯罪主观方面主要是过失，即护士在护理的过程中，根据其相应职称和岗位责任制要求，应当预见到和可以预见到自己严重不负责任的违规行为可能发生就诊人死亡、严重损害就诊人身体健康的危害社会的结果，因为疏忽大意而未能预见，或者虽然已经预见而轻信借助自己的技术、经验或有利的客观条件能够避免，因而导致了判断上和行为上的失误，致使病人的危害结果发生。

三、承担护理刑事责任的方式

刑事责任的承担方式是用刑罚对犯罪分子实行惩罚。刑罚是由国家最高立法机关在《刑法》中确定的，由人民法院对犯罪分子适用并由专门机构执行的最为严厉的国家强制措施。根据《刑法》规定，刑罚分为主刑和附加刑。

（一）主刑

主刑是对犯罪分子适用的主要刑罚方法。主刑只能独立适用。对一个犯罪只能适用一个主刑，而不能适用两个以上的主刑。主刑包括管制、拘役、有期徒刑、无期徒刑和死刑。例如，《刑法》第 335 条规定："医务人员由于严重不负责任，造成就诊人死亡或者严重损害就诊人身体健康的，处 3 年以下有期徒刑或者拘役。"

（二）附加刑

附加刑也称从刑，是补充主刑适用的刑罚方法。附加刑既可以随主刑附加适用，也可以独立适用。附加适用是可以同时适用两个以上附加刑。包括罚金、剥夺政治权利、没收财产；对于外国人犯罪，还可以独立适用或附加适用驱逐出境。

案例 15-2

江苏省如东县一产妇康某因分娩到某乡卫生院做剖宫产手术。手术中，医师平某将一把 16 厘米长的弯头血管钳遗忘在康某的腹部内，而术后器械护士李某未按规定对敷料和手术器械进行清点，未能发现问题。在忍受了两个多月的剧烈痛苦之后，康某终因血管钳刺破小肠，肠内大量溶物进入腹腔，并引起弥漫性腹膜炎，经抢救无效死亡。该案中，医师平某与器械护士李某都存在疏忽大意的严重过失。根据手术操作规程，手术前除了严格的消毒和各种手术器械、设备的检查外，手术用的刀、剪、镊、钳、针、线、纱布、棉球、手套等都一一进行清点，手术后一样东西都不能少。但平、李两人未尽到注意义务，并造成病人死亡的严重后果，已构成医疗事故罪。其中，李某作为专职器械护士，未履行清点核对手术器械的义务，对事故的发生起主要作用。故李某被判处有期徒刑1年，平某被判处拘役6个月。

第四节　护士临床实践中的法律风险与防范

一、门、急诊护士法律风险防范

门诊部及急诊科是医院的门户窗口，其工作特点是服务对象广、流动快且流动量大，许多病人所患疾病尚处于未明确诊断的阶段，因而在医疗实践中常面临较大的法律风险。

（一）法律风险存在原因

1. 争议救治时间

门、急诊科室承担着院前救治任务，特别是急诊室，这是一个特殊科室，对危重病人的抢救可谓是分秒必争，急诊病人就诊的特点是单位时间内病人比较集中，而就诊的病人都认为自己的病情比较重，迫切希望能优先诊治。然而现有的卫生法律法规及规章制度只规定了医院及医护人员对急危病人要及时抢救，尚无法定的时限规定。现实中，在判断医院是否"及时"时，常存在不同认识意见，因而蕴藏着较大的法律风险。在这种情况下需要护士有较强的协调能力，才能按照就诊的先重后轻、先急后缓的原则及时处置各类病人，而不引起争执。

2. 争议救治地点

对危重病人是留急诊室抢救还是送病房处理有时难以准确把握，《医院工作制度》第15条急诊室工作制度规定："对危重不宜搬动的病员，应在抢救室就地组织抢救，待病情稳定后再护送病房。对需立即进行手术的病员应及时送手术室施行手术。"一般来讲，住院部的医疗设备条件、医护人员力量配备较急诊科要好，抢救成功率较高，但危重病人在送行途中可能发生意外，也可能因时间的耽搁而延误最佳抢救时机。而在急诊室就地抢救则对争取时间非常有利，但也可能因技术力量和设备条件的原因而影响抢救效果。二者如何取舍，就得依赖于医师对病情的判断来决定。有时，医师个人的判断可能存在一定的局限性，或不能与病人及家属的意思相吻合，因而在病情发生逆转时，就可能被怀疑救治有误。

3. 争议救治程序

急诊科对急危重病人的紧急救治处理，强调严谨、有序，持续不间断，救治结果与急诊室内抢救药品的储备、监护和抢救设备的完好状况、医务人员使用监护抢救设备的熟练程度以及医护人员间默契配合和交接班时确保救治处理的连续性等密切相关。这些环节中任何的纰漏都有可能引发法律风险。

4. 争议护理态度

护士没有良好的服务态度，不能对病人家属的心情及过激的言行给予充分的理解和谅解，容易造成病人及家属不满而导致纠纷。在服务态度差的纠纷中，有因输液时多次注射不成功，护士不但不道歉，反而怪病人血管不好，或护士要请其他人帮忙，离开时没有向病人及家属说明。还有病人要求量血压，护士没好气地说自己没时间等。抢救病人时动作拖拉，不能急病人之所急，想病人之所想，虽有好的业务技术也做不好护理工作；护士敬业意识淡薄，工作责任心不强，市场经济的效率性、竞争性、逐利性已渗透到医院的各个领域，个别护士的思想观念、价值取向、生活方式、职业道德意识发生了偏移，献身于护理事业的思想不稳定，重报酬、轻奉献，重实惠、轻责任，缺乏护理道德义务感，没有严谨的工作态度和慎独精神，对医院及科室的规章制度执行不严，工作马虎应付，粗心大意。如未及时巡视而导致的液体外渗；输液前未认真执行查对制度而造成的输液反应；平时没有认真核对抢救用药而导致的延误抢救等。

案例 15-3

某日，患左眼睑板腺肿的杨先生，按预约时间到某医院眼科门诊手术室接受手术。自下午 1 时起，杨先生在手术室外排队候诊。但他发现护士不按顺序叫号时，就向护士进行询问。护士回答："你知道吗，别人是无菌的，你是有菌的。你先做的话，那整个手术室不都被你污染了吗？我们又得重新消毒了，你懂不懂？去，排到后面去！"杨先生感到很郁闷，心里也不舒服，但还是耐着性子排到了后面。其间，他看到还有四五位病人排在前面，就外出办事了。下午 3 点半回来时，手术室已空无一人。见到刚才叫号的护士，便问："现在该轮到我了吧？"护士说："你刚才哪去了？怎么找不到？"听杨先生解释后，护士说："让我们等啊，不乱套了。医生已经走了。"杨先生央求护士帮忙联系一下医生，护士说："为你一个人联系？看你说的，像你这样的人我还从来没碰到过，真滑稽！医生不可能来了，你另约时间吧。"杨先生说："可我眼睛难受好几天了……""这下你知道难受了？难受你就不要乱跑啊，真不懂规矩……"，接着一场纠纷不可避免的发生了……

（二）防范措施

1. 提高综合素质

执行急诊救治任务的护士必须具备相应法定资格，并通过必要的岗前培训，熟练掌握常见急危疾病的诊断与处理程序以及各种监护抢救设备的使用方法。熟练护士培训周期应为 4~5 年，而目前，有些医院急诊护理队伍中工作年限在 3 年以下的护士占急诊护士总数的 60%，成为急诊一线工作的重要力量。由于她们工作年限短，普遍存在处理问题综合能力不强，缺乏对复杂病情的判断能力，缺乏处理特殊事件的应急能力，缺乏与病人及家属的沟通能力。首先从更新护士知识着手，通过在岗培训，提高她们对病情的判断能力、应急能力，与病人和家属的沟通能力以及处理问题的综合能力。其次可以实施老、中、青传帮带，发挥榜样示范作用，加强护士全面培养，包括职业道德教育提高道德修养、道德信念与道德品质，培养护士救死扶伤、奉献付出、服务至上、诚信于民的高尚职业道德品质，树立稳固的专业思想和严谨的工作作风。

2. 强化岗位责任

急诊科医护人员必须具备高度的责任心，严格实行首诊负责制，特别是预检分诊处。

预检分诊处出现的护患纠纷占的比例较高，因为分诊处护士为第一时间接触病人的人。分诊处护士态度不好，解释不够，冷漠、语调不适，易引起病人不悦，甚至出现争吵、投诉，在各种纠纷中所占比例最高；分诊不准确，护士接诊时，查体不仔细，未询问清楚病史，轻重不分，使病人误认为各科“踢皮球”；责任心不强，未见病人就挂号分诊，未掌握病情，延误急危重病人的抢救治疗。针对以上矛盾，预检分诊护士应具备丰富的急诊临床工作经验，而不能让实习学生或卫生员在预检分诊处分诊；预检分诊处护士应有良好的工作状态，举止端庄大方得体，语言亲切，礼貌待人，文明用语，正确解释，树立良好的“窗口”形象；预检分诊护士应有较强的急诊意识和急救理论，对危急重病人要做到先抢救后挂号，早诊断、早抢救，争取抢救的黄金时间，减少医疗隐患及纠纷；对就诊病人分“轻、缓、急、重”预检分诊，认真监测生命体征，简捷询问病史，对急重病人先护送入抢救室，并立即通知医生做紧急处理，开通绿色通道，然后补办挂号手续及费用；应加强医护、医患之间的沟通，向病人做耐心解释，取得病人谅解，并联系医生尽快妥善诊治，减少各科“踢皮球”现象。

3. 加强人文关怀

随着病人生活水平和文化素质的提高，病人评判医院的标准已不是单纯从医疗技术的高科技化着眼，而是把高科技化的医疗技术与医护人员的高质量、全面热情的服务相结合。因此，应加强对护士的人文精神引导和素质教育，稳定专业思想，不断强化护士的人文关怀意识，贯彻“以人为本，以病人为中心”的服务理念，尊重病人的合法权益，尽量满足病人的要求。应让护士认识到当前医学模式已从生物医学模式过渡到生物-心理-社会-医学模式，病人在医院里不仅享有接受专业的护理服务的权利，而且还有作为社会的人应该享有的受到的尊重和人文关怀的权利。每位护士都应自觉为病人提供专业的服务和人文关怀。

4. 维护抢救设施

抢救药品及器材必须准备充实，保证随时可用，如因药品不足或器材故障而影响抢救工作，造成不良后果，均要承担相应的法律责任。

5. 严格遵章守规

护士应按照《医疗事故处理条例》《医院工作制度》《医疗机构病历管理规定》《护士条例》和《病历书写基本规范（试行）》等法规及规章制度的有关规定，认真做好各种护理记录。对有关记录必须具体到分钟；对抢救经过及口头医嘱必须及时、详细记录。否则在形成纠纷时可能无法举证其医疗行为的合法性。

二、外科护理实践中的法律风险防范

外科临床主要通过手术的方式达到治愈外科疾病的医学目的。作为外科的护士，在临床实践中的法律风险也随之产生。

（一）法律风险存在原因

1. 医学技术发展的局限性

目前，医学上还有许多未被完全认识的领域，外科也同样如此。如手术及麻醉意外、并发症、猝死、解剖学变异等均是外科临床的难题。而由于护士缺乏医学专业知识，很少对这些因素予以考虑，一旦发生临床意外，就很容易引起医患、护患纠纷。

2. 侵犯病人知情同意权

对病人进行手术前，因医护人员的疏忽，没有对病人进行手术前谈话，病人不了解手术的潜在风险，或者有的护士任意夸大手术的风险性，造成病人的恐惧心理，这都损害了病人的知情同意权，一旦手术失败，就无法避免纠纷。

3. 手术操作违规

手术操作不规范，酿成不必要的医源性损伤，或发生并发症。如过于自信或疏忽大意，盲目粗暴操作损伤重要脏器、血管、神经者，必须承担责任；术中没有认真清对手术物品，导致手术所用敷料或器械遗留在病人体内者，均存在医疗过错。

（二）防范措施

1. 术前谈话要全面

进行术前谈话是对病人及家属知情权选择权的尊重，也是法律规定的医护人员应尽的告知义务。《执业医师法》第16条、《医疗机构管理条例》第33条、《医疗事故处理条例》第11条等都对术前谈话的要求作了明确规定。一般情况下，都应在事前告知。谈话内容包括病情分析、手术治疗的目的、手术方式的选择、手术的风险、术中可能遇到的问题及应对措施等事项。谈话时应注意避免对病人或家属产生不利影响。谈话对象应包括病人本人和病人亲属，且必须得到病人及亲属签字同意，当病人与家属意见不一致时，应以病人本人的意见为主。遇下列情况，可只和病人家属进行术前谈话并由病人家属签字同意：一是病人已丧失或不具备民事行为能力者。如精神病病人、病人神志不清意识丧失或病人是未成年人；二是病情特殊，不宜告诉病人。如癌症病人。遇特别紧急的情况，医师应按医学的原则先行抢救，事后再予以告知。

2. 术中操作要规范

医护人员在进行外科手术时，必须严格按程序操作，避免不必要的医源性损伤，防止发生并发症。同时，必须认真清对手术物品，核实无误后方可结束手术。手术后，要按时更换敷料，拔除术中留下的各种引流管。敷料更换不及时或引流管长期存留在创腔或体腔内，均有可能引起感染，影响伤口愈合。假若手术后病情发生变化，病人就很可能据此认定医院有责任，医院则往往因这种做法本身已违反技术操作规范而难以证明病情的变化与治疗无关，使得自身在纠纷处理过程中常常处于被动地位。

3. 术后观察要仔细

手术后，病人的情况容易发生变化，有时这种变化十分突然且凶猛，观察不仔细或处理不及时，就可能引起严重后果，要求护士密切观察病情，发现变化及时处理。

三、妇产科护理实践中的法律风险防范

妇产科包括妇科和产科。医疗干预手段常常涉及女性的第二性征和生育功能，产科还涉及母子两代的健康和生命安危。

（一）法律风险存在原因

1. 忽视必要的身心护理

女性的生育功能和性征是女性特有的生理功能和生理现象。因此，在决定涉及女性特有的组织器官的治疗方案时，病人往往表现出复杂的、甚至是矛盾的心理活动。这就需要医护人员对其进行耐心、细致的心理护理。医护人员如果只是简单地遵循医学技术规范原则，没有充分尊重病人在生理、心理等方面的特殊要求，就有可能出现医护人员为病人解除生理上病痛，

却使得病人背负了沉重的心理包袱的局面,甚至引发一些本可避免的法律风险。

2. 侵犯病人隐私

权妇产科诊疗活动常涉及女性的隐私部位,"见病不见人"的护理服务方式常在不经意间侵犯了病人的隐私权,引发法律纷争。

3. 医疗意外的存在

对妇产科病人的治疗,许多环节易发生并发症,且这些并发症发展快、后果严重。如产后出血,常呈现出血量大,来势凶猛的特点,稍有疏忽或处理不当,即可酿成严重后果;又如催产素的应用,若用药时机或剂量掌握不当,可导致不良后果,甚至危及母子生命。

4. 伦理法律冲突

对中、晚期引产可能引产出的活婴如何处理,是一个棘手的问题。不予救治或实施安乐死,在我国是漠视人的生命健康权的违法行为;但实施救治,则有因早产儿可能存在诸多的生理缺陷而难以成活或生命质量不高等问题。特别是在父母要求放弃救治时,医护人员切不可听信,必须坚守法律的原则。否则,将使自己陷入法律纠葛当中。

(二) 防范措施

1. 充分尊重病人

应充分尊重妇产科病人的知情选择权及其在心理、生理等方面的特殊要求,尽可能地选择既符合医学原则,又能满足病人特殊要求的治疗方案。同时,严格执行护理操作规程,对可能发生的各种并发症应有充分的认识和高度的警惕。

2. 维护病人隐私权

因女性的生育功能和性征的特殊性,在妇产科护理实践中护士应以高尚的护德和全面的法律知识维护病人的隐私权,避免护患纠纷。如在临床教学过程中,应事先征得病人的同意,且不得随意扩散相关信息。

3. 限制中、晚期引产

如引产出活婴,必须给予必要医学照护,并交生父母监护、扶养。在任何情况下都不得对活婴实施任何形式的安乐死或做其他处理。

四、ICU、CCU 病区护理实践中的法律风险防范

ICU 即重症监护病房。主要收治需特别诊疗和护理的急危重症病人。CCU 即冠心病监护病房。主要收治心肌梗死急性期或心肌梗死先兆心律失常等病症的病人。随着现代医学技术的不断发展,临床医学对救治这类病人的关注程度已越来越高,许多专科针对这些特殊病员设置了专门的特殊病区,大大提高了急危重病人的抢救成功率,但这些特殊病区的法律风险也较其他病区要高。

(一) 法律风险存在原因

ICU、CCU 单独设病区,组织专门的医疗护士、配备先进的监护仪器和生命支持设备,将上述急危重症病人集中在该病区,实施加强诊疗,护理和监护。

1. 护理对象特殊

一方面,因护理对象病情危重,变化快,导致护士工作强度高,精神压力大,如果护士应急能力差,对病情变化不能及时准确地作出判断及反应,不能熟练掌握监护、抢救设备的使

用方法,或同时出现多个病人发生病情变化,而护理人手不够时,均有可能延误抢救时机而酿成护患纠纷。另一方面,ICU、CCU病房的监护病人付费较高,且病情危重,治疗效果难以确定,家属往往有比较明显的焦虑、担忧心理。一旦出现人财两空的结果,家属可能以苛刻的要求来评价医疗行为,如对病人或家属的要求反应稍慢,就可能被指责为对危重病人监护不力,观察不细致,责任心不强等;病情突然变化,就可能被怀疑对病情干预后的变化估计不足,治疗不当或处理不及时等。这种情况容易给医护人员带来沉重的心理和精神压力,在这种压力下开展医疗工作,更容易发生差错,引发法律风险的产生。

2. 仪器设备故障

ICU、CCU病房内监护、抢救仪器设备多,且使用频率高。一旦在抢救过程中出现仪器设备故障,势必影响抢救效果,由此而引发的医疗纠纷在临床上比较多见。如20世纪90年代,某医院在抢救一名濒死病人时,使用中的高频喷气式呼吸机突然冒烟发响并停止工作,医护人员见状后在不到1分钟的时间内立即更换了呼吸机,但病人最终经抢救无效死亡。为此,病人家属大闹医院,并四处散发传单,给医院的社会形象和工作秩序带来了极大的负面影响。

3. 口头医嘱执行易出差错

根据医嘱制度规定,在抢救或手术中医师可下达口头医嘱。但在执行口头医嘱时,护士必须复诵一遍,并经医师查对药物后方可执行。在ICU、CCU病房、常常出现抢救病人的紧迫情况,因而医师下达口头医嘱较多,护士在执行口头医嘱时尚能复诵,但由医师查对药物的环节却时有疏漏,因而发生用药差错的概率就明显增高。

(二)防范措施

1. 切实加强工作责任心

严格执行医疗技术操作规范,经常主动巡视,密切观察病情变化。发现变化,及时报告并组织有效的抢救。

2. 按照ICU、CCU病房建设标准配备足够的医护力量

专职医护人员应进行必要的岗前培训,熟练掌握监护、抢救设备的维护和使用方法,熟悉常见急性重症病人的病情演变规律及处理方法。

3. 重视与病人及家属的有效沟通

护士要及时告知病情现状及可能发生的变化,提出相应的医学意见,做好病人的心理护理工作,让病人及家属对医疗风险有充分的认识和思想准备。

4. 确保各种监护、抢救设备时刻处于完备状态

5. 及时,认真完成各种医疗、护理记录

特别是病志、抢救记录,口头医嘱的补记,危重病人交接班记录等。

6. 规范执行口头医嘱

抢救病人时开出的口头医嘱,在执行时必须按规范要求由护士复诵一遍后,医师再核对一次药物,才能执行。

五、儿科护理实践中的法律风险防范

随着现代医学模式的转变,人们文化生活水平不断提高,自我保护的法律意识逐步加强。而孩子是每个家庭的焦点,当发生病痛而就医或治疗时,家属对护士的职业道德、技术操作水平及服务质量等要求不断提高,若产生疑问而不能得到及时满意的解答和沟通,常会导致纠纷。

（一）法律风险存在原因

1. 服务理念滞后

医疗服务和行风建设是社会广泛关注的热点，但有些护士还没有完全适应现代医学模式的转变，工作缺乏主动性、积极性，服务态度欠佳，说话语气生硬等，缺乏以病人为中心的服务理念。另外，随着人们法律意识和自我保护意识的不断增强，患儿家属希望自主选择医生和护士，希望了解和参与治疗过程等，若忽视了他们的权力，则会有意或无意造成他们对治疗过程的不满情绪。此外，由于护士缺编、少编，护士工作量增大，负荷超重，护士与患儿家属交流沟通的时间较少，从而造成患儿家属的不理解或误解，进而诱发纠纷。

2. 加强护士培训

在新特效药、新技术的应用及危重患儿的救护过程中，如果护理工作不及时到位，极易引起纠纷。当前医疗水平同患儿家属的期望值存在着一定的差异，患儿家属怀着焦急和期盼的心情来医院就治，希望药到病除，解除痛苦，希望护士技术高超，穿刺一次成功，但由于护士工作中不认真执行医院的规章制度，甚至违反医疗操作规程，在治疗和护理过程中产生医疗差错，造成患儿家属的不信任，从而导致纠纷的发生。有时也由于医疗水平的局限，一些疾病还无法治愈及患儿自身条件因素，造成患儿家属的不理解从而诱发纠纷。

3. 医疗费用问题

由于高新技术不断引进、新特药的应用，使医疗费用的增长同病人的经济承受力产生矛盾。如果住院的医疗费用未做到一日清单制或收费项目填写不全甚至发生错误等，极易造成病人的误解，导致纠纷发生。

（二）防范措施

1. 转变服务观念

加强护士自身素质建设，提高职业道德，使她们转变服务观念，增强服务意识，树立“以人为本，以病人为中心”的服务理念，在治疗过程中提倡“微笑服务”，多与家属进行交流沟通，采取换位思考的方法，减轻家属的焦虑，使其在住院期间能够理解护理工作的特殊性，增进他们的信任感，建立良好的互动关系，从根本上杜绝纠纷的发生。

2. 加强护士培训

加强护士法律知识的学习，强化护理行为中的法律意识。对危重患儿制定相应的护理标准和护理工作制度，加强临床工作考核制度，消毒隔离制度，加强护士“三基”技能培训，提高静脉穿刺技术成功率等一系列有效的管理制度与措施，可以有效避免医疗纠纷的发生。

3. 保护病人利益

临床上做到合理用药、合理检查，因病施治，医疗费用做到一日清单制，收费项目填写完整，增加收费的透明度，尽量减少和降低患儿家属的经济负担。

护患纠纷的防范是医院护理管理的重要内容，控制或减少纠纷的发生是体现护理管理水平和护理质量的标准之一。加强护士的综合教育与培训，提高护士观察和解决问题的能力。培养她们在工作中能及时发现问题，并做出有效评价，用实际行动去体现护理的价值，同时，也可以有效避免医疗纠纷的发生。

本 章 小 结

护理法律责任是由于护士违法行为或不属于违法的某些法律事实的出现而使责任主体应对国家、社会或他人承担的否定性法律后果。作为护士了解护理法律责任的分类，构成各种法律责任的要素，把握护理实践中法律风险的防范，对于更好地履行护理职责，维护自身和他人的合法权益有着十分重要的意义。

（傅伟韬）

练 习 题

一、选择题

A1 型题

1. 护理民事责任以（　　）的存在为前提。

A. 民事义务　B. 民事权利　C. 民事责任　D. 民事纠纷　E. 民事争议

2. 护理民事责任的责任主体是（　　）。

A. 护士　B. 医生

C. 医疗机构　D. 护士和医疗机构

E. 医院负责人

3. 病人有损害，除下列（　　）情形之外，推定医疗机构有过错。

A. 违反法律、行政法规、规章

B. 违反相关诊疗规范的规定

C. 隐匿或者拒绝提供与纠纷有关的病历资料

D. 伪造、篡改或者销毁病历资料

E. 病人或者其近亲属不配合医疗机构进行符合诊疗规范的诊疗

4. 下列不属于护理民事责任构成要件的是（　　）。

A. 护理民事责任的主体　B. 护理民事责任承担方式

C. 造成护理服务对象损害　D. 医疗机构及护士有过错

E. 护理过错行为与损害之间存在因果关系

5.《民法典》第一千二百二十一条规定："医务人员在诊疗活动中未尽到与当时的医疗水平相应的诊疗义务，造成患者损害的，医疗机构应当承担赔偿责任。"这属于护理民理责任中的（　　）。

A. 护理技术损害责任　B. 护理心理损害责任　C. 护理态度损害责任

D. 护理伦理损害责任　E. 医疗产品损害责任

6. 护士在护理活动中未尽告知义务而导致病人丧失选择权而发生的损害赔偿责任，这属于护理民理责任中的（　　）。

A. 护理技术损害责任　B. 护理心理损害责任　C. 护理态度损害责任

D. 护理伦理损害责任　E. 医疗产品损害责任

7. 医疗护理活动中使用了有缺陷的药品、消毒药剂、医疗器械、血液等而导致的损害赔偿责任，这属于护理民理责任中的（　　）。

A. 护理技术损害责任　B. 护理心理损害责任　C. 护理态度损害责任

D. 护理伦理损害责任　E. 医疗产品损害责任

8. 下列(　　)不属于护理民事责任的承担方式。

A. 赔偿损失　B. 停止侵害　C. 消除影响　D. 人身管制　E. 恢复名誉

9. 护理行政责任有行政处分和(　　)。

A. 管制　B. 拘役　C. 行政处罚　D. 行政复议　E. 开除

10. 护理行政责任由(　　)予以追究。

A. 各级法院　B. 各级卫生行政主管部门　C. 各级政府

D. 各级检察院　E. 各级公安机关

11. 行政处分不包括(　　)。

A. 警告　B. 记过　C. 记大过　D. 开除　E. 罚款

12. 行政处罚不包括(　　)。

A. 赔礼道歉　B. 没收非法财物　C. 责令停产停业

D. 暂扣或者吊销许可证　E. 行政拘留

13. 最严厉的法律责任是(　　)。

A. 民事责任　B. 过错责任　C. 行政责任　D. 刑事责任　E. 推定责任

14. 护理刑事责任只能由(　　)来追究。

A. 医院　B. 卫生行政机关　C. 司法机关　D. 政府机关　E. 军事机关

15. 附加刑既可以随主刑附加适用,也可以独立适用,下列不属于附加刑的是(　　)。

A. 罚金　B. 剥夺政治权利　C. 缓刑　D. 没收财产　E. 驱逐出境

A2 型题

16. 张某,男性,60 岁,某日看完电影后自感胸部不适,遂去某医院诊治,初步诊治后病情暂时处于稳定,转监护室监护。在监护过程中,病人发生猝死。尸体解剖证实系左冠状动脉粥样硬化性急性心肌梗死。心血管系统疾病发生猝死最常见的原因是冠状动脉疾病,特别是冠状动脉粥样硬化性心脏疾病猝死。对于张某的最后猝死的结果,下列说法正确的是(　　)。

A. 属于虽然“能够预料”但“不能防范”的现象,医疗机构和护士均不承担赔偿责任

B. 属于医疗意外,医疗机构负赔偿责任,护士无过错不承担责任

C. 医疗机构承担民事责任,护士承担刑事责任

D. 医疗机构承担行政责任,护士承担民事责任

E. 医疗机构承担民事责任,护士承担行政责任

A3 型题(17~19 题共用题干)

某病人入院后医嘱为 10% 氯化钾 10 毫升加入 10% 葡萄糖液 500 毫升静脉滴注,但值班护士不阅医嘱就将静脉滴注改为静脉推注,当推注完毕时却发现病人昏迷、抽搐和心搏骤停,经立即进行人工呼吸和胸外心脏按压,病人 15 小时后才恢复自主呼吸,72 小时后恢复正常心率和神志,第 5 天正常进食,第 15 天才完全恢复正常。

17. 对于本事件中值班护士行为阐述正确的是(　　)。

A. 值班护士可以自主更改医嘱

B. 值班护士无论任何时候都要严格执行医嘱

C. 值班护士可以应病人及家属要求更改医嘱

D. 值班护士发现医嘱违反诊疗技术规范规定的,应当及时向开具医嘱的医师提出

E. 值班护士可拒不执行医嘱

18. 本事件中对医院是否承担民事责任的分析不正确的是(　　)。

A. 值班护士护理活动有过错

B. 值班护士的护理活动是履行医院职务的行为

C. 由于医院抢救及时,损害没有发生

D. 过错行为造成了对病人的损害

E. 护理过错行为与损害之间存在因果关系

19. 本事件中承担民事责任的主体是(　　)。

A. 值班护士　　B. 医院　　C. 医院和值班护士

D. 医院主管领导　　E. 卫生行政部门

二、思考题

1. 结合实际,简述门、急诊护士法律风险存在的原因。

2. 简述外科护士实践中的法律风险防范措施。

参 考 文 献

曹志平 . 2004. 护理伦理学 . 北京:人民卫生出版社
丛亚丽 . 2002. 护理伦理学 . 北京:北京大学医学出版社
达庆东,徐青松 . 2009. 护理法导论 . 上海:复旦大学出版社
何宪平 . 2003. 护理伦理学 . 北京:高等教育出版社
黄敬亨,刑育健 . 2011. 健康教育学 . 上海:复旦大学出版社
姜小鹰 . 2012. 护理伦理学 . 北京:人民卫生出版社
李大平 . 2007. 医事法学 . 广州:华南理工大学出版社
刘俊荣 . 2014. 护理伦理学 . 北京:人民卫生出版社
罗羽 . 2011. 护理伦理学 . 北京:人民军医出版社
马家忠,张晨 . 2005. 护理伦理学 . 北京:中国中医药出版社
蒲川,王安富 . 2008. 医事法学 . 重庆:西南师范大学出版社
秦红兵,李燕 . 2011. 护理伦理与法规 . 北京:中国科学技术出版社
瞿晓敏 . 2007. 护理伦理学 . 上海:复旦大学出版社
瞿晓敏 . 2011. 医学伦理学教程 . 上海:复旦大学出版社
汪道鑫 . 2008. 护理伦理学 . 南昌:江西科学技术出版社
王柳行,颜景霞 . 2014. 医学伦理学 . 北京:人民卫生出版社
王若彬 . 2003. 护理伦理学 . 南京:东南大学出版社
王卫红 . 2006. 护理伦理学 . 北京:清华大学出版社
吴崇其 . 2011. 中国卫生法学 . 北京:中国协和医科大学出版社
席淑华 . 2010. 现代社区护理 . 上海:第二军医大学出版社
肖庶民 . 2008. 护理伦理学 . 西安:世界图书出版社
徐晓霞 . 2010. 护理伦理学 . 济南:山东人民出版社
尹梅 . 2012. 护理伦理学 . 北京:人民卫生出版社
袁丽容,郭英才,张绍翼等 . 2012. 护理伦理学 . 北京:科学出版社
赵爱英 . 2012. 护理伦理与护理法规 . 武汉:华中科技大学出版社
赵卯生,张晶 . 2011. 医学法学概论 . 北京:中国物资出版社
郑平安 . 2006. 卫生法学 . 北京:科学出版社

附录一　护理伦理与法律法规相关文献

一、希波克拉底誓言

仰赖医神阿波罗·埃斯克雷波斯及天地诸神为证，鄙人敬谨宣誓，愿以自身能力及判断力所及，遵守此约。凡授我艺者，敬之如父母，作为终身同业伴侣，彼有急需，我接济之。视彼儿女，犹我兄弟，如欲受业，当免费并无条件传授之。凡我所知，无论口授书传，俱传之吾与吾师之子及发誓遵守此约之生徒，此外不传与他人。

我愿尽余之能力与判断力所及，遵守为病家谋利益之信条，并检柬一切堕落和害人行为，我不得将危害药品给与他人，并不作该项之指导，虽有人请求亦必不与之。尤不为妇人施堕胎手术。我愿以此纯洁与神圣之精神，终身执行我职务。凡患结石者，我不施手术，此则有待于专家为之。

无论至于何处，遇男或女，贵人及奴婢，我之唯一目的，为病家谋幸福，并检点吾身，不作各种害人及恶劣行为，尤不作诱奸之事。凡我所见所闻，无论有无业务关系，我认为应守秘密者，我愿保守秘密。尚使我严守上述誓言时，请求神祇让我生命与医术能得无上光荣，我苟违誓，天地鬼神实共亟之。

二、南丁格尔誓言

余谨以至诚，于上帝及会众面前宣誓：

终身纯洁，忠贞职守。

勿为有损之事，勿取服或故用有害之药。

尽力提高护理之标准，慎守病人家务及秘密。

竭诚协助医生之诊治，务谋病者之福利。

谨誓！

三、日内瓦协议法

我庄严地宣誓把我的一生献给为人道主义服务。

我给我的老师们以尊敬和感谢。这些都是他们应该赢得的。

我凭着良心和尊严行使我的职业。

我首先考虑的是我的病人的健康。

凡是信托于我的秘密我均予以尊重。

我将尽我的一切维护医务职业的荣誉和崇高传统。

我的同行均是我的兄弟。

在我的职责和我的病人之间不允许把对宗教、国籍、种族、政党和社会党派的考虑掺进去。

即使受到威胁，我也将以最大的努力尊重从胎儿开始的人的生命，决不利用我的医学知识违背人道法规。

我庄严地、自主地并以我的名誉作出上述保证。

四、赫尔辛基宣言

赫尔辛基宣言在第18届世界医学协会联合大会（赫尔辛基，芬兰，1964年6月）采用，并在下列联合大会中进行了修订：

第29届世界医学协会联合大会，东京，日本，1975年10月

第 35 届世界医学协会联合大会,威尼斯,意大利,1983 年 10 月
第 41 届世界医学协会联合大会,香港,中国,1989 年 9 月
第 48 届世界医学协会联合大会,希萨默塞特(Somerset West),南非,1996 年 10 月
第 52 届世界医学协会联合大会,爱丁堡,苏格兰,2000 年 10 月
第 53 届世界医学协会联合大会,华盛顿,美国,2002 年
第 55 届世界医学协会联合大会,东京,日本,2004 年
第 59 届世界医学协会联合大会,首尔,韩国,2008 年 10 月
第 64 届世界医学协会联合大会,福塔莱萨,巴西,2013 年 10 月

(一) 前言

世界医学会制订了《赫尔辛基宣言》,作为涉及人类受试者的医学研究的伦理原则。涉及人类受试者的医学研究包括利用可鉴定身份的人体材料和数据所进行的研究:

1.《赫尔辛基宣言》应作整体解读,它的每一个组成段落都不应该在不考虑其他相关段落的情况下使用。

2. 虽然宣言主要以医生为对象,但世界医学会鼓励参与涉及人类受试者的医学研究的其他人遵守这些原则。

3. 促进和维护病人,包括那些参与医学研究的人的健康也是医生的义务。医生应奉献其知识和良知以履行这一义务。

4. 医学的进步是以研究为基础的,这些研究最终必须包括涉及人类受试者的研究。那些在医学研究中没有充分代表的人群也应该获得适当参与研究的机会。

5. 在涉及人类受试者的医学研究中,个体研究受试者的安康必须优于其他所有利益。

6. 涉及人类受试者的医学研究的主要目的是了解疾病的原因、发展和结果,改进预防、诊断和治疗的干预措施(方法、程序和处理)。即使是当前最佳的预防、诊断和治疗措施也必须通过研究继续评估它们的安全性、有效性、效能、可达性和质量。

7. 在医学实践和医学研究中,大多数预防、诊断和治疗措施都包含风险和负担。

8. 医学研究必须遵守的伦理标准是:促进对人类受试者的尊重并保护他们的健康和权利。有些研究人群尤其脆弱,需要特别的保护。这些脆弱人群包括那些自己不能做出同意或不同意的人群,以及那些容易受到胁迫或受到不正当影响的人群。

9. 医生既应当考虑自己国家关于涉及人类受试者研究的伦理、法律与管理规范和标准,也应当考虑相应的国际规范和标准。任何国家性的或国际性的伦理、法律或管理规定,都不得削弱或取消本宣言提出的对人类受试者的任何保护。

(二) 医学研究的基本原则

10. 在医学研究中,医生有责任保护研究受试者的生命、健康、尊严、完整性、自我决定权、隐私,以及为研究受试者的个人信息保密。

11. 涉及人类受试者的医学研究必须遵循普遍接受的科学原则,必须建立在对科学文献和其他相关信息的全面了解的基础上,必须以充分的实验室实验和恰当的动物实验为基础。必须尊重研究中所使用的动物的福利。

12. 在进行有可能危害环境的医学研究的过程中,必须谨慎从事。

13. 涉及人类受试者的每一项研究的设计和实施必须在研究方案中予以清晰的说明。方案应该包含一项关于伦理考虑的说明,应该指出本宣言所阐述的原则如何贯彻执行。方案应该包括下列信息:研究的资金来源、资助者、所属单位、其他潜在的利益冲突、对受试者的激励,以及对那些由于参加研究而遭受伤害的受试者提供的治疗和/或补偿。方案应该说明,在研究结束后如何为研究受试者提供本研究确定为有

益的干预措施或其他相应的治疗受益。

14. 在研究开始前,研究方案必须提交给研究伦理委员会进行考虑、评论、指导和批准。该委员会必须独立于研究者、资助者,也不应受到其他不当的影响。该委员会必须考虑进行研究的所在国的法律和条例,以及相应的国际准则或标准,但不可允许这些削弱或取消本宣言所提出的对研究受试者的保护。该委员会必须拥有监测正在进行的研究的权利。研究者必须向该委员会提供监测信息,尤其是有关任何严重不良事件的信息。如果没有委员会的考虑和批准,研究方案不可更改。

15. 只有受过恰当的科学训练并合格的人员才可以进行涉及人类受试者的医学研究。在病人或健康志愿者身上进行的研究要求接受有资格且有能力的医生或其他医疗卫生专业人员的监督。保护研究受试者的责任必须始终由医生和其他医疗卫生专业人员承担,而绝不是由研究受试者承担,即使他们给予了同意。

16. 仅当医学研究为了弱势或脆弱人群或社区的健康需要和优先事项,且该人群或社区有合理的可能从研究结果中获益时,涉及这些人群或社区人群的医学研究才是正当的。

17. 每一项涉及人类受试者的医学研究开始前,都必须仔细评估对参与研究的个人和社区带来的可预测的风险和负担,并将其与给受试者以及受所研究疾病影响的其他个人和社区带来的可预见受益进行比较。

18. 在招募第一个受试者之前,每一项临床试验都必须在公开可及的数据库中注册。

19. 除非医生确信参与研究的风险已得到充分评估且能得到满意处理,医生不可进行涉及人类受试者的研究。当医生发现风险超过了潜在的受益,或已经得到阳性和有利结果的结论性证据时,医生必须立即停止研究。

20. 只有当研究目的的重要性超过给研究受试者带来的风险和负担时,涉及人类受试者的医学研究才可进行。

21. 有行为能力的人作为受试参加医学研究必须是自愿的。虽然征询家庭成员或社区领导人的意见可能是合适的,但除非有行为能力的受试本人自由同意,否则他/她不可以被征召参加医学研究。

22. 必须采取各种预防措施以保护研究受试者的隐私,必须对他们的个人信息给予保密,以及必须将研究对他们身体、精神和社会完整性的影响最小化。

23. 在涉及有行为能力的受试者的医学研究中,每个潜在的受试者都必须被充分告知研究目的、方法、资金来源、任何可能的利益冲突、研究者所属单位、研究的预期受益和潜在风险、研究可能引起的不适以及任何其他相关方面。必须告知潜在的受试者,他们有权拒绝参加研究,或有权在任何时候撤回参与研究的同意而不受报复。应该特别注意个体的潜在的受试者的特殊信息要求和传递信息所用方法。在确保潜在的受试者理解信息之后,医生或另一个具备合适资质的人必须获得潜在的受试者自由给出的知情同意,最好是书面同意。如果不能用书面表达同意,那么非书面同意必须正式记录在案,并有证人作证。

24. 对于使用可识别身份的人体材料或数据进行的医学研究,医生必须按正规程序征得受试者对于采集、分析、储存和/或再使用材料和数据的同意。在获取参与这类研究的同意不可能或不现实,或会给研究的有效性带来威胁的情况,只有经过研究伦理委员会的考虑和批准后,研究才可进行。

25. 在征得参与研究的知情同意时,如果潜在的受试者与医生有依赖关系,或者可能在胁迫下同意,则医生应该特别谨慎。在这种情形下,应该由一位完全独立于这种关系的具有合适资质的人员去征得知情同意。

26. 对于一个无行为能力的潜在受试着,医生必须从合法授权的代表那里征得知情同意。不可将这些人包括在对他们不可能受益的研究内,除非这项研究意在促进这些潜在受试者所代表的人群的健康;该研究不能在有行为能力的人身上进行;以及该研究只包含最低程度的风险和最低程度的负担。

27. 当一个无行为能力的潜在受试者能够赞同参与研究的决定时,除了获得合法授权代表的同意外,医生必须获得这种赞同,潜在的受试者的同意。潜在受试者的不同意应该得到尊重。

28. 受试者在身体或精神上不能给予同意,例如无意识的病人,那么仅当使这些受试者不能给出知情同意的身体或精神上的病情是研究人群必须具备的特征时,涉及这类受试者的研究才可进行。在这种情况下，医生应该从法律授权代表那里征得知情同意。如果没有这样的代表，并且该研究不能被推迟，那么这项研究可以在没有知情同意的情况下进行，如果在研究方案中已经说明为什么要那些具有使他们不能给予知情同意的病情的受试着参与研究的特殊理由，且该研究已经被研究伦理委员会批准。应尽快从受试者或其法律授权代表那里征得继续参与这项研究的同意。

29. 作者、编辑和出版者在发表研究结果的时候都有伦理义务。作者有义务使他们在人类受试者身上进行的研究的结果公开可得，对他们报告的结果的完整性和准确性负责。他们应该坚持公认的合乎伦理的报告原则。阴性结果、不能给出明确结论的结果和阳性结果均应发表或使其能公开可得。资金来源、所属单位和利益冲突都应该在发表的时候说明。不符合本宣言原则的研究报告不应该被接受和发表。

（三）研究应遵循的附加原则

30. 医生只有在以下条件下可以把医学研究和医疗结合起来：研究的潜在预防、诊断或治疗的价值可证明此研究正当，而且医生有很好的理由相信，参加这项研究不会给作为研究受试的病人的健康带来不良影响。

31. 对新的干预措施的受益、风险、负担和有效性的检验必须与当前经过证明的最佳干预措施相比较，但以下情况可以例外：当不存在当前经过证明的干预措施时，安慰剂或不治疗是可以接受的；或由于令人信服的或科学上有根据的方法学理由，有必要使用安慰剂来确定一项干预措施的疗效或安全性，而且接受安慰剂或无治疗的病人不会遭受任何严重的或不可逆的伤害的风险。必须给予特别的关怀以避免造成这种选项的滥用。

32. 研究结束时，参加研究的病人应被告知研究的结果，分享由此获得的任何受益，例如获得本次研究确定的有益干预措施或其他相应的治疗或受益。

33. 医生必须充分告知病人医疗中的哪些方面与研究有关。医生绝不能因为病人拒绝参与研究或决定退出研究而影响医患关系。

34. 在治疗病人的过程中，当不存在经过证明的干预措施或这些干预措施无效时，如果根据医生的判断，一项未经证明的干预措施有挽救生命、恢复健康或减轻痛苦的希望，医生在取得专家的建议后，获得病人或其合法授权代表的知情同意，可以使用这种未经证明的干预。可能时，应该对该项干预进行研究，旨在评价其安全性和有效性。在任何情况下，新的信息都应该被记录下来，并且在适当时候使其公开可及。

五、医疗机构管理条例

（1994年2月26日中华人民共和国国务院令第149号发布 自1994年9月1日起施行）

第一章 总 则

第一条 为了加强对医疗机构的管理，促进医疗卫生事业的发展，保障公民健康，制定本条例。

第二条 本条例适用于从事疾病诊断、治疗活动的医院、卫生院、疗养院、门诊部、诊所、卫生所（室）以及急救站等医疗机构。

第三条 医疗机构以救死扶伤，防病治病，为公民的健康服务为宗旨。

第四条 国家扶持医疗机构的发展，鼓励多种形式兴办医疗机构。

第五条 国务院卫生行政部门负责全国医疗机构的监督管理工作。

县级以上地方人民政府卫生行政部门负责本行政区域内医疗机构的监督管理工作。

中国人民解放军卫生主管部门依照本条例和国家有关规定，对军队的医疗机构实施监督管理。

第二章 规划布局和设置审批

第六条 县级以上地方人民政府卫生行政部门应当根据本行政区域内的人口、医疗资源、医疗需求和现有医疗机构的分布状况，制定本行政区域医疗机构设置规划。

机关、企业和事业单位可以根据需要设置医疗机构，并纳入当地医疗机构的设置规划。

第七条　县级以上地方人民政府应当把医疗机构设置规划纳入当地的区域卫生发展规划和城乡建设发展总体规划。

第八条　设置医疗机构应当符合医疗机构设置规划和医疗机构基本标准。

医疗机构基本标准由国务院卫生行政部门制定。

第九条　单位或者个人设置医疗机构，必须经县级以上地方人民政府卫生行政部门审查批准，并取得设置医疗机构批准书，方可向有关部门办理其他手续。

第十条　申请设置医疗机构，应当提交下列文件：

（一）设置申请书；

（二）设置可行性研究报告；

（三）选址报告和建筑设计平面图。

第十一条　单位或者个人设置医疗机构，应当按照以下规定提出设置申请：

（一）不设床位或者床位不满 100 张的医疗机构，向所在地的县级人民政府卫生行政部门申请；

（二）床位在 100 张以上的医疗机构和专科医院按照省级人民政府卫生行政部门的规定申请。

第十二条　县级以上地方人民政府卫生行政部门应当自受理设置申请之日起 30 日内，作出批准或者不批准的书面答复；批准设置的，发给设置医疗机构批准书。

第十三条　国家统一规划的医疗机构的设置，由国务院卫生行政部门决定。

第十四条　机关、企业和事业单位按照国家医疗机构基本标准设置为内部职工服务的门诊部、诊所、卫生所（室），报所在地的县级人民政府卫生行政部门备案。

第三章　登　　记

第十五条　医疗机构执业，必须进行登记，领取《医疗机构执业许可证》。

第十六条　申请医疗机构执业登记，应当具备下列条件：

（一）有设置医疗机构批准书；

（二）符合医疗机构的基本标准；

（三）有适合的名称、组织机构和场所；

（四）有与其开展的业务相适应的经费、设施、设备和专业卫生技术人员；

（五）有相应的规章制度；

（六）能够独立承担民事责任。

第十七条　医疗机构的执业登记，由批准其设置的人民政府卫生行政部门办理。

按照本条例第十三条规定设置的医疗机构的执业登记，由所在地的省、自治区、直辖市人民政府卫生行政部门办理。

机关、企业和事业单位设置的为内部职工服务的门诊部、诊所、卫生所（室）的执业登记，由所在地的县级人民政府卫生行政部门办理。

第十八条　医疗机构执业登记的主要事项：

（一）名称、地址、主要负责人；

（二）所有制形式；

（三）诊疗科目、床位；

（四）注册资金。

第十九条　县级以上地方人民政府卫生行政部门自受理执业登记申请之日起 45 日内，根据本条例和医疗机构基本标准进行审核。审核合格的，予以登记，发给《医疗机构执业许可证》；审核不合格的，将审核结果以书面形式通知申请人。

第二十条　医疗机构改变名称、场所、主要负责人、诊疗科目、床位，必须向原登记机关办理变更登记。

第二十一条　医疗机构歇业，必须向原登记机关办理注销登记。经登记机关核准后，收缴《医疗机构执业许可证》。

医疗机构非因改建、扩建、迁建原因停业超过1年的,视为歇业。

第二十二条　床位不满100张的医疗机构,其《医疗机构执业许可证》每年校验1次;床位在100张以上的医疗机构,其《医疗机构执业许可证》每3年校验1次。校验由原登记机关办理。

第二十三条　《医疗机构执业许可证》不得伪造、涂改、出卖、转让、出借。《医疗机构执业许可证》遗失的,应当及时申明,并向原登记机关申请补发。

第四章　执　　业

第二十四条　任何单位或者个人,未取得《医疗机构执业许可证》,不得开展诊疗活动。

第二十五条　医疗机构执业,必须遵守有关法律、法规和医疗技术规范。

第二十六条　医疗机构必须将《医疗机构执业许可证》、诊疗科目、诊疗时间和收费标准悬挂于明显处所。

第二十七条　医疗机构必须按照核准登记的诊疗科目开展诊疗活动。

第二十八条　医疗机构不得使用非卫生技术人员从事医疗卫生技术工作。

第二十九条　医疗机构应当加强对医务人员的医德教育。

第三十条　医疗机构工作人员上岗工作,必须佩带载有本人姓名、职务或者职称的标牌。

第三十一条　医疗机构对危重病人应当立即抢救。对限于设备或者技术条件不能诊治的病人,应当及时转诊。

第三十二条　未经医师(士)亲自诊查病人,医疗机构不得出具疾病诊断书、健康证明书或者死亡证明书等证明文件;未经医师(士)、助产人员亲自接产,医疗机构不得出具出生证明书或者死产报告书。

第三十三条　医疗机构施行手术、特殊检查或者特殊治疗时,必须征得患者同意,并应当取得其家属或者关系人同意并签字;无法取得患者意见时,应当取得家属或者关系人同意并签字;无法取得患者意见又无家属或者关系人在场,或者遇到其他特殊情况时,经治医师应当提出医疗处置方案,在取得医疗机构负责人或者被授权负责人员的批准后实施。

第三十四条　医疗机构发生医疗事故,按照国家有关规定处理。

第三十五条　医疗机构对传染病、精神病、职业病等患者的特殊诊治和处理,应当按照国家有关法律、法规的规定办理。

第三十六条　医疗机构必须按照有关药品管理的法律、法规,加强药品管理。

第三十七条　医疗机构必须按照人民政府或者物价部门的有关规定收取医疗费用,详列细项,并出具收据。

第三十八条　医疗机构必须承担相应的预防保健工作,承担县级以上人民政府卫生行政部门委托的支援农村、指导基层医疗卫生工作等任务。

第三十九条　发生重大灾害、事故、疾病流行或者其他意外情况时,医疗机构及其卫生技术人员必须服从县级以上人民政府卫生行政部门的调遣

第五章　监 督 管 理

第四十条　县级以上人民政府卫生行政部门行使下列监督管理职权:

(一)负责医疗机构的设置审批、执业登记和校验;

(二)对医疗机构的执业活动进行检查指导;

(三)负责组织对医疗机构的评审;

(四)对违反本条例的行为给予处罚。

第四十一条　国家实行医疗机构评审制度,由专家组成的评审委员会按照医疗机构评审办法和评审标准,对医疗机构的执业活动、医疗服务质量等进行综合评价。

医疗机构评审办法和评审标准由国务院卫生行政部门制定。

第四十二条　县级以上地方人民政府卫生行政部门负责组织本行政区域医疗机构评审委员会。

医疗机构评审委员会由医院管理、医学教育、医疗、医技、护理和财务等有关专家组成。评审委员会成

员由县级以上地方人民政府卫生行政部门聘任。

第四十三条　县级以上地方人民政府卫生行政部门根据评审委员会的评审意见，对达到评审标准的医疗机构，发给评审合格证书；对未达到评审标准的医疗机构，提出处理意见。

第六章　罚　　则

第四十四条　违反本条例第二十四条规定，未取得《医疗机构执业许可证》擅自执业的，由县级以上人民政府卫生行政部门责令其停止执业活动，没收非法所得和药品、器械，并可以根据情节处以1万元以下的罚款。

第四十五条　违反本条例第二十二条规定，逾期不校验《医疗机构执业许可证》仍从事诊疗活动的，由县级以上人民政府卫生行政部门责令其限期补办校验手续；拒不校验的，吊销其《医疗机构执业许可证》。

第四十六条　违反本条例第二十三条规定，出卖、转让、出借《医疗机构执业许可证》的，由县级以上人民政府卫生行政部门没收非法所得，并可以处以5000元以下的罚款；情节严重的，吊销其《医疗机构执业许可证》。

第四十七条　违反本条例第二十七条规定，诊疗活动超出登记范围的，由县级以上人民政府卫生行政部门予以警告、责令其改正，并可以根据情节处以3000元以下的罚款；情节严重的，吊销其《医疗机构执业许可证》。

第四十八条　违反本条例第二十八条规定，使用非卫生技术人员从事医疗卫生技术工作的，由县级以上人民政府卫生行政部门责令其限期改正，并可以处以5000元以下的罚款；情节严重的，吊销其《医疗机构执业许可证》。

第四十九条　违反本条例第三十二条规定，出具虚假证明文件的，由县级以上人民政府卫生行政部门予以警告；对造成危害后果的，可以处以1000元以下的罚款；对直接责任人员由所在单位或者上级机关给予行政处分。

第五十条　没收的财物和罚款全部上交国库。

第五十一条　当事人对行政处罚决定不服的，可以依照国家法律、法规的规定申请行政复议或者提起行政诉讼。当事人对罚款及没收药品、器械的处罚决定未在法定期限内申请复议或者提起诉讼又不履行的，县级以上人民政府卫生行政部门可以申请人民法院强制执行。

第七章　附　　则

第五十二条　本条例实施前已经执业的医疗机构，应当在条例实施后的6个月内，按照本条例第三章的规定，补办登记手续，领取《医疗机构执业许可证》。

第五十三条　外国人在中华人民共和国境内开设医疗机构及香港、澳门、台湾居民在内地开设医疗机构的管理办法，由国务院卫生行政部门另行制定。

第五十四条　本条例由国务院卫生行政部门负责解释。

第五十五条　本条例自1994年9月1日起施行。1951年政务院批准发布的《医院诊所管理暂行条例》同时废止。

六、医疗事故处理条例

（经2002年2月20日国务院第55次常务会议通过，现予公布，自2002年9月1日起施行）

第一章　总　　则

第一条　为了正确处理医疗事故，保护患者和医疗机构及其医务人员的合法权益，维护医疗秩序，保障医疗安全，促进医学科学的发展，制定本条例。

第二条　本条例所称医疗事故，是指医疗机构及其医务人员在医疗活动中，违反医疗卫生管理法律、行政法规、部门规章和诊疗护理规范、常规，过失造成患者人身损害的事故。

第三条　处理医疗事故，应当遵循公开、公平、公正、及时、便民的原则，坚持实事求是的科学态度，做到事实清楚、定性准确、责任明确、处理恰当。

第四条　根据对患者人身造成的损害程度，医疗事故分为四级：

一级医疗事故：造成患者死亡、重度残疾的；

二级医疗事故：造成患者中度残疾、器官组织损伤导致严重功能障碍的；

三级医疗事故：造成患者轻度残疾、器官组织损伤导致一般功能障碍的；

四级医疗事故：造成患者明显人身损害的其他后果的。

具体分级标准由国务院卫生行政部门制定。

第二章　医疗事故的预防与处置

第五条　医疗机构及其医务人员在医疗活动中，必须严格遵守医疗卫生管理法律、行政法规、部门规章和诊疗护理规范、常规，恪守医疗服务职业道德。

第六条　医疗机构应当对其医务人员进行医疗卫生管理法律、行政法规、部门规章和诊疗护理规范、常规的培训和医疗服务职业道德教育。

第七条　医疗机构应当设置医疗服务质量监控部门或者配备专（兼）职人员，具体负责监督本医疗机构的医务人员的医疗服务工作，检查医务人员执业情况，接受患者对医疗服务的投诉，向其提供咨询服务。

第八条　医疗机构应当按照国务院卫生行政部门规定的要求，书写并妥善保管病历资料。

因抢救急危患者，未能及时书写病历的，有关医务人员应当在抢救结束后6小时内据实补记，并加以注明。

第九条　严禁涂改、伪造、隐匿、销毁或者抢夺病历资料。

第十条　患者有权复印或者复制其门诊病历、住院志、体温单、医嘱单、化验单（检验报告）、医学影像检查资料、特殊检查同意书、手术同意书、手术及麻醉记录单、病理资料、护理记录以及国务院卫生行政部门规定的其他病历资料。

患者依照前款规定要求复印或者复制病历资料的，医疗机构应当提供复印或者复制服务并在复印或者复制的病历资料上加盖证明印记。复印或者复制病历资料时，应当有患者在场。

医疗机构应患者的要求，为其复印或者复制病历资料，可以按照规定收取工本费。具体收费标准由省、自治区、直辖市人民政府价格主管部门会同同级卫生行政部门规定。

第十一条　在医疗活动中，医疗机构及其医务人员应当将患者的病情、医疗措施、医疗风险等如实告知患者，及时解答其咨询；但是，应当避免对患者产生不利后果。

第十二条　医疗机构应当制定防范、处理医疗事故的预案，预防医疗事故的发生，减轻医疗事故的损害。

第十三条　医务人员在医疗活动中发生或者发现医疗事故、可能引起医疗事故的医疗过失行为或者发生医疗事故争议的，应当立即向所在科室负责人报告，科室负责人应当及时向本医疗机构负责医疗服务质量监控的部门或者专（兼）职人员报告；负责医疗服务质量监控的部门或者专（兼）职人员接到报告后，应当立即进行调查、核实，将有关情况如实向本医疗机构的负责人报告，并向患者通报、解释。

第十四条　发生医疗事故的，医疗机构应当按照规定向所在地卫生行政部门报告。

发生下列重大医疗过失行为的，医疗机构应当在12小时内向所在地卫生行政部门报告：

（一）导致患者死亡或者可能为二级以上的医疗事故；

（二）导致3人以上人身损害后果；

（三）国务院卫生行政部门和省、自治区、直辖市人民政府卫生行政部门规定的其他情形。

第十五条　发生或者发现医疗过失行为，医疗机构及其医务人员应当立即采取有效措施，避免或者减轻对患者身体健康的损害，防止损害扩大。

第十六条　发生医疗事故争议时，死亡病例讨论记录、疑难病例讨论记录、上级医师查房记录、会诊意见、病程记录应当在医患双方在场的情况下封存和启封。封存的病历资料可以是复印件，由医疗机构保管。

第十七条　疑似输液、输血、注射、药物等引起不良后果的，医患双方应当共同对现场实物进行封存和启封,封存的现场实物由医疗机构保管;需要检验的,应当由双方共同指定的、依法具有检验资格的检验机构进行检验;双方无法共同指定时,由卫生行政部门指定。

疑似输血引起不良后果,需要对血液进行封存保留的,医疗机构应当通知提供该血液的采供血机构派员到场。

第十八条 患者死亡,医患双方当事人不能确定死因或者对死因有异议的,应当在患者死亡后 48 小时内进行尸检;具备尸体冻存条件的,可以延长至 7 日。尸检应当经死者近亲属同意并签字。

尸检应当由按照国家有关规定取得相应资格的机构和病理解剖专业技术人员进行。承担尸检任务的机构和病理解剖专业技术人员有进行尸检的义务。

医疗事故争议双方当事人可以请法医病理学人员参加尸检,也可以委派代表观察尸检过程。拒绝或者拖延尸检,超过规定时间,影响对死因判定的,由拒绝或者拖延的一方承担责任。

第十九条 患者在医疗机构内死亡的,尸体应当立即移放太平间。死者尸体存放时间一般不得超过 2 周。逾期不处理的尸体,经医疗机构所在地卫生行政部门批准,并报经同级公安部门备案后,由医疗机构按照规定进行处理。

第三章 医疗事故的技术鉴定

第二十条 卫生行政部门接到医疗机构关于重大医疗过失行为的报告或者医疗事故争议当事人要求处理医疗事故争议的申请后,对需要进行医疗事故技术鉴定的,应当交由负责医疗事故技术鉴定工作的医学会组织鉴定;医患双方协商解决医疗事故争议,需要进行医疗事故技术鉴定的,由双方当事人共同委托负责医疗事故技术鉴定工作的医学会组织鉴定。

第二十一条 设区的市级地方医学会和省、自治区、直辖市直接管辖的县(市)地方医学会负责组织首次医疗事故技术鉴定工作。省、自治区、直辖市地方医学会负责组织再次鉴定工作。

必要时,中华医学会可以组织疑难、复杂并在全国有重大影响的医疗事故争议的技术鉴定工作。

第二十二条 当事人对首次医疗事故技术鉴定结论不服的,可以自收到首次鉴定结论之日起 15 日内向医疗机构所在地卫生行政部门提出再次鉴定的申请。

第二十三条 负责组织医疗事故技术鉴定工作的医学会应当建立专家库。

专家库由具备下列条件的医疗卫生专业技术人员组成:

(一)有良好的业务素质和执业品德;

(二)受聘于医疗卫生机构或者医学教学、科研机构并担任相应专业高级技术职务 3 年以上。

符合前款第(一)项规定条件并具备高级技术任职资格的法医可以受聘进入专家库。

负责组织医疗事故技术鉴定工作的医学会依照本条例规定聘请医疗卫生专业技术人员和法医进入专家库,可以不受行政区域的限制。

第二十四条 医疗事故技术鉴定,由负责组织医疗事故技术鉴定工作的医学会组织专家鉴定组进行。

参加医疗事故技术鉴定的相关专业的专家,由医患双方在医学会主持下从专家库中随机抽取。在特殊情况下,医学会根据医疗事故技术鉴定工作的需要,可以组织医患双方在其他医学会建立的专家库中随机抽取相关专业的专家参加鉴定或者函件咨询。

符合本条例第二十三条规定条件的医疗卫生专业技术人员和法医有义务受聘进入专家库,并承担医疗事故技术鉴定工作。

第二十五条 专家鉴定组进行医疗事故技术鉴定,实行合议制。专家鉴定组人数为单数,涉及的主要学科的专家一般不得少于鉴定组成员的二分之一;涉及死因、伤残等级鉴定的,并应当从专家库中随机抽取法医参加专家鉴定组。

第二十六条 专家鉴定组成员有下列情形之一的,应当回避,当事人也可以以口头或者书面的方式申请其回避:

(一)是医疗事故争议当事人或者当事人的近亲属的;

(二)与医疗事故争议有利害关系的;

(三)与医疗事故争议当事人有其他关系,可能影响公正鉴定的。

第二十七条　专家鉴定组依照医疗卫生管理法律、行政法规、部门规章和诊疗护理规范、常规,运用医学科学原理和专业知识,独立进行医疗事故技术鉴定,对医疗事故进行鉴别和判定,为处理医疗事故争议提供医学依据。

任何单位或者个人不得干扰医疗事故技术鉴定工作,不得威胁、利诱、辱骂、殴打专家鉴定组成员。

专家鉴定组成员不得接受双方当事人的财物或者其他利益。

第二十八条　负责组织医疗事故技术鉴定工作的医学会应当自受理医疗事故技术鉴定之日起 5 日内通知医疗事故争议双方当事人提交进行医疗事故技术鉴定所需的材料。

当事人应当自收到医学会的通知之日起 10 日内提交有关医疗事故技术鉴定的材料、书面陈述及答辩。医疗机构提交的有关医疗事故技术鉴定的材料应当包括下列内容:

(一)住院患者的病程记录、死亡病例讨论记录、疑难病例讨论记录、会诊意见、上级医师查房记录等病历资料原件;

(二)住院患者的住院志、体温单、医嘱单、化验单(检验报告)、医学影像检查资料、特殊检查同意书、手术同意书、手术及麻醉记录单、病理资料、护理记录等病历资料原件;

(三)抢救急危患者,在规定时间内补记的病历资料原件;

(四)封存保留的输液、注射用物品和血液、药物等实物,或者依法具有检验资格的检验机构对这些物品、实物作出的检验报告;

(五)与医疗事故技术鉴定有关的其他材料。

在医疗机构建有病历档案的门诊、急诊患者,其病历资料由医疗机构提供;没有在医疗机构建立病历档案的,由患者提供。

医患双方应当依照本条例的规定提交相关材料。医疗机构无正当理由未依照本条例的规定如实提供相关材料,导致医疗事故技术鉴定不能进行的,应当承担责任。

第二十九条　负责组织医疗事故技术鉴定工作的医学会应当自接到当事人提交的有关医疗事故技术鉴定的材料、书面陈述及答辩之日起 45 日内组织鉴定并出具医疗事故技术鉴定书。

负责组织医疗事故技术鉴定工作的医学会可以向双方当事人调查取证。

第三十条　专家鉴定组应当认真审查双方当事人提交的材料,听取双方当事人的陈述及答辩并进行核实。

双方当事人应当按照本条例的规定如实提交进行医疗事故技术鉴定所需要的材料,并积极配合调查。当事人任何一方不予配合,影响医疗事故技术鉴定的,由不予配合的一方承担责任。

第三十一条　专家鉴定组应当在事实清楚、证据确凿的基础上,综合分析患者的病情和个体差异,作出鉴定结论,并制作医疗事故技术鉴定书。鉴定结论以专家鉴定组成员的过半数通过。鉴定过程应当如实记载。

医疗事故技术鉴定书应当包括下列主要内容:

(一)双方当事人的基本情况及要求;

(二)当事人提交的材料和负责组织医疗事故技术鉴定工作的医学会的调查材料;

(三)对鉴定过程的说明;

(四)医疗行为是否违反医疗卫生管理法律、行政法规、部门规章和诊疗护理规范、常规;

(五)医疗过失行为与人身损害后果之间是否存在因果关系;

(六)医疗过失行为在医疗事故损害后果中的责任程度;

(七)医疗事故等级;

(八)对医疗事故患者的医疗护理医学建议。

第三十二条 医疗事故技术鉴定办法由国务院卫生行政部门制定。

第三十三条 有下列情形之一的,不属于医疗事故:

(一)在紧急情况下为抢救垂危患者生命而采取紧急医学措施造成不良后果的;

（二）在医疗活动中由于患者病情异常或者患者体质特殊而发生医疗意外的；

（三）在现有医学科学技术条件下，发生无法预料或者不能防范的不良后果的；

（四）无过错输血感染造成不良后果的；

（五）因患方原因延误诊疗导致不良后果的；

（六）因不可抗力造成不良后果的。

第三十四条　医疗事故技术鉴定，可以收取鉴定费用。经鉴定，属于医疗事故的，鉴定费用由医疗机构支付；不属于医疗事故的，鉴定费用由提出医疗事故处理申请的一方支付。鉴定费用标准由省、自治区、直辖市人民政府价格主管部门会同同级财政部门、卫生行政部门规定。

第四章　医疗事故的行政处理与监督

第三十五条　卫生行政部门应当依照本条例和有关法律、行政法规、部门规章的规定，对发生医疗事故的医疗机构和医务人员作出行政处理。

第三十六条　卫生行政部门接到医疗机构关于重大医疗过失行为的报告后，除责令医疗机构及时采取必要的医疗救治措施，防止损害后果扩大外，应当组织调查，判定是否属于医疗事故；对不能判定是否属于医疗事故的，应当依照本条例的有关规定交由负责医疗事故技术鉴定工作的医学会组织鉴定。

第三十七条　发生医疗事故争议，当事人申请卫生行政部门处理的，应当提出书面申请。申请书应当载明申请人的基本情况、有关事实、具体请求及理由等。

当事人自知道或者应当知道其身体健康受到损害之日起 1 年内，可以向卫生行政部门提出医疗事故争议处理申请。

第三十八条　发生医疗事故争议，当事人申请卫生行政部门处理的，由医疗机构所在地的县级人民政府卫生行政部门受理。医疗机构所在地是直辖市的，由医疗机构所在地的区、县人民政府卫生行政部门受理。

有下列情形之一的，县级人民政府卫生行政部门应当自接到医疗机构的报告或者当事人提出医疗事故争议处理申请之日起 7 日内移送上一级人民政府卫生行政部门处理：

（一）患者死亡；

（二）可能为二级以上的医疗事故；

（三）国务院卫生行政部门和省、自治区、直辖市人民政府卫生行政部门规定的其他情形。

第三十九条 卫生行政部门应当自收到医疗事故争议处理申请之日起 10 日内进行审查，作出是否受理的决定。对符合本条例规定，予以受理，需要进行医疗事故技术鉴定的，应当自作出受理决定之日起 5 日内将有关材料交由负责医疗事故技术鉴定工作的医学会组织鉴定并书面通知申请人；对不符合本条例规定，不予受理的，应当书面通知申请人并说明理由。

当事人对首次医疗事故技术鉴定结论有异议，申请再次鉴定的，卫生行政部门应当自收到申请之日起 7 日内交由省、自治区、直辖市地方医学会组织再次鉴定。

第四十条　当事人既向卫生行政部门提出医疗事故争议处理申请，又向人民法院提起诉讼的，卫生行政部门不予受理；卫生行政部门已经受理的，应当终止处理。

第四十一条　卫生行政部门收到负责组织医疗事故技术鉴定工作的医学会出具的医疗事故技术鉴定书后，应当对参加鉴定的人员资格和专业类别、鉴定程序进行审核；必要时，可以组织调查，听取医疗事故争议双方当事人的意见。

第四十二条　卫生行政部门经审核，对符合本条例规定作出的医疗事故技术鉴定结论，应当作为对发生医疗事故的医疗机构和医务人员作出行政处理以及进行医疗事故赔偿调解的依据；经审核，发现医疗事故技术鉴定不符合本条例规定的，应当要求重新鉴定。

第四十三条　医疗事故争议由双方当事人自行协商解决的，医疗机构应当自协商解决之日起 7 日内向所在地卫生行政部门作出书面报告，并附具协议书。

第四十四条　医疗事故争议经人民法院调解或者判决解决的，医疗机构应当自收到生效的人民法院的调解书或者判决书之日起 7 日内向所在地卫生行政部门作出书面报告，并附具调解书或者判决书。

第四十五条　县级以上地方人民政府卫生行政部门应当按照规定逐级将当地发生的医疗事故以及依法对发生医疗事故的医疗机构和医务人员作出行政处理的情况，上报国务院卫生行政部门。

第五章　医疗事故的赔偿

第四十六条　发生医疗事故的赔偿等民事责任争议，医患双方可以协商解决；不愿意协商或者协商不成的，当事人可以向卫生行政部门提出调解申请，也可以直接向人民法院提起民事诉讼。

第四十七条　双方当事人协商解决医疗事故的赔偿等民事责任争议的，应当制作协议书。协议书应当载明双方当事人的基本情况和医疗事故的原因、双方当事人共同认定的医疗事故等级以及协商确定的赔偿数额等，并由双方当事人在协议书上签名。

第四十八条　已确定为医疗事故的，卫生行政部门应医疗事故争议双方当事人请求，可以进行医疗事故赔偿调解。调解时，应当遵循当事人双方自愿原则，并应当依据本条例的规定计算赔偿数额。

经调解，双方当事人就赔偿数额达成协议的，制作调解书，双方当事人应当履行；调解不成或者经调解达成协议后一方反悔的，卫生行政部门不再调解。

第四十九条　医疗事故赔偿，应当考虑下列因素，确定具体赔偿数额：

（一）医疗事故等级；

（二）医疗过失行为在医疗事故损害后果中的责任程度；

（三）医疗事故损害后果与患者原有疾病状况之间的关系。

不属于医疗事故的，医疗机构不承担赔偿责任。

第五十条　医疗事故赔偿，按照下列项目和标准计算：

（一）医疗费：按照医疗事故对患者造成的人身损害进行治疗所发生的医疗费用计算，凭据支付，但不包括原发病医疗费用。结案后确实需要继续治疗的，按照基本医疗费用支付。

（二）误工费：患者有固定收入的，按照本人因误工减少的固定收入计算，对收入高于医疗事故发生地上一年度职工年平均工资 3 倍以上的，按照 3 倍计算；无固定收入的，按照医疗事故发生地上一年度职工年平均工资计算。

（三）住院伙食补助费：按照医疗事故发生地国家机关一般工作人员的出差伙食补助标准计算。

（四）陪护费：患者住院期间需要专人陪护的，按照医疗事故发生地上一年度职工年平均工资计算。

（五）残疾生活补助费：根据伤残等级，按照医疗事故发生地居民年平均生活费计算，自定残之月起最长赔偿 30 年；但是，60 周岁以上的，不超过 15 年；70 周岁以上的，不超过 5 年。

（六）残疾用具费：因残疾需要配置补偿功能器具的，凭医疗机构证明，按照普及型器具的费用计算。

（七）丧葬费：按照医疗事故发生地规定的丧葬费补助标准计算。

（八）被扶养人生活费：以死者生前或者残疾者丧失劳动能力前实际扶养且没有劳动能力的人为限，按照其户籍所在地或者居所地居民最低生活保障标准计算。对不满 16 周岁的，扶养到 16 周岁。对年满 16 周岁但无劳动能力的，扶养 20 年；但是，60 周岁以上的，不超过 15 年；70 周岁以上的，不超过 5 年。

（九）交通费：按照患者实际必需的交通费用计算，凭据支付。

（十）住宿费：按照医疗事故发生地国家机关一般工作人员的出差住宿补助标准计算，凭据支付。

（十一）精神损害抚慰金：按照医疗事故发生地居民年平均生活费计算。造成患者死亡的，赔偿年限最长不超过 6 年；造成患者残疾的，赔偿年限最长不超过 3 年。

第五十一条　参加医疗事故处理的患者近亲属所需交通费、误工费、住宿费，参照本条例第五十条的有关规定计算，计算费用的人数不超过 2 人。

医疗事故造成患者死亡的，参加丧葬活动的患者的配偶和直系亲属所需交通费、误工费、住宿费，参照本条例第五十条的有关规定计算，计算费用的人数不超过 2 人。

第五十二条　医疗事故赔偿费用，实行一次性结算，由承担医疗事故责任的医疗机构支付。

第六章　罚　　则

第五十三条　卫生行政部门的工作人员在处理医疗事故过程中违反本条例的规定，利用职务上的便利收受他人财物或者其他利益,滥用职权,玩忽职守,或者发现违法行为不予查处,造成严重后果的,依照刑法关于受贿罪、滥用职权罪、玩忽职守罪或者其他有关罪的规定,依法追究刑事责任;尚不够刑事处罚的,依法给予降级或者撤职的行政处分。

第五十四条　卫生行政部门违反本条例的规定,有下列情形之一的,由上级卫生行政部门给予警告并责令限期改正;情节严重的,对负有责任的主管人员和其他直接责任人员依法给予行政处分:

(一)接到医疗机构关于重大医疗过失行为的报告后,未及时组织调查的;

(二)接到医疗事故争议处理申请后,未在规定时间内审查或者移送上一级人民政府卫生行政部门处理的;

(三)未将应当进行医疗事故技术鉴定的重大医疗过失行为或者医疗事故争议移交医学会组织鉴定的;

(四)未按照规定逐级将当地发生的医疗事故以及依法对发生医疗事故的医疗机构和医务人员的行政处理情况上报的;

(五)未依照本条例规定审核医疗事故技术鉴定书的。

第五十五条　医疗机构发生医疗事故的,由卫生行政部门根据医疗事故等级和情节,给予警告;情节严重的,责令限期停业整顿直至由原发证部门吊销执业许可证,对负有责任的医务人员依照刑法关于医疗事故罪的规定,依法追究刑事责任;尚不够刑事处罚的,依法给予行政处分或者纪律处分。

对发生医疗事故的有关医务人员,除依照前款处罚外,卫生行政部门并可以责令暂停 6 个月以上 1 年以下执业活动;情节严重的,吊销其执业证书。

第五十六条 医疗机构违反本条例的规定,有下列情形之一的,由卫生行政部门责令改正;情节严重的,对负有责任的主管人员和其他直接责任人员依法给予行政处分或者纪律处分:

(一)未如实告知患者病情、医疗措施和医疗风险的;

(二)没有正当理由,拒绝为患者提供复印或者复制病历资料服务的;

(三)未按照国务院卫生行政部门规定的要求书写和妥善保管病历资料的;

(四)未在规定时间内补记抢救工作病历内容的;

(五)未按照本条例的规定封存、保管和启封病历资料和实物的;

(六)未设置医疗服务质量监控部门或者配备专(兼)职人员的;

(七)未制定有关医疗事故防范和处理预案的;

(八)未在规定时间内向卫生行政部门报告重大医疗过失行为的;

(九)未按照本条例的规定向卫生行政部门报告医疗事故的;

(十)未按照规定进行尸检和保存、处理尸体的。

第五十七条　参加医疗事故技术鉴定工作的人员违反本条例的规定,接受申请鉴定双方或者一方当事人的财物或者其他利益,出具虚假医疗事故技术鉴定书,造成严重后果的,依照刑法关于受贿罪的规定,依法追究刑事责任;尚不够刑事处罚的,由原发证部门吊销其执业证书或者资格证书。

第五十八条　医疗机构或者其他有关机构违反本条例的规定,有下列情形之一的,由卫生行政部门责令改正,给予警告;对负有责任的主管人员和其他直接责任人员依法给予行政处分或者纪律处分;情节严重的,由原发证部门吊销其执业证书或者资格证书:

(一)承担尸检任务的机构没有正当理由,拒绝进行尸检的;

(二)涂改、伪造、隐匿、销毁病历资料的。

第五十九条　以医疗事故为由,寻衅滋事、抢夺病历资料,扰乱医疗机构正常医疗秩序和医疗事故技术鉴定工作,依照刑法关于扰乱社会秩序罪的规定,依法追究刑事责任;尚不够刑事处罚的,依法给予治安管理处罚。

第七章　附　　则

第六十条　本条例所称医疗机构,是指依照《医疗机构管理条例》的规定取得《医疗机构执业许可证》

的机构。

县级以上城市从事计划生育技术服务的机构依照《计划生育技术服务管理条例》的规定开展与计划生育有关的临床医疗服务,发生的计划生育技术服务事故,依照本条例的有关规定处理;但是,其中不属于医疗机构的县级以上城市从事计划生育技术服务的机构发生的计划生育技术服务事故,由计划生育行政部门行使依照本条例有关规定由卫生行政部门承担的受理、交由负责医疗事故技术鉴定工作的医学会组织鉴定和赔偿调解的职能;对发生计划生育技术服务事故的该机构及其有关责任人员,依法进行处理。

第六十一条　非法行医,造成患者人身损害,不属于医疗事故,触犯刑律的,依法追究刑事责任;有关赔偿,由受害人直接向人民法院提起诉讼。

第六十二条　军队医疗机构的医疗事故处理办法,由中国人民解放军卫生主管部门会同国务院卫生行政部门依据本条例制定。

第六十三条　本条例自2002年9月1日起施行。1987年6月29日国务院发布的《医疗事故处理办法》同时废止。本条例施行前已经处理结案的医疗事故争议,不再重新处理。

七、突发公共卫生事件应急条例

(经2003年5月7日国务院第7次常务会议通过,2003年5月9日公布施行)

第一章　总　　则

第一条　为了有效预防、及时控制和消除突发公共卫生事件的危害,保障公众身体健康与生命安全,维护正常的社会秩序,制定本条例。

第二条　本条例所称突发公共卫生事件(以下简称突发事件),是指突然发生,造成或者可能造成社会公众健康严重损害的重大传染病疫情、群体性不明原因疾病、重大食物和职业中毒以及其他严重影响公众健康的事件。

第三条　突发事件发生后,国务院设立全国突发事件应急处理指挥部,由国务院有关部门和军队有关部门组成,国务院主管领导人担任总指挥,负责对全国突发事件应急处理的统一领导、统一指挥。

国务院卫生行政主管部门和其他有关部门,在各自的职责范围内做好突发事件应急处理的有关工作。

第四条　突发事件发生后,省、自治区、直辖市人民政府成立地方突发事件应急处理指挥部,省、自治区、直辖市人民政府主要领导人担任总指挥,负责领导、指挥本行政区域内突发事件应急处理工作。

县级以上地方人民政府卫生行政主管部门,具体负责组织突发事件的调查、控制和医疗救治工作。

县级以上地方人民政府有关部门,在各自的职责范围内做好突发事件应急处理的有关工作。

第五条　突发事件应急工作,应当遵循预防为主、常备不懈的方针,贯彻统一领导、分级负责、反应及时、措施果断、依靠科学、加强合作的原则。

第六条　县级以上各级人民政府应当组织开展防治突发事件相关科学研究,建立突发事件应急流行病学调查、传染源隔离、医疗救护、现场处置、监督检查、监测检验、卫生防护等有关物资、设备、设施、技术与人才资源储备,所需经费列入本级政府财政预算。

国家对边远贫困地区突发事件应急工作给予财政支持。

第七条　国家鼓励、支持开展突发事件监测、预警、反应处理有关技术的国际交流与合作。

第八条　国务院有关部门和县级以上地方人民政府及其有关部门,应当建立严格的突发事件防范和应急处理责任制,切实履行各自的职责,保证突发事件应急处理工作的正常进行。

第九条　县级以上各级人民政府及其卫生行政主管部门,应当对参加突发事件应急处理的医疗卫生人员,给予适当补助和保健津贴;对参加突发事件应急处理作出贡献的人员,给予表彰和奖励;对因参与应急处理工作致病、致残、死亡的人员,按照国家有关规定,给予相应的补助和抚恤。

第二章　预防与应急准备

第十条　国务院卫生行政主管部门按照分类指导、快速反应的要求,制定全国突发事件应急预案,报请国务院批准。

省、自治区、直辖市人民政府根据全国突发事件应急预案，结合本地实际情况，制定本行政区域的突发事件应急预案。

第十一条　全国突发事件应急预案应当包括以下主要内容：

（一）突发事件应急处理指挥部的组成和相关部门的职责；

（二）突发事件的监测与预警；

（三）突发事件信息的收集、分析、报告、通报制度；

（四）突发事件应急处理技术和监测机构及其任务；

（五）突发事件的分级和应急处理工作方案；

（六）突发事件预防、现场控制，应急设施、设备、救治药品和医疗器械以及其他物资和技术的储备与调度；

（七）突发事件应急处理专业队伍的建设和培训。

第十二条　突发事件应急预案应当根据突发事件的变化和实施中发现的问题及时进行修订、补充。

第十三条　地方各级人民政府应当依照法律、行政法规的规定，做好传染病预防和其他公共卫生工作，防范突发事件的发生。

县级以上各级人民政府卫生行政主管部门和其他有关部门，应当对公众开展突发事件应急知识的专门教育，增强全社会对突发事件的防范意识和应对能力。

第十四条　国家建立统一的突发事件预防控制体系。

县级以上地方人民政府应当建立和完善突发事件监测与预警系统。

县级以上各级人民政府卫生行政主管部门，应当指定机构负责开展突发事件的日常监测，并确保监测与预警系统的正常运行。

第十五条　监测与预警工作应当根据突发事件的类别，制定监测计划，科学分析、综合评价监测数据。对早期发现的潜在隐患以及可能发生的突发事件，应当依照本条例规定的报告程序和时限及时报告。

第十六条　国务院有关部门和县级以上地方人民政府及其有关部门，应当根据突发事件应急预案的要求，保证应急设施、设备、救治药品和医疗器械等物资储备。

第十七条　县级以上各级人民政府应当加强急救医疗服务网络的建设，配备相应的医疗救治药物、技术、设备和人员，提高医疗卫生机构应对各类突发事件的救治能力。

设区的市级以上地方人民政府应当设置与传染病防治工作需要相适应的传染病专科医院，或者指定具备传染病防治条件和能力的医疗机构承担传染病防治任务。

第十八条　县级以上地方人民政府卫生行政主管部门，应当定期对医疗卫生机构和人员开展突发事件应急处理相关知识、技能的培训，定期组织医疗卫生机构进行突发事件应急演练，推广最新知识和先进技术。

第三章　报告与信息发布

第十九条　国家建立突发事件应急报告制度。

国务院卫生行政主管部门制定突发事件应急报告规范，建立重大、紧急疫情信息报告系统。

有下列情形之一的，省、自治区、直辖市人民政府应当在接到报告 1 小时内，向国务院卫生行政主管部门报告：

（一）发生或者可能发生传染病暴发、流行的；

（二）发生或者发现不明原因的群体性疾病的；

（三）发生传染病菌种、毒种丢失的；

（四）发生或者可能发生重大食物和职业中毒事件的。

国务院卫生行政主管部门对可能造成重大社会影响的突发事件，应当立即向国务院报告。

第二十条　突发事件监测机构、医疗卫生机构和有关单位发现有本条例第十九条规定情形之一的，应当在2小时内向所在地县级人民政府卫生行政主管部门报告;接到报告的卫生行政主管部门应当在2小时内向本级人民政府报告,并同时向上级人民政府卫生行政主管部门和国务院卫生行政主管部门报告。

县级人民政府应当在接到报告后2小时内向设区的市级人民政府或者上一级人民政府报告;设区的市级人民政府应当在接到报告后2小时内向省、自治区、直辖市人民政府报告。

第二十一条　任何单位和个人对突发事件,不得隐瞒、缓报、谎报或者授意他人隐瞒、缓报、谎报。

第二十二条　接到报告的地方人民政府、卫生行政主管部门依照本条例规定报告的同时,应当立即组织力量对报告事项调查核实、确证,采取必要的控制措施,并及时报告调查情况。

第二十三条　国务院卫生行政主管部门应当根据发生突发事件的情况,及时向国务院有关部门和各省、自治区、直辖市人民政府卫生行政主管部门以及军队有关部门通报。

突发事件发生地的省、自治区、直辖市人民政府卫生行政主管部门,应当及时向毗邻省、自治区、直辖市人民政府卫生行政主管部门通报。

接到通报的省、自治区、直辖市人民政府卫生行政主管部门,必要时应当及时通知本行政区域内的医疗卫生机构。

县级以上地方人民政府有关部门,已经发生或者发现可能引起突发事件的情形时,应当及时向同级人民政府卫生行政主管部门通报。

第二十四条　国家建立突发事件举报制度,公布统一的突发事件报告、举报电话。

任何单位和个人有权向人民政府及其有关部门报告突发事件隐患,有权向上级人民政府及其有关部门举报地方人民政府及其有关部门不履行突发事件应急处理职责,或者不按照规定履行职责的情况。接到报告、举报的有关人民政府及其有关部门,应当立即组织对突发事件隐患、不履行或者不按照规定履行突发事件应急处理职责的情况进行调查处理。

对举报突发事件有功的单位和个人,县级以上各级人民政府及其有关部门应当予以奖励。

第二十五条　国家建立突发事件的信息发布制度。

国务院卫生行政主管部门负责向社会发布突发事件的信息。必要时,可以授权省、自治区、直辖市人民政府卫生行政主管部门向社会发布本行政区域内突发事件的信息。

信息发布应当及时、准确、全面。

第四章　应急处理

第二十六条　突发事件发生后,卫生行政主管部门应当组织专家对突发事件进行综合评估,初步判断突发事件的类型,提出是否启动突发事件应急预案的建议。

第二十七条　在全国范围内或者跨省、自治区、直辖市范围内启动全国突发事件应急预案,由国务院卫生行政主管部门报国务院批准后实施。省、自治区、直辖市启动突发事件应急预案,由省、自治区、直辖市人民政府决定,并向国务院报告。

第二十八条　全国突发事件应急处理指挥部对突发事件应急处理工作进行督察和指导,地方各级人民政府及其有关部门应当予以配合。

省、自治区、直辖市突发事件应急处理指挥部对本行政区域内突发事件应急处理工作进行督察和指导。

第二十九条　省级以上人民政府卫生行政主管部门或者其他有关部门指定的突发事件应急处理专业技术机构,负责突发事件的技术调查、确证、处置、控制和评价工作。

第三十条　国务院卫生行政主管部门对新发现的突发传染病,根据危害程度、流行强度,依照《中华人民共和国传染病防治法》的规定及时宣布为法定传染病;宣布为甲类传染病的,由国务院决定。

第三十一条　应急预案启动前,县级以上各级人民政府有关部门应当根据突发事件的实际情况,做好应急处理准备,采取必要的应急措施。

应急预案启动后,突发事件发生地的人民政府有关部门,应当根据预案规定的职责要求,服从突发事件应急处理指挥部的统一指挥,立即到达规定岗位,采取有关的控制措施。

医疗卫生机构、监测机构和科学研究机构,应当服从突发事件应急处理指挥部的统一指挥,相互配合、协作,集中力量开展相关的科学研究工作。

第三十二条 突发事件发生后,国务院有关部门和县级以上地方人民政府及其有关部门,应当保证突发事件应急处理所需的医疗救护设备、救治药品、医疗器械等物资的生产、供应;铁路、交通、民用航空行政主管部门应当保证及时运送。

第三十三条 根据突发事件应急处理的需要,突发事件应急处理指挥部有权紧急调集人员、储备的物资、交通工具以及相关设施、设备;必要时,对人员进行疏散或者隔离,并可以依法对传染病疫区实行封锁。

第三十四条 突发事件应急处理指挥部根据突发事件应急处理的需要,可以对食物和水源采取控制措施。

县级以上地方人民政府卫生行政主管部门应当对突发事件现场等采取控制措施,宣传突发事件防治知识,及时对易受感染的人群和其他易受损害的人群采取应急接种、预防性投药、群体防护等措施。

第三十五条 参加突发事件应急处理的工作人员,应当按照预案的规定,采取卫生防护措施,并在专业人员的指导下进行工作。

第三十六条 国务院卫生行政主管部门或者其他有关部门指定的专业技术机构,有权进入突发事件现场进行调查、采样、技术分析和检验,对地方突发事件的应急处理工作进行技术指导,有关单位和个人应当予以配合;任何单位和个人不得以任何理由予以拒绝。

第三十七条 对新发现的突发传染病、不明原因的群体性疾病、重大食物和职业中毒事件,国务院卫生行政主管部门应当尽快组织力量制定相关的技术标准、规范和控制措施。

第三十八条 交通工具上发现根据国务院卫生行政主管部门的规定需要采取应急控制措施的传染病病人、疑似传染病病人,其负责人应当以最快的方式通知前方停靠点,并向交通工具的营运单位报告。交通工具的前方停靠点和营运单位应当立即向交通工具营运单位行政主管部门和县级以上地方人民政府卫生行政主管部门报告。卫生行政主管部门接到报告后,应当立即组织有关人员采取相应的医学处置措施。

交通工具上的传染病病人密切接触者,由交通工具停靠点的县级以上各级人民政府卫生行政主管部门或者铁路、交通、民用航空行政主管部门,根据各自的职责,依照传染病防治法律、行政法规的规定,采取控制措施。

涉及国境口岸和入出境的人员、交通工具、货物、集装箱、行李、邮包等需要采取传染病应急控制措施的,依照国境卫生检疫法律、行政法规的规定办理。

第三十九条 医疗卫生机构应当对因突发事件致病的人员提供医疗救护和现场救援,对就诊病人必须接诊治疗,并书写详细、完整的病历记录;对需要转送的病人,应当按照规定将病人及其病历记录的复印件转送至接诊的或者指定的医疗机构。

医疗卫生机构内应当采取卫生防护措施,防止交叉感染和污染。

医疗卫生机构应当对传染病病人密切接触者采取医学观察措施,传染病病人密切接触者应当予以配合。

医疗机构收治传染病病人、疑似传染病病人,应当依法报告所在地的疾病预防控制机构。接到报告的疾病预防控制机构应当立即对可能受到危害的人员进行调查,根据需要采取必要的控制措施。

第四十条 传染病暴发、流行时,街道、乡镇以及居民委员会、村民委员会应当组织力量,团结协作,群防群治,协助卫生行政主管部门和其他有关部门、医疗卫生机构做好疫情信息的收集和报告、人员的分散隔离、公共卫生措施的落实工作,向居民、村民宣传传染病防治的相关知识。

第四十一条 对传染病暴发、流行区域内流动人口,突发事件发生地的县级以上地方人民政府应当做好预防工作,落实有关卫生控制措施;对传染病病人和疑似传染病病人,应当采取就地隔离、就地观察、就地治疗的措施。对需要治疗和转诊的,应当依照本条例第三十九条第一款的规定执行。

第四十二条 有关部门、医疗卫生机构应当对传染病做到早发现、早报告、早隔离、早治疗,切断传播途径,防止扩散。

第四十三条 县级以上各级人民政府应当提供必要资金,保障因突发事件致病、致残的人员得到及时、有效的救治。具体办法由国务院财政部门、卫生行政主管部门和劳动保障行政主管部门制定。

第四十四条　在突发事件中需要接受隔离治疗、医学观察措施的病人、疑似病人和传染病病人密切接触者在卫生行政主管部门或者有关机构采取医学措施时应当予以配合；拒绝配合的，由公安机关依法协助强制执行。

第五章　法律责任

第四十五条　县级以上地方人民政府及其卫生行政主管部门未依照本条例的规定履行报告职责，对突发事件隐瞒、缓报、谎报或者授意他人隐瞒、缓报、谎报的，对政府主要领导人及其卫生行政主管部门主要负责人，依法给予降级或者撤职的行政处分；造成传染病传播、流行或者对社会公众健康造成其他严重危害后果的，依法给予开除的行政处分；构成犯罪的，依法追究刑事责任。

第四十六条　国务院有关部门、县级以上地方人民政府及其有关部门未依照本条例的规定，完成突发事件应急处理所需要的设施、设备、药品和医疗器械等物资的生产、供应、运输和储备的，对政府主要领导人和政府部门主要负责人依法给予降级或者撤职的行政处分；造成传染病传播、流行或者对社会公众健康造成其他严重危害后果的，依法给予开除的行政处分；构成犯罪的，依法追究刑事责任。

第四十七条　突发事件发生后，县级以上地方人民政府及其有关部门对上级人民政府有关部门的调查不予配合，或者采取其他方式阻碍、干涉调查的，对政府主要领导人和政府部门主要负责人依法给予降级或者撤职的行政处分；构成犯罪的，依法追究刑事责任。

第四十八条　县级以上各级人民政府卫生行政主管部门和其他有关部门在突发事件调查、控制、医疗救治工作中玩忽职守、失职、渎职的，由本级人民政府或者上级人民政府有关部门责令改正、通报批评、给予警告；对主要负责人、负有责任的主管人员和其他责任人员依法给予降级、撤职的行政处分；造成传染病传播、流行或者对社会公众健康造成其他严重危害后果的，依法给予开除的行政处分；构成犯罪的，依法追究刑事责任。

第四十九条　县级以上各级人民政府有关部门拒不履行应急处理职责的，由同级人民政府或者上级人民政府有关部门责令改正、通报批评、给予警告；对主要负责人、负有责任的主管人员和其他责任人员依法给予降级、撤职的行政处分；造成传染病传播、流行或者对社会公众健康造成其他严重危害后果的，依法给予开除的行政处分；构成犯罪的，依法追究刑事责任。

第五十条　医疗卫生机构有下列行为之一的，由卫生行政主管部门责令改正、通报批评、给予警告；情节严重的，吊销《医疗机构执业许可证》；对主要负责人、负有责任的主管人员和其他直接责任人员依法给予降级或者撤职的纪律处分；造成传染病传播、流行或者对社会公众健康造成其他严重危害后果，构成犯罪的，依法追究刑事责任：

（一）未依照本条例的规定履行报告职责，隐瞒、缓报或者谎报的；

（二）未依照本条例的规定及时采取控制措施的；

（三）未依照本条例的规定履行突发事件监测职责的；

（四）拒绝接诊病人的；

（五）拒不服从突发事件应急处理指挥部调度的。

第五十一条　在突发事件应急处理工作中，有关单位和个人未依照本条例的规定履行报告职责，隐瞒、缓报或者谎报，阻碍突发事件应急处理工作人员执行职务，拒绝国务院卫生行政主管部门或者其他有关部门指定的专业技术机构进入突发事件现场，或者不配合调查、采样、技术分析和检验的，对有关责任人员依法给予行政处分或者纪律处分；触犯《中华人民共和国治安管理处罚条例》，构成违反治安管理行为的，由公安机关依法予以处罚；构成犯罪的，依法追究刑事责任。

第五十二条　在突发事件发生期间，散布谣言、哄抬物价、欺骗消费者，扰乱社会秩序、市场秩序的，由公安机关或者工商行政管理部门依法给予行政处罚；构成犯罪的，依法追究刑事责任。

第六章　附　　则

第五十三条　中国人民解放军、武装警察部队医疗卫生机构参与突发事件应急处理的，依照本条例的规定和军队的相关规定执行。

第五十四条 本条例自公布之日起施行。

八、中华人民共和国护士条例

（2008年1月23日国务院第206次常务会议通过，自2008年5月12日起施行）

第一章 总 则

第一条 为了维护护士的合法权益，规范护理行为，促进护理事业发展，保障医疗安全和人体健康，制定本条例。

第二条 本条例所称护士，是指经执业注册取得护士执业证书，依照本条例规定从事护理活动，履行保护生命、减轻痛苦、增进健康职责的卫生技术人员。

第三条 护士人格尊严、人身安全不受侵犯。护士依法履行职责，受法律保护。

全社会应当尊重护士。

第四条 国务院有关部门、县级以上地方人民政府及其有关部门以及乡（镇）人民政府应当采取措施，改善护士的工作条件，保障护士待遇，加强护士队伍建设，促进护理事业健康发展。

国务院有关部门和县级以上地方人民政府应当采取措施，鼓励护士到农村、基层医疗卫生机构工作。

第五条 国务院卫生主管部门负责全国的护士监督管理工作。

县级以上地方人民政府卫生主管部门负责本行政区域的护士监督管理工作。

第六条 国务院有关部门对在护理工作中做出杰出贡献的护士，应当授予全国卫生系统先进工作者荣誉称号或者颁发白求恩奖章，受到表彰、奖励的护士享受省部级劳动模范、先进工作者待遇；对长期从事护理工作的护士应当颁发荣誉证书。具体办法由国务院有关部门制定。

县级以上地方人民政府及其有关部门对本行政区域内做出突出贡献的护士，按照省、自治区、直辖市人民政府的有关规定给予表彰、奖励。

第二章 执业注册

第七条 护士执业，应当经执业注册取得护士执业证书。

申请护士执业注册，应当具备下列条件：

（一）具有完全民事行为能力；

（二）在中等职业学校、高等学校完成国务院教育主管部门和国务院卫生主管部门规定的普通全日制3年以上的护理、助产专业课程学习，包括在教学、综合医院完成8个月以上护理临床实习，并取得相应学历证书；

（三）通过国务院卫生主管部门组织的护士执业资格考试；

（四）符合国务院卫生主管部门规定的健康标准。

护士执业注册申请，应当自通过护士执业资格考试之日起3年内提出；逾期提出申请的，除应当具备前款第（一）项、第（二）项和第（四）项规定条件外，还应当在符合国务院卫生主管部门规定条件的医疗卫生机构接受3个月临床护理培训并考核合格。

护士执业资格考试办法由国务院卫生主管部门会同国务院人事部门制定。

第八条 申请护士执业注册的，应当向拟执业地省、自治区、直辖市人民政府卫生主管部门提出申请。收到申请的卫生主管部门应当自收到申请之日起20个工作日内做出决定，对具备本条例规定条件的，准予注册，并发给护士执业证书；对不具备本条例规定条件的，不予注册，并书面说明理由。

护士执业注册有效期为5年。

第九条 护士在其执业注册有效期内变更执业地点的，应当向拟执业地省、自治区、直辖市人民政府卫生主管部门报告。收到报告的卫生主管部门应当自收到报告之日起7个工作日内为其办理变更手续。护士跨省、自治区、直辖市变更执业地点的，收到报告的卫生主管部门还应当向其原执业地省、自治区、直辖市人民政府卫生主管部门通报。

第十条　护士执业注册有效期届满需要继续执业的,应当在护士执业注册有效期届满前30日向执业地省、自治区、直辖市人民政府卫生主管部门申请延续注册。收到申请的卫生主管部门对具备本条例规定条件的,准予延续,延续执业注册有效期为5年;对不具备本条例规定条件的,不予延续,并书面说明理由。

护士有行政许可法规定的应当予以注销执业注册情形的,原注册部门应当依照行政许可法的规定注销其执业注册。

第十一条　县级以上地方人民政府卫生主管部门应当建立本行政区域的护士执业良好记录和不良记录,并将该记录记入护士执业信息系统。

护士执业良好记录包括护士受到的表彰、奖励以及完成政府指令性任务的情况等内容。护士执业不良记录包括护士因违反本条例以及其他卫生管理法律、法规、规章或者诊疗技术规范的规定受到行政处罚、处分的情况等内容。

第三章　权利和义务

第十二条　护士执业,有按照国家有关规定获取工资报酬、享受福利待遇、参加社会保险的权利。任何单位或者个人不得克扣护士工资,降低或者取消护士福利等待遇。

第十三条　护士执业,有获得与其所从事的护理工作相适应的卫生防护、医疗保健服务的权利。从事直接接触有毒有害物质、有感染传染病危险工作的护士,有依照有关法律、行政法规的规定接受职业健康监护的权利;患职业病的,有依照有关法律、行政法规的规定获得赔偿的权利。

第十四条　护士有按照国家有关规定获得与本人业务能力和学术水平相应的专业技术职务、职称的权利;有参加专业培训、从事学术研究和交流、参加行业协会和专业学术团体的权利。

第十五条　护士有获得疾病诊疗、护理相关信息的权利和其他与履行护理职责相关的权利,可以对医疗卫生机构和卫生主管部门的工作提出意见和建议。

第十六条　护士执业,应当遵守法律、法规、规章和诊疗技术规范的规定。

第十七条　护士在执业活动中,发现患者病情危急,应当立即通知医师;在紧急情况下为抢救垂危患者生命,应当先行实施必要的紧急救护。

护士发现医嘱违反法律、法规、规章或者诊疗技术规范规定的,应当及时向开具医嘱的医师提出;必要时,应当向该医师所在科室的负责人或者医疗卫生机构负责医疗服务管理的人员报告。

第十八条　护士应当尊重、关心、爱护患者,保护患者的隐私。

第十九条　护士有义务参与公共卫生和疾病预防控制工作。发生自然灾害、公共卫生事件等严重威胁公众生命健康的突发事件,护士应当服从县级以上人民政府卫生主管部门或者所在医疗卫生机构的安排,参加医疗救护。

第四章　医疗卫生机构的职责

第二十条　医疗卫生机构配备护士的数量不得低于国务院卫生主管部门规定的护士配备标准。

第二十一条　医疗卫生机构不得允许下列人员在本机构从事诊疗技术规范规定的护理活动:

(一)未取得护士执业证书的人员;

(二)未依照本条例第九条的规定办理执业地点变更手续的护士;

(三)护士执业注册有效期届满未延续执业注册的护士。

在教学、综合医院进行护理临床实习的人员应当在护士指导下开展有关工作。

第二十二条　医疗卫生机构应当为护士提供卫生防护用品,并采取有效的卫生防护措施和医疗保健措施。

第二十三条　医疗卫生机构应当执行国家有关工资、福利待遇等规定,按照国家有关规定为在本机构从事护理工作的护士足额缴纳社会保险费用,保障护士的合法权益。

对在艰苦边远地区工作,或者从事直接接触有毒有害物质、有感染传染病危险工作的护士,所在医疗卫生机构应当按照国家有关规定给予津贴。

第二十四条　医疗卫生机构应当制定、实施本机构护士在职培训计划，并保证护士接受培训。

护士培训应当注重新知识、新技术的应用；根据临床专科护理发展和专科护理岗位的需要，开展对护士的专科护理培训。

第二十五条　医疗卫生机构应当按照国务院卫生主管部门的规定，设置专门机构或者配备专（兼）职人员负责护理管理工作。

第二十六条　医疗卫生机构应当建立护士岗位责任制并进行监督检查。

护士因不履行职责或者违反职业道德受到投诉的，其所在医疗卫生机构应当进行调查。经查证属实的，医疗卫生机构应当对护士做出处理，并将调查处理情况告知投诉人。

第五章　法律责任

第二十七条　卫生主管部门的工作人员未依照本条例规定履行职责，在护士监督管理工作中滥用职权、徇私舞弊，或者有其他失职、渎职行为的，依法给予处分；构成犯罪的，依法追究刑事责任。

第二十八条　医疗卫生机构有下列情形之一的，由县级以上地方人民政府卫生主管部门依据职责分工责令限期改正，给予警告；逾期不改正的，根据国务院卫生主管部门规定的护士配备标准和在医疗卫生机构合法执业的护士数量核减其诊疗科目，或者暂停其6个月以上1年以下执业活动；国家举办的医疗卫生机构有下列情形之一、情节严重的，还应当对负有责任的主管人员和其他直接责任人员依法给予处分：

（一）违反本条例规定，护士的配备数量低于国务院卫生主管部门规定的护士配备标准的；

（二）允许未取得护士执业证书的人员或者允许未依照本条例规定办理执业地点变更手续、延续执业注册有效期的护士在本机构从事诊疗技术规范规定的护理活动的。

第二十九条　医疗卫生机构有下列情形之一的，依照有关法律、行政法规的规定给予处罚；国家举办的医疗卫生机构有下列情形之一、情节严重的，还应当对负有责任的主管人员和其他直接责任人员依法给予处分：

（一）未执行国家有关工资、福利待遇等规定的；

（二）对在本机构从事护理工作的护士，未按照国家有关规定足额缴纳社会保险费用的；

（三）未为护士提供卫生防护用品，或者未采取有效的卫生防护措施、医疗保健措施的；

（四）对在艰苦边远地区工作，或者从事直接接触有毒有害物质、有感染传染病危险工作的护士，未按照国家有关规定给予津贴的。

第三十条　医疗卫生机构有下列情形之一的，由县级以上地方人民政府卫生主管部门依据职责分工责令限期改正，给予警告：

（一）未制定、实施本机构护士在职培训计划或者未保证护士接受培训的；

（二）未依照本条例规定履行护士管理职责的。

第三十一条　护士在执业活动中有下列情形之一的，由县级以上地方人民政府卫生主管部门依据职责分工责令改正，给予警告；情节严重的，暂停其6个月以上1年以下执业活动，直至由原发证部门吊销其护士执业证书：

（一）发现患者病情危急未立即通知医师的；

（二）发现医嘱违反法律、法规、规章或者诊疗技术规范的规定，未依照本条例第十七条的规定提出或者报告的；

（三）泄露患者隐私的；

（四）发生自然灾害、公共卫生事件等严重威胁公众生命健康的突发事件，不服从安排参加医疗救护的。

护士在执业活动中造成医疗事故的，依照医疗事故处理的有关规定承担法律责任。

第三十二条　护士被吊销执业证书的，自执业证书被吊销之日起2年内不得申请执业注册。

第三十三条　扰乱医疗秩序，阻碍护士依法开展执业活动，侮辱、威胁、殴打护士，或者有其他侵犯护士合法权益行为的，由公安机关依照治安管理处罚法的规定给予处罚；构成犯罪的，依法追究刑事责任。

第六章 附 则

第三十四条 本条例施行前按照国家有关规定已经取得护士执业证书或者护理专业技术职称、从事护理活动的人员，经执业地省、自治区、直辖市人民政府卫生主管部门审核合格，换领护士执业证书。

本条例施行前，尚未达到护士配备标准的医疗卫生机构，应当按照国务院卫生主管部门规定的实施步骤，自本条例施行之日起3年内达到护士配备标准。

第三十五条 本条例自2008年5月12日起施行。

九、中华人民共和国民法典（节选）

（2020年5月28日第十三届全国人民代表大会第三次会议通过）

第七编 侵权责任

第六章 医疗损害责任

第一千二百一十八条 患者在诊疗活动中受到损害，医疗机构或者其医务人员有过错的，由医疗机构承担赔偿责任。

第一千二百一十九条 医务人员在诊疗活动中应当向患者说明病情和医疗措施。需要实施手术、特殊检查、特殊治疗的，医务人员应当及时向患者具体说明医疗风险、替代医疗方案等情况，并取得其明确同意；不能或者不宜向患者说明的，应当向患者的近亲属说明，并取得其明确同意。

医务人员未尽到前款义务，造成患者损害的，医疗机构应当承担赔偿责任。

第一千二百二十条 因抢救生命垂危的患者等紧急情况，不能取得患者或者其近亲属意见的，经医疗机构负责人或者授权的负责人批准，可以立即实施相应的医疗措施。

第一千二百二十一条 医务人员在诊疗活动中未尽到与当时的医疗水平相应的诊疗义务，造成患者损害的，医疗机构应当承担赔偿责任。

第一千二百二十二条 患者在诊疗活动中受到损害，有下列情形之一的，推定医疗机构有过错：

（一）违反法律、行政法规、规章以及其他有关诊疗规范的规定；

（二）隐匿或者拒绝提供与纠纷有关的病历资料；

（三）遗失、伪造、篡改或者违法销毁病历资料。

第一千二百二十三条 因药品、消毒产品、医疗器械的缺陷，或者输入不合格的血液造成患者损害的，患者可以向药品上市许可持有人、生产者、血液提供机构请求赔偿，也可以向医疗机构请求赔偿。患者向医疗机构请求赔偿的，医疗机构赔偿后，有权向负有责任的药品上市许可持有人、生产者、血液提供机构追偿。

第一千二百二十四条 患者在诊疗活动中受到损害，有下列情形之一的，医疗机构不承担赔偿责任：

（一）患者或者其近亲属不配合医疗机构进行符合诊疗规范的诊疗；

（二）医务人员在抢救生命垂危的患者等紧急情况下已经尽到合理诊疗义务；

（三）限于当时的医疗水平难以诊疗。

前款第一项情形中，医疗机构或者其医务人员也有过错的，应当承担相应的赔偿责任。

第一千二百二十五条 医疗机构及其医务人员应当按照规定填写并妥善保管住院志、医嘱单、检验报告、手术及麻醉记录、病理资料、护理记录等病历资料。

患者要求查阅、复制前款规定的病历资料的，医疗机构应当及时提供。

第一千二百二十六条 医疗机构及其医务人员应当对患者的隐私和个人信息保密。泄露患者的隐私和个人信息，或者未经患者同意公开其病历资料的，应当承担侵权责任。

第一千二百二十七条 医疗机构及其医务人员不得违反诊疗规范实施不必要的检查。

第一千二百二十八条 医疗机构及其医务人员的合法权益受法律保护。

干扰医疗秩序，妨碍医务人员工作、生活，侵害医务人员合法权益的，应当依法承担法律责任。

十、护士执业资格考试办法

（经卫生部部务会、人力资源社会保障部部务会审议通过，并已经国务院同意，自2010年7月1日起施行）

第一条　为规范全国护士执业资格考试工作，加强护理专业队伍建设，根据《护士条例》第七条规定，制定本办法。

第二条　卫生部负责组织实施护士执业资格考试。国家护士执业资格考试是评价申请护士执业资格者是否具备执业所必须的护理专业知识与工作能力的考试。

考试成绩合格者，可申请护士执业注册。

具有护理、助产专业中专和大专学历的人员，参加护士执业资格考试并成绩合格，可取得护理初级（士）专业技术资格证书；护理初级（师）专业技术资格按照有关规定通过参加全国卫生专业技术资格考试取得。

具有护理、助产专业本科以上学历的人员，参加护士执业资格考试并成绩合格，可以取得护理初级（士）专业技术资格证书；在达到《卫生技术人员职务试行条例》规定的护师专业技术职务任职资格年限后，可直接聘任护师专业技术职务。

第三条　护士执业资格考试实行国家统一考试制度。统一考试大纲，统一命题，统一合格标准。

护士执业资格考试原则上每年举行一次，具体考试日期在举行考试3个月前向社会公布。

第四条　护士执业资格考试包括专业实务和实践能力两个科目。一次考试通过两个科目为考试成绩合格。

为加强对考生实践能力的考核，原则上采用“人机对话”考试方式进行。

第五条　护士执业资格考试遵循公平、公开、公正的原则。

第六条　卫生部和人力资源社会保障部成立全国护士执业资格考试委员会。主要职责是：

（一）对涉及护士执业资格考试的重大事项进行协调、决策；

（二）审定护士执业资格考试大纲、考试内容和方案；

（三）确定并公布护士执业资格考试成绩合格线；

（四）指导全国护士执业资格考试工作。

全国护士执业资格考试委员会下设办公室，办公室设在卫生部，负责具体工作。

第七条　护士执业资格考试考务管理实行承办考试机构、考区、考点三级责任制。

第八条　承办考试机构具体组织实施护士执业资格考试考务工作。主要职责是：

（一）组织制定护士执业资格考试考务管理规定，负责全国护士执业资格考试考务管理；

（二）组织专家拟定护士执业资格考试大纲和命题审卷的有关规定并承担具体工作；

（三）负责护士执业资格考试考生信息处理；

（四）组织评定考试成绩，提供考生成绩单和护士执业资格考试成绩合格证明；

（五）负责考试结果的统计分析和考试工作总结，并向护士执业资格考试委员会提交工作报告；

（六）负责建立护士执业资格考试命题专家库和考试题库；

（七）指导考区有关考试的业务工作。

第九条　各省、自治区、直辖市及新疆生产建设兵团设立考区。省、自治区、直辖市人民政府卫生行政部门及新疆生产建设兵团卫生局负责本辖区的考试工作。其主要职责是：

（一）负责本考区护士执业资格考试的考务管理；

（二）制定本考区护士执业资格考试考务管理具体措施；

（三）负责审定考生报名资格；

（四）负责指导考区内各考点的业务工作；

（五）负责处理、上报考试期间本考区发生的重大问题。

省、自治区、直辖市人民政府卫生行政部门及新疆生产建设兵团卫生局可根据实际情况，会同人力资源社会保障部门成立护士执业资格考试领导小组。

第十条　考区根据考生情况设置考点，报全国护士执业资格考试委员会备案。考点设在设区的市。考点的主要职责是：

（一）负责本考点护士执业资格考试的考务工作；

（二）执行本考点护士执业资格考试考务管理具体措施；

（三）受理考生报名，核实报名材料，初审考生报名资格；

（四）负责为不能自行上网打印准考证的考生打印准考证；

（五）处理、上报本考点考试期间发生的问题；

（六）发给考生成绩单和护士执业资格考试成绩合格证明。

第十一条　各级考试管理机构要有计划地培训考务工作人员和监考人员，提高考试管理水平。

第十二条　在中等职业学校、高等学校完成国务院教育主管部门和国务院卫生主管部门规定的普通全日制3年以上的护理、助产专业课程学习，包括在教学、综合医院完成8个月以上护理临床实习，并取得相应学历证书的，可以申请参加护士执业资格考试。

第十三条　申请参加护士执业资格考试的人员，应当在公告规定的期限内报名，并提交以下材料：

（一）护士执业资格考试报名申请表；

（二）本人身份证明；

（三）近6个月二寸免冠正面半身照片3张；

（四）本人毕业证书；

（五）报考所需的其他材料。

申请人为在校应届毕业生的，应当持有所在学校出具的应届毕业生毕业证明，到学校所在地的考点报名。学校可以为本校应届毕业生办理集体报名手续。

申请人为非应届毕业生的，可以选择到人事档案所在地报名。

第十四条　申请参加护士执业资格考试者，应当按国家价格主管部门确定的收费标准缴纳考试费。

第十五条　护士执业资格考试成绩于考试结束后45个工作日内公布。考生成绩单由报名考点发给考生。

第十六条　考试成绩合格者，取得考试成绩合格证明，作为申请护士执业注册的有效证明。

第十七条　考试考务管理工作要严格执行有关规章和纪律，切实做好试卷命制、印刷、发送和保管过程中的保密工作，严防泄密。

第十八条　护士执业资格考试实行回避制度。考试工作人员有下列情形之一的，应当回避：

（一）是考生近亲属的；

（二）与考生有其他利害关系，可能影响考试公正的。

第十九条　对违反考试纪律和有关规定的，按照《专业技术人员资格考试违纪违规行为处理规定》处理。

第二十条　军队有关部门负责军队人员参加全国护士执业资格考试的报名、成绩发布等工作。

第二十一条　香港特别行政区、澳门特别行政区和台湾地区居民符合本办法规定和《内地与香港关于建立更紧密经贸关系的安排》、《内地与澳门关于建立更紧密经贸关系的安排》或者内地有关主管部门规定的，可以申请参加护士执业资格考试。

第二十二条　本办法自2010年7月1日起施行。

附录二　练习题参考答案

第一章　1. C　2. A　3. B　4. E　5. C　6. D　7. C　8. B　9. D　10. C

第二章　1. B　2. D　3. C　4. D　5. A

第三章　1. B　2. C　3. E　4. A　5. C　6. A　7. E　8. E

第四章　1. A　2. B　3. C　4. A　5. A　6. C　7. C　8. E　9. D　10. D　11. D　12. B　13. A

第五章　1. A　2. A　3. D　4. B　5. A　6. B　7. B

第六章　1. D　2. E　3. A　4. C　5. B　6. A　7. E　8. E　9. A　10. A　11. C　12. E

第七章　1. E　2. A　3. E　4. A　5. D　6. B

第八章　1. E　2. D　3. E　4. B　5. C　6. C　7. D　8. D

第九章　1. C　2. E　3. B　4. D　5. E　6. D　7. C　8. E

第十章　1. D　2. E　3. D　4. C　5. B

第十一章　1. E　2. E　3. D　4. B　5. C

第十二章　1. B　2. A　3. B　4. B　5. C　6. C　7. A　8. B　9. E

第十三章　1. E　2. D　3. A　4. C　5. D　6. B　7. C　8. B

第十四章　1. D　2. B　3. A　4. C　5. C　6. D　7. D　8. E　9. B　10. D　11. E　12. C　13. B　14. A　15. C　16. D　17. A

第十五章　1. A　2. C　3. E　4. B　5. A　6. D　7. E　8. D　9. C　10. B　11. E　12. A　13. D　14. B　15. C　16. A　17. D　18. C　19. B